Kohlhammer

Rat + Hilfe

Fundiertes Wissen für Betroffene, Eltern und Angehörige – Medizinische und psychologische Ratgeber bei Kohlhammer

Eine Übersicht aller lieferbaren und im Buchhandel angekündigten Ratgeber aus unserem Programm finden Sie unter:

 https://shop.kohlhammer.de/rat+hilfe

Die Autorinnen

Prof. Dr. med. Anke Rohde
Fachärztin für Psychiatrie und Psychiatrie
Universitätsprofessorin für Gynäkologische
Psychosomatik, Universität Bonn
www.rohde-bonn.de

Dr. phil. Dipl.-Psych. Almut Dorn
Psychologische Psychotherapeutin
Praxis für Gynäkologische Psychosomatik,
Hamburg
www.almutdorn.de

Anke Rohde
Almut Dorn

Postpartale Depressionen und ihre vielen Gesichter

Ein Ratgeber für betroffene Frauen und Angehörige

2., erweiterte und überarbeitete Auflage

Verlag W. Kohlhammer

Dieses Werk einschließlich aller seiner Teile ist urheberrechtlich geschützt. Jede Verwendung außerhalb der engen Grenzen des Urheberrechts ist ohne Zustimmung des Verlags unzulässig und strafbar. Das gilt insbesondere für Vervielfältigungen, Übersetzungen und für die Einspeicherung und Verarbeitung in elektronischen Systemen.

Pharmakologische Daten verändern sich ständig. Verlag und Autoren tragen dafür Sorge, dass alle gemachten Angaben dem derzeitigen Wissensstand entsprechen. Eine Haftung hierfür kann jedoch nicht übernommen werden. Es empfiehlt sich, die Angaben anhand des Beipackzettels und der entsprechenden Fachinformationen zu überprüfen. Aufgrund der Auswahl häufig angewendeter Arzneimittel besteht kein Anspruch auf Vollständigkeit.

Die Wiedergabe von Warenbezeichnungen, Handelsnamen und sonstigen Kennzeichen berechtigt nicht zu der Annahme, dass diese frei benutzt werden dürfen. Vielmehr kann es sich auch dann um eingetragene Warenzeichen oder sonstige geschützte Kennzeichen handeln, wenn sie nicht eigens als solche gekennzeichnet sind.

Es konnten nicht alle Rechtsinhaber von Abbildungen ermittelt werden. Sollte dem Verlag gegenüber der Nachweis der Rechtsinhaberschaft geführt werden, wird das branchenübliche Honorar nachträglich gezahlt.

Dieses Werk enthält Hinweise/Links zu externen Websites Dritter, auf deren Inhalt der Verlag keinen Einfluss hat und die der Haftung der jeweiligen Seitenanbieter oder -betreiber unterliegen. Zum Zeitpunkt der Verlinkung wurden die externen Websites auf mögliche Rechtsverstöße überprüft und dabei keine Rechtsverletzung festgestellt. Ohne konkrete Hinweise auf eine solche Rechtsverletzung ist eine permanente inhaltliche Kontrolle der verlinkten Seiten nicht zumutbar. Sollten jedoch Rechtsverletzungen bekannt werden, werden die betroffenen externen Links soweit möglich unverzüglich entfernt.

Umschlagabbildung: FutureStock – stock.adobe.com

2., erweiterte und überarbeitete Auflage 2025

Alle Rechte vorbehalten
© W. Kohlhammer GmbH, Stuttgart
Gesamtherstellung: W. Kohlhammer GmbH, Heßbrühlstraße 69, 70565 Stuttgart
produktsicherheit@kohlhammer.de

Print:
ISBN 978-3-17-045524-5

E-Book-Formate:
pdf: ISBN 978-3-17-045525-2
epub: ISBN 978-3-17-045526-9

Inhalt

Worum es in diesem Buch geht 13

1 **Hilfreiche Erläuterungen zu Beginn** 17
Postpartale Depressivität ist nicht gleich postpartale
Depression 17
Die EPDS – erster Schritt zur Erkennung von Problemen 18
Wie werden Diagnosen gestellt? 22
Klärung einiger Fachbegriffe 23
    Postpartal, postnatal, präpartal, peripartal 23
    Störung, Erkrankung 25
    Psychose, Neurose 26
    Affektive Störung, manisch-depressive Erkrankung 27
    Wochenbettdepression, Wochenbettpsychose 27
    Krankheitsphase, Krankheitsepisode 28
    Chronifizierung 29

2 **Postpartale Depressionen und ihre vielen Gesichter** 30
Babyblues 33
Postpartale Depression 34
Einzelne Episode oder Teil einer wiederkehrenden
Störung? 38
    Postpartale Depression als einzelne depressive
    Episode 38
    Postpartale Depression als Teil einer
    wiederkehrenden Störung 39
    Die einzelne Episode wiederholt sich doch 40
Angstsymptome postpartal 41

	Zwangssymptome postpartal	43
	Reaktionen auf Totgeburt, Frühgeburt, Geburt eines kranken Kindes	45
	Akute Belastungsreaktion	45
	Reaktive Depression	47
	Besonderheiten bei der Totgeburt	48
	Besonderheiten bei der Frühgeburt	50
	Besonderheiten bei der Geburt eines kranken oder behinderten Kindes	51
	Nach der traumatisch erlebten Entbindung	51
	Postpartale Psychosen	55
3	**Verursachungsmodelle und Einflussfaktoren**	**59**
	Multifaktorielle Verursachung	59
	Individuelle Empfindlichkeit	61
	Geburt als lebensveränderndes Ereignis	61
	Hormonelle Umstellung	63
	Komplikationen bei der Entbindung	65
	Andere körperliche Aspekte	65
	Vorbestehende psychische Erkrankungen	66
	Psychische Störungen in der Familie	67
	Soziale Unterstützung	68
	Eigene Erwartungen	70
	Psychische Probleme schon in der Schwangerschaft	71
4	**Wie geht es weiter?**	**73**
	Verlauf postpartaler Depressionen	73
	Häufig gestellte Fragen zum weiteren Verlauf	76
	Gesund wie früher nach postpartaler Depression?	76
	Wann weiß ich, dass ich wieder vollständig gesund bin?	78
	Und wenn es nicht mehr aufhört? – die »Chronifizierung«	78
	Erneute Schwangerschaft nach postpartaler Depression?	79

5 Behandlungsverfahren in ihrer Vielfalt **80**

Psychotherapie 81
    Verhaltenstherapie und kognitive
    Verhaltenstherapie 83
    Analytische Psychotherapie (= Psychoanalyse) 85
    Tiefenpsychologisch fundierte Psychotherapie 86
    Systemische Therapie 87
    Weitere psychotherapeutische Verfahren im
    Überblick 87
    Online-Psychotherapieprogramme 90
    Nicht jede Psychotherapie ist für jeden geeignet ... 91

Medikamentöse Behandlung 92
    Einsatz von Psychopharmaka 92
    Antidepressiva – Mittel der ersten Wahl 93
    Antipsychotika – oftmals eine gute Unterstützung 93
    Beruhigungs- und Schlafmittel – nur kurzzeitig ... 94
    Sind Psychopharmaka nicht gefährlich? 96
    Bedeutet es Schwäche, wenn man Medikamente
    einnimmt? 97
    Wie lange dauert es, bis die Medikamente wirken? 98
    Wie lange müssen die Medikamente weiter
    genommen werden? 99
    Nebenwirkungen sind oft nur vorübergehend 99
    Untersuchungen vor und während der
    Medikamenteneinnahme 101
    Medikamente und Stillen 101

Der Einsatz von Hormonen 108
    Progesteron 108
    Brexanolon 109
    Östrogen 109
    Schilddrüsenhormone 110
    Melatonin 110

Weitere Therapiemöglichkeiten 111
    Lichttherapie 111
    Transkranielle Magnetstimulation 112
    Elektrokrampftherapie 112

»Alternative Heilmethoden« 113

6 Unterstützung – angepasst an den Bedarf **114**
Professionelle Hilfe – Hebammen, Stillberatung, Ärzte ... 115
    Hebammen 115
    Stillberatung 116
    Kinderärztinnen 116
    Gynäkologen...................................... 117
Selbsthilfe, Beratungsstellen, Frühe Hilfen und Co. 117
    Selbsthilfeorganisation Schatten & Licht e. V. 117
    Beratungsstellen................................... 118
    Frühe Hilfen 119
    Schreibaby-Ambulanz 120
    Haushaltshilfe.................................... 121
    Elterntelefon 122
    Jugendamt 122
Unterstützung in Familie und sozialem Umfeld 123
    Elternzeit, Partnermonate und mehr 123
    Unterstützung aus Familie und Freundeskreis 123
    Nachbarschaft 124
    Ehrenamtliche Hilfe 125
Abgestufte Möglichkeiten der Behandlung................ 126
    Ambulante Behandlung, Spezialsprechstunden 126
    Tagesklinische Behandlung mit und ohne Kind ... 126
    Vollstationäre Behandlung mit und ohne Kind 127
    Mutter-Kind-Kur 128
Bindungs- und Interaktionsverhalten zum Kind stärken .. 129
    Feinfühligkeit kann man lernen bzw. verbessern .. 130
    Fehlende Muttergefühle als Krankheitssymptom ... 131
    Frühintervention und Behandlung bei
    Bindungsstörungen 132
    Eltern-Kind-Kurse 132
    »Gut genug« ist ausreichend! 132

7 Was können Angehörige tun? **134**
Entgegen allen Erwartungen 134

	Für Entlastung sorgen	135
	Nähe und emotionale Wärme geben	136
	Depressionen erkennen	136
	Keinen Druck aufbauen...................................	137
	Verständnis statt Ratschlag	138
	Professionelle Hilfe organisieren	138
	Verhaltensauffälligkeiten richtig interpretieren	139
	Lebensmüde Gedanken ernstnehmen	140
	Selbstfürsorge nicht vergessen............................	140
8	**Selbsthilfestrategien leicht anzuwenden**	**142**
	Entspannung auch mit Neugeborenem	143
	Progressive Muskelentspannung (PME) nach Jacobson	144
	Autogenes Training (AT)	145
	Imaginationsverfahren, Fantasiereisen...............	146
	Yoga, aktive Entspannung	148
	Wichtige Hinweise zu Entspannungsverfahren	149
	Achtsamkeit wirksam einsetzen	150
	Body-Scan...	151
	Atem-Meditation	151
	Depressivität entgegentreten	153
	Das Bild der Waage	153
	Bewegung, Luft und Licht	155
	Kontakt und Berührung	156
	Aktivitäten und Pausen	156
	Selbstfürsorge	157
	Akzeptanz	158
	Angstsymptomen begegnen	159
	Den Teufelskreis der Angst verstehen	160
	Entschleunigtes Atmen	161
	Alle fünf Sinne einsetzen	162
	Die Angst hereinbitten.............................	163
	Gedankenstopp (nicht nur bei Ängsten)	165
	Innerer Ort der Ruhe	165

Zwangssymptome durch Akzeptanz neutralisieren 166
    Zwangsgedanken keine Macht geben 167
    Zwangshandlungen verhindern 169
    Ganz speziell: die Angst vor Infektionen 170
    Ganz speziell: die Angst, dem Baby zu schaden 171
Traumatische Erinnerungen verblassen lassen 174
    Reden hilft 175
    Schreiben hilft auch 176
    Tresortechnik 177
    Innere Helfer 178
Mit Schlafstörungen umgehen 179
    Schlafhygiene 180
    Keine Angst vor Schlaflosigkeit 181
Wut und Aggressionen entgegenwirken 182

9 Fallbeispiele aus der Praxis **185**

Achterbahn der Gefühle – Grund zur Sorge? Ein Fall von
Babyblues 186
Ich wollte eine so gute Mutter sein – Depression nach
der ersten Entbindung 186
Lange gequält und viel Zeit versäumt – Chronifizierte
Depression nach der ersten Entbindung 188
Sieht so eine Mörderin aus? – Depression mit
Zwangssymptomen 190
Kann man sich mit Behinderung anstecken? –
Zwangssymptome in der Schwangerschaft 191
Depressiv oder »ausgesaugt«? – Die Erschöpfung nach
mehrmonatigem Stillen 193
Wenn Stillen zum Stress wird – Depression mit
Panikattacken 195
Ein Teufelskreis von Erwartungsdruck und Ängsten –
Beziehungsprobleme nach der Geburt 196
Wenn zu viel zusammenkommt – Depression nach der
dritten Entbindung 198
Wenn die Angst den Tag kontrolliert – Verschlimmerung
einer Panikstörung nach der Geburt 200

Angst macht unfrei – Beginn einer Angststörung in der
Schwangerschaft 201
36 Stunden Wehen und Schmerzen umsonst – Eine
traumatisch erlebte Entbindung und ihre Folgen 203
Ich bekomme nie wieder ein Kind – Die Angst vor einer
weiteren Entbindung nach traumatisch erlebter Geburt .. 204
Die Vergangenheit ist wieder da – Reaktualisierung von
traumatischen Erfahrungen 206
Die Angst vor der Wiederholung eines Dramas –
Depressive Reaktion nach Totgeburt und Wiedererleben
in der Folgeschwangerschaft 207
Die Suche nach der eigenen Schuld – Depression nach
Frühgeburt 209
Schwanger durch Kinderwunschbehandlung – aber die
Drillinge schaffen es nicht 210
Wenn zusammenreißen nicht mehr hilft – Suizidversuch
bei postpartaler Depression 212
Das Baby ist unheilbar geschädigt – Wahnhafte
Depression und erweiterter Suizid 214
Das Baby ist ausgetauscht – Doppelgängerwahn und
psychotische Depression 216
Euphorie und Depression im schnellen Wechsel – eine
bipolare affektive Störung nach der Geburt 217
Das Baby wird zur Puppe – Verhaltensauffälligkeiten in
der Manie 219
Von Himmel und Hölle – »Traumartige Erlebnisse« in
der Psychose 220
Beobachtet und verfolgt gefühlt – bedeutet das
Schizophrenie? 221
Nicht wieder krank werden, aber trotzdem ein Baby –
Schwanger unter Medikamenten 222
Last but not least: Auch Väter können depressiv werden . 224

10 Erfahrungsberichte betroffener Frauen **226**
Warum hat es so lange gedauert, die Depression zu
erkennen? 228

Zwangsgedanken statt Muttergefühlen – und alle leiden . 230
Depressionen und Wutausbrüche – und noch mehr
Schuldgefühle 232
Befürchtungen, Zweifel, Horrorvisionen – Wenn Ängste
das Leben beherrschen 242
Wenn das Stillen zur Qual wird 249
Von der traumhaften Schwangerschaft zum Albtraum
mit Baby 253
Auch körperliche Beschwerden stehen manchmal im
Vordergrund 257
Mutter-Kind-Behandlung: Die Rettung bei
Suizidgedanken 261
In der postpartalen Depression ganz weit unten – und
doch etwas Positives 264
Gute Mutter, schlechte Mutter – die doppelte
Buchführung 272
Ein weiter Weg, um Hilfe zu finden 276
Panik als Reaktion auf den positiven
Schwangerschaftstest. Und die Geschichte eines
Frauenpaares 285

11 Weiterführende Informationen **292**
Auswahl bereits erschienener Ratgeber der Autorinnen ... 294

Danksagung **295**

Worum es in diesem Buch geht

»Ich hatte eine wundervolle Schwangerschaft, war stolz auf meinen Bauch, führte eine glückliche Ehe, und dieses Kind, mit dem wir fast schon nicht mehr gerechnet hatten, war ein sogenanntes Wunschkind. Auch die Entbindung war nicht schwer. Deshalb habe ich die Welt nicht mehr verstanden, als es mir bereits 36 Stunden nach der Entbindung psychisch sehr schlecht ging.«

So begann ein Brief, den ich (A. R.) zu Beginn meiner Tätigkeit am Universitätsklinikum in Bonn von einer betroffenen Frau bekam. Über meine Berufung auf eine Forschungsprofessur und die damit verbundene Einrichtung der Abteilung »Gynäkologische Psychosomatik« war vorab in der lokalen Presse berichtet worden und auch über die Forschungsgebiete, mit denen ich mich beschäftigen würde. Die Briefeschreiberin berichtete über die schwere Depression nach ihrer ersten Entbindung und den Versuch, ihrem Leben ein Ende zu setzen, der nur mit viel Glück nicht zum Ziel geführt hatte. Wir werden diese betroffene Mutter bei den Fallbeispielen noch einmal treffen.

In den Jahren danach haben meine Mitarbeiterinnen, zu denen von Anfang an meine Mitautorin Almut Dorn gehörte, und ich in der Gynäkologischen Psychosomatik der Universitätsfrauenklinik in Bonn weit über tausend Patientinnen mit Depressionen und anderen psychischen Störungen nach der Entbindung behandelt. Ganz oft berichten sie über sehr ähnliche depressive Symptome und Erlebnisweisen, die aber wegen der Begleitsymptomatik bzw. der Gesamtgeschichte zu ganz unterschiedlichen Diagnosen führen können.

Dennoch, die daraus entstehenden Probleme in der Familie sind sich sehr ähnlich. Immer wieder hören wir von Veränderungen in der Selbstwahrnehmung, von Verunsicherung, von Problemen im sozialen Umfeld bis hin zu dauerhaften Familienkrisen. Es werden fast immer die gleichen Fragen gestellt, wie etwa nach den Ursachen, nach Behandlungsmöglichkeiten oder auch nach der Wahrscheinlichkeit, dass eine solche Problematik später noch einmal auftreten kann. Diese und ähnliche Fragen zu beantworten, Hintergründe zu erhellen und damit Ängste zu nehmen, ist Ziel dieses Buches. Die Lektüre ersetzt nicht die Behandlung, wenn eine solche erforderlich ist. Vielmehr soll damit Unterstützung beim Erkennen von Art und Ausmaß bestehender psychischer Probleme geboten werden. Und es sollen Wege aufgezeigt werden, wie und wo man sich frühzeitig Hilfe holen kann.

Im Vergleich zur Vorauflage (»Postnatale Depressionen und andere psychische Probleme«) hat sich der Titel des Ratgebers geändert, weil wir bei der vollständigen Überarbeitung den Fokus noch mehr auf die postpartalen Depressionen gelegt haben. Im Mittelpunkt dieses Buches stehen also Depressionen, weil sie einerseits das häufigste psychische Problem nach der Geburt darstellen und oftmals einen erheblichen Leidensdruck erzeugen, und weil sich andererseits fast jeder etwas darunter vorstellen kann. Wir werden sie in all ihren Facetten, mit all ihren »Gesichtern« beschreiben: Als Depression ohne nachvollziehbare Ursache, sozusagen »aus heiterem Himmel« nach einer unkomplizierten Schwangerschaft und Geburt, als depressive Episode im Rahmen einer wiederkehrenden depressiven Erkrankung, als Depression, die sich wahnhaft entwickelt, als Depression, die nach einer traumatisch erlebten Geburt auftritt und als Depression nach einem belastenden Ereignis, wie etwa dem Verlust eines Kindes. Eine wichtige Botschaft findet sich schon hier: Depression ist nicht gleich Depression, und man muss genauer hinschauen, um eine verlässliche Diagnose zu stellen und die richtige Behandlung einzuleiten. Das ist üblicherweise Aufgabe eines Arztes oder einer Psychotherapeutin.

Doch Sie selbst und auch Ihre Angehörigen können bereits erste Hinweise sammeln und vor allem die Dringlichkeit der Probleme erkennen, wenn Sie sich informiert haben und auskennen. Dazu wollen wir beitragen. Sie sollen erfahren, wann auftretende depressive Symptome krankheitswertig sind, wo man sich Hilfe holen kann, wie eine Behandlung aussehen könnte und welche zusätzlichen Unterstützungsmöglichkeiten es gibt. Um dies weniger theoretisch und möglichst gut nachvollziehbar zu machen, haben wir nicht nur eine Reihe von Fällen aus unserer klinischen Praxis beschrieben, sondern auch verschiedene unserer Patientinnen gefragt, ob sie etwas von ihren Erfahrungen berichten können. Was hätte ihnen geholfen, wenn sie es von einer betroffenen Frau gehört oder gelesen hätten? Was ist ihre Botschaft an andere Betroffene? Möglicherweise wird es leichter, sich um Hilfe zu bemühen, wenn man sieht, wie es anderen Frauen und ihren Familien ergangen ist. Dabei kann das Wissen von Bedeutung sein, wie schnell man mit der richtigen Hilfe aus der Falle der postpartalen Depression oder sonstigen psychischen Problematik nach der Entbindung herauskommen kann. Und ebenso hilfreich kann es sein, die Schilderungen der Frauen zu lesen, die lange versucht haben, alles mit sich allein auszumachen, und die einen langen und schwierigen Weg bis zur Genesung gegangen sind. Diese Erfahrungsberichte – persönlich verfasst von den betroffenen Frauen – finden Sie am Ende des Buches.

Noch ein Wort zum »Gendern«: Wir haben uns entschlossen, auf Gendersternchen oder ähnliches zu verzichten und stattdessen die weiblichen und männlichen Berufsbezeichnungen im Wechsel zu verwenden, ohne dabei eine bestimmte Systematik einzuhalten. Bei der konsequenten Verwendung beider Formen wären die Texte oftmals unübersichtlich und schlecht lesbar geworden. Es versteht sich von selbst, dass jeweils alle Geschlechter gemeint sind.

Das gleiche trifft übrigens für die Verwendung des Begriffes »Partner« zu. Wir sind uns darüber im Klaren, dass heute Regenbogenfamilien in vielen Konstellationen existieren, und wir wissen aus der praktischen Arbeit mit gleichgeschlechtlichen Paaren, dass diese im Zusammenhang mit Schwangerschaft und Entbindung unter den gleichen Problemen leiden können wie heterosexuelle. Allerdings haben wir uns – wieder im Sinne der besseren Lesbarkeit – dagegen entschieden, aus dem Partner (mit dem sowohl der Ehe- als auch der Lebenspartner gemeint ist) die Formulierung »der Partner/die Partnerin« zu machen. Doch selbstverständlich sind bei den entsprechenden Ausführungen immer auch Partnerinnen bzw. Ehefrauen gemeint.

Und noch ein letzter Hinweis: Auf ein Stichwortverzeichnis haben wir aus Gründen der Praktikabilität verzichtet. Wenn Sie jedoch nach einem speziellen Aspekt suchen, schauen Sie im ausführlichen Inhaltsverzeichnis nach. Gegebenenfalls helfen Ihnen auch die weiterführenden Informationen in ▶ Kap. 11.

Anke Rohde und Almut Dorn, Frühjahr 2025

1 Hilfreiche Erläuterungen zu Beginn

> **Darum geht es**
>
> Trotz aller unserer Bemühungen um eine verständliche Sprache und den Versuch, auch die Fallbeschreibungen für sich sprechen zu lassen, könnten die Ausführungen manchmal verwirrend sein, z. B., wenn die Begriffe sehr ähnlich sind. Deshalb möchten wir in diesem einleitenden Kapitel einige Begriffe und Erklärungsmodelle näher erläutern, die wir bei den weiteren Schilderungen verwenden. Natürlich müssen Sie die nicht zu Beginn lesen, Sie können auch später bei Bedarf darauf zurückkommen.

Postpartale Depressivität ist nicht gleich postpartale Depression

Liest man von postpartalen Depressionen (bzw. postnatalen Depressionen), dann finden sich in der Regel Häufigkeitsangaben um die 12 bis 15 % – danach ist etwa jede 7. Frau nach der Geburt eines Kindes depressiv. Richtigerweise müsste es aber »postpartale Depressivität« heißen, weil es sich dabei *nicht* um die *Diagnose* »Depression« nach anerkannten wissenschaftlichen Kriterien handelt, sondern um *depressive Symptome*.

Üblicherweise wird für die Erfassung postpartaler Depressivität die EPDS (Edinburgh Postnatal Depression Scale) eingesetzt, ein einfach zu verwendender sogenannter Screening-Fragebogen. Mit Beantwortung der zehn kurzen Fragen der Skala zum Befinden in den letzten sieben Tagen ergeben sich erste Hinweise darauf, ob depressive bzw. damit verwandte Symptome vorhanden sind. Auch wir verwenden die EPDS sehr gerne, weil sie für die betroffene Frau mit wenig Aufwand verbunden und leicht auszuwerten ist.

Ziel eines solchen Screening-Fragebogens ist die schnelle Klärung, ob eine etwas aufwendigere Diagnostik im Hinblick auf eine Depression sinnvoll ist, z. B. die Anwendung weiterer Fragebögen. Auch in manchen ärztlichen oder psychotherapeutischen Praxen wird die EPDS eingesetzt, um erste Anhaltspunkte zu haben, ob eine weitere ausführliche Diagnostik sinnvoll ist.

Von der Diagnose »postpartale Depression« kann man erst sprechen, wenn die üblichen Diagnosekriterien, wie sie von der ICD (Internationale Klassifikation von Krankheiten, das Diagnoseinstrument der WHO = Weltgesundheitsorganisation) für eine Depression festgelegt wurden, erfüllt sind. Diese sind Standard in jeder Praxis und Klinik.

Von den 12 bis 15 % postpartaler Depressivität lt. EPDS sind nach weiterer Diagnostik etwa die Hälfte (6 bis 8 %) krankheitswertig und behandlungsbedürftig. So etwa, weil die Kriterien einer depressiven Episode nach ICD erfüllt sind oder die einer verwandten Störung, die mit depressiven Symptomen einhergeht; zu nennen sind hier beispielsweise Angsterkrankungen.

Die EPDS – erster Schritt zur Erkennung von Problemen

Die EPDS (Edinburgh Postnatal Depression Scale) ist ein Selbstbeurteilungsfragebogen, der von der betroffenen Frau ausgefüllt wird. Durch die einfache Auswertung kann sie selbst bereits erkennen, ob möglicherweise eine behandlungsbedürftige depressive Problematik vorliegt.

Den zehn Fragen der EPDS sind Punktwerte zugeordnet, die bei jeder Frage zwischen 0 und 3 liegen können. Diese werden zusammengezählt und so ein Gesamtwert ermittelt, der also zwischen 0 und 30 liegen kann. Wenn Sie einen Wert über 12 oder 14 erreichen, sollten Sie ernsthaft das Vorliegen einer Depression in Erwägung ziehen. Auf jeden Fall sollte eine genauere diagnostische Abklärung erfolgen. Liegt der Wert bei 20 oder höher, kann man schon ziemlich sicher sagen, dass Unterstützung Not tut, weil die Depressivität ein Ausmaß erreicht hat, das wahrscheinlich nicht mehr so ohne weiteres von selbst abklingen wird. Wichtig ist aber der Hinweis, dass allein aus diesem Fragebogen *keine Diagnose* abgeleitet werden kann; das kann letzten Endes nur ein Arzt oder eine Psychotherapeutin tun.

Selbsttest »Stimmung nach der Geburt« (EPDS)

In den letzten 7 Tagen
(oder in den Tagen seit der Geburt, wenn diese weniger als 7 Tage her ist):

1) konnte ich lachen und das Leben von der sonnigen Seite sehen
0 ☐ so wie ich es immer konnte
1 ☐ nicht ganz so wie sonst immer
2 ☐ deutlich weniger als früher
3 ☐ überhaupt nicht

2) konnte ich mich so richtig auf etwas freuen
0 ☐ so wie immer
1 ☐ etwas weniger als sonst
2 ☐ deutlich weniger als früher
3 ☐ kaum

3) fühlte ich mich unnötigerweise schuldig, wenn etwas schieflief
3 ☐ ja, meistens
2 ☐ ja, manchmal
1 ☐ nein, nicht so oft

0 ☐ nein, niemals
4) war ich aus nichtigen Gründen ängstlich und besorgt
0 ☐ nein, überhaupt nicht
1 ☐ selten
2 ☐ ja, manchmal
3 ☐ ja, häufig
5) erschrak ich leicht bzw. reagierte panisch aus unerfindlichen Gründen
3 ☐ ja, oft
2 ☐ ja, manchmal
1 ☐ nein, nicht oft
0 ☐ nein, überhaupt nicht
6) überforderten mich verschiedene Umstände
3 ☐ ja, die meiste Zeit war ich nicht in der Lage, damit fertig zu werden
2 ☐ ja, manchmal konnte ich damit nicht fertig werden
1 ☐ nein, die meiste Zeit konnte ich gut damit fertig werden
0 ☐ nein, ich wurde so gut wie immer damit fertig
7) war ich so unglücklich, dass ich nicht schlafen konnte
3 ☐ ja, die meiste Zeit
2 ☐ ja, manchmal
1 ☐ nein, nicht sehr oft
0 ☐ nein, überhaupt nicht
8) habe ich mich traurig und schlecht gefühlt
3 ☐ ja, die meiste Zeit
2 ☐ ja, manchmal
1 ☐ selten
0 ☐ nein, überhaupt nicht
9) war ich so unglücklich, dass ich geweint habe
3 ☐ ja, die ganze Zeit
2 ☐ ja, manchmal
1 ☐ nur gelegentlich
0 ☐ nein, niemals
10) überkam mich der Gedanke, mir selbst Schaden zuzufügen
3 ☐ ja, ziemlich oft
2 ☐ manchmal

1 ☐ kaum
0 ☐ niemals

Bewertung:
Nach Zusammenzählen der Zahlen kann der Wert zwischen 0 und 30 liegen.

Liegt der **Wert bei 12 oder niedriger**, könnte es sich um vorübergehende, leichte depressive Symptome handeln. Am besten noch etwas abwarten, möglichst für Entlastung sorgen und den Test nach einer Woche wiederholen.

Liegt der **Wert über 12** oder sogar deutlich über 12, möglichst einen Arzt oder eine Psychotherapeutin zu Rate ziehen, die eine genauere Depressionsdiagnostik durchführen können.

Liegt der **Wert um 20 oder höher**, ist dringend zu empfehlen, ärztliche oder psychologische Unterstützung in Anspruch zu nehmen. Eine Depression oder eine verwandte Erkrankung, die mit depressiven Symptomen einhergeht, ist ziemlich wahrscheinlich.

Quelle: Bergant et al. (1998) Deutschsprachige Fassung und Validierung der »Edinburgh postnatal depression scale«, in: Deutsche Medizinische Wochenschrift, 123(3), S. 35–40.

Info

Download des Selbstbeurteilungsfragebogens EPDS zum Ausdrucken: www.schatten-und-licht.de

Dort finden sich auch andere Selbsttests sowie Informationen zu Behandlungsmöglichkeiten.

Bei den Fällen von postpartaler Depressivität, die *nicht* die diagnostischen Kriterien einer Depression oder anderen psychischen Störung erfüllen, handelt es sich in der Regel um *leichte Fälle*. Die depressiven Symptome sind nicht sehr ausgeprägt oder bestehen nur für kurze Zeit. Oftmals sind sie Ausdruck einer besonders intensiv empfundenen Unsicherheit in den ersten Tagen oder Wochen nach der Geburt, wobei die Mutter daran zweifelt, ob sie alles richtig macht und ob sie überhaupt eine gute Mutter werden kann. Das kommt besonders häufig beim ersten Kind vor. Um die Entwicklung einer solchen leichten Depressivität zu einer behandlungsbedürftigen Depression zu verhindern, helfen vor allem Unterstützung und Zuwendung durch den Partner und die Familie.

Wie werden Diagnosen gestellt?

Nach dem Hinweis, dass die Feststellung von Symptomen noch keine Diagnose darstellt und dass auch ein Fragebogen wie die EPDS nicht »automatisch« zu einer Diagnose führt, wie sie von Ärzten, Psychotherapeutinnen und Krankenkassen im täglichen Arbeitsalltag verwendet wird, stellen Sie sich vielleicht die Frage, wie denn dann die Diagnose-Bezeichnungen zustande kommen, die Sie beispielsweise in Arztbriefen oder auf Krankschreibungen finden.

Vergleichsweise einfach, nämlich durch Anwendung des einheitlichen Diagnosesystems ICD (**I**nternational **c**lassification of **d**iseases = Internationale Klassifikation von Krankheiten), das Ärztinnen und Psychologen auf der ganzen Welt kennen. Diese ICD wird von der Weltgesundheitsorganisation (= WHO) herausgegeben und in größeren Abständen aktualisiert, und zwar unter Berücksichtigung der wissenschaftlichen Weiterentwicklung. Zurzeit wird noch die ICD-10 verwendet (also die 10. Auflage), da die bereits erschienene ICD-11 noch nicht für den deutschsprachigen Praxisalltag verfügbar ist.

Jede dieser ICD-Diagnosen hat eine entsprechende Codierung (in der Regel eine Kombination aus Buchstaben und Zahlen), was der leichten Verständigung im medizinischen und psychotherapeutischen Bereich dient; deshalb finden Sie sie auch in Behandlungsberichten und Arztbriefen.

Falls Sie selbst die Erfahrung gemacht haben, dass Ihre Erkrankung von unterschiedlichen Behandlern verschieden eingeordnet wurde, kann das beispielsweise mit der Schwierigkeit der endgültigen Bewertung einer Erkrankung zu tun haben – weil vielleicht das Bild nicht so typisch ist –

oder auch mit Veränderungen im Verlauf, z. B. durch das Auftreten neuer Symptome. So kann es zu verschiedenen diagnostischen Bezeichnungen und sogar zur Einordnung in unterschiedlichen ICD-Diagnosekategorien kommen.

Da sich bei diesen beiden Versionen ICD-10 (noch in Gebrauch) und ICD-11 (als englische Variante schon verfügbar, Einführung in unser Medizinsystem nach vollständiger Übersetzung ins Deutsche) nicht nur Unterschiede in den Bezeichnungen und Kriterien finden, sondern auch neue Diagnosekategorien hinzugekommen sind, andere wegfallen, möchten wir auf konkrete Diagnosen und deren Codierung hier nicht näher eingehen. Bei Interesse kann man im Internet jederzeit die ICD-Kriterien finden.

Klärung einiger Fachbegriffe

Bevor in den folgenden Abschnitten die verschiedenen Gesichter der postpartalen Depression vorgestellt werden, sollen noch einige Fachbegriffe geklärt werden.

Postpartal, postnatal, präpartal, peripartal

Bei der Beschäftigung mit dem Thema »Depressionen rund um eine Geburt« begegnen Ihnen möglicherweise die verschiedensten Begriffe, die alle irgendwie ähnlich klingen, wie etwa »postpartal« und »peripartal«. Und Sie fragen sich vielleicht, worin der Unterschied liegt bzw. was sie bedeuten.

In ▶ Tab. 1.1 finden Sie die verschiedenen Begriffe mit Erläuterungen zu ihrer Bedeutung und Herkunft.

1 Hilfreiche Erläuterungen zu Beginn

Tab. 1.1: Begriffsklärung postpartal, postnatal, präpartal, peripartal

Begriff	Bedeutung	Herkunft
Postpartal (auch: post partum)	Nach der Entbindung	Von post (= lat. nach) und partus (= lat. Entbindung, Gebären)
Postnatal	Nach der Geburt	Von post (= lat. nach) und natus (lat. Geburt, Geborenwerden)
Präpartal	Vor der Entbindung	Von prae (= lat. vor) und partus (= lat. Entbindung, Gebären)
Pränatal	Vor der Geburt	Von prae (= lat. vor) und natus (= lat. Geburt, Geborenwerden)
Peripartal	Rund um die Entbindung	Von peri (= griech. drum herum) und partus (= lat. Entbindung, Gebären)

Etwas verwirrend ist die oftmals *gleichbedeutende Verwendung* von »postpartal« und »postnatal«. Nimmt man es ganz genau, dann hat »postpartal« die Bedeutung »nach der Entbindung«, während mit »postnatal« »nach der Geburt« aus Sicht des Kindes gemeint ist.

In der englischen Sprache wird sowohl in der Fachsprache als auch in der Umgangssprache meist der Begriff »postnatal« verwendet, so etwa im Zusammenhang mit Depressionen; insofern finden Sie ihn wahrscheinlich auch in den Medien bei Ihren Recherchen. Abgesehen davon wird im Deutschen umgangssprachlich für die Entbindung oft das Wort »Geburt« verwendet.

In der deutschen medizinischen Fachsprache verwenden wir den Begriff *postpartal*«, so sprechen wir etwa von »postpartalen Komplikationen«. Bei Diagnosen in Behandlungsberichten oder auf Überweisungsscheinen begegnet Ihnen in vielen Zusammenhängen dafür auch »pp« als Abkürzung für »post partum« (= nach der Entbindung).

Wir haben uns in diesem Buch für die *Verwendung des Begriffes »postpartal«* entschieden, also für die im Deutschen korrekte Formulierung. Wenn Ihnen in anderen Veröffentlichungen zu diesem Thema »postnatal« begegnet, ist das im gleichen Sinne zu verstehen.

Das Wort »*peripartal*« umfasst alles vor und nach der Entbindung – beispielsweise Depressionen, die bereits in der Schwangerschaft oder erst nach der Entbindung beginnen können. Die zunehmend häufigere Verwendung dieses Begriffes ist Ergebnis der Erkenntnis, dass sich der Beginn psychischer Probleme im Zusammenhang mit Schwangerschaften und Geburten oftmals gar nicht so genau zeitlich einordnen lässt. Im Nachhinein stellt sich oftmals durchaus die Frage, ob da nicht auch schon vor der Entbindung erste Anzeichen der Depression vorhanden waren, die sich danach dann in voller Stärke gezeigt hat.

Störung, Erkrankung

Während Bezeichnungen wie Krankheit oder Erkrankung im Zusammenhang mit körperlichen Problemen üblich sind, wird in psychiatrischen Klassifikationssystemen auch der Begriff *Störung* als Übersetzung des englischen Wortes »*Disorder*« verwendet (z. B. Angststörung). Manche Betroffene bevorzugen den Begriff Störung, weil sie nicht krank sein möchten. Andere wiederum fühlen sich durch »Störung« bzw. das daraus abgeleitete »gestört« möglicherweise diskriminiert.

Wir richten uns in diesem Buch nach den geläufigen Bezeichnungen in der Medizin bzw. Psychologie. Nachdem vor einigen Jahrzehnten die gängigen Klassifikationssysteme für psychiatrische Probleme statt Erkrankung weitgehend die Bezeichnung Disorder, also Störung, eingeführt hatten, ändert sich das nun gerade wieder. Das hat u. a. auch mit den Diskussionen zu den verschiedenen Konzepten zu tun, wie diese Störungen bzw. Erkrankungen verursacht werden.

Da das im Wesentlichen theoretische Diskussionen sind, verwenden wir in diesem Buch die Begriffe Störung, Erkrankung und Krankheit gleichbedeutend. Handelt es sich um feste diagnostische Begriffe, bleibt das Wort Störung (wie etwa bei »posttraumatische Belastungsstörung«).

Psychose, Neurose

Das sind zwei Begriffe, die in der Umgangssprache manchmal gleichgesetzt oder verwechselt werden, obwohl damit ganz unterschiedliche Dinge gemeint sind.

Als *Psychose* bezeichnet man einen krankhaften Zustand der Psyche, bei dem es zu einer Veränderung in der Selbst- und Außenwahrnehmung kommt, zu irrealen Gedanken und Befürchtungen bis hin zu Sinnestäuschungen und Wahnideen. Auch in Denken und Fühlen, Antrieb und Verhalten sind Betroffene im Vergleich zu ihrem sonstigen Wesen verändert.

Zu den Psychosen gehören beispielsweise die Schizophrenie und schizoaffektive Störungen (Mischung von depressiven und/oder manischen sowie psychotischen Symptomen), aber auch manche schweren Formen der Depression und der Manie, wenn sie nämlich mit psychotischen Symptomen einhergehen (z. B. psychotische Depression). Psychosen können auch durch körperliche Erkrankungen, Drogenkonsum etc. angestoßen werden.

Zur Entstehung von Psychosen tragen viele verschiedene Faktoren bei. Ganz wesentlich sind *Veränderungen des Hirnstoffwechsels*, was auch bei der Behandlung berücksichtigt wird.

Psychosen können schleichend beginnen und sich manchmal schon lange vorher durch leichte Symptome bemerkbar machen. Sie können aber auch sehr plötzlich aus völliger Gesundheit heraus beginnen. Genauso ist es mit dem Ende: die Symptome können sehr schnell wieder vorbei sein; bei anderen Patienten dauert es dagegen sehr lange, bis sie wieder gesund sind. Bei manchen schwer verlaufenden Psychosen kommt es nicht wieder zu völliger Gesundheit; einzelne oder leichte Symptome können zurückbleiben und dauerhafte Einschränkungen verursachen, z. B. bei der Arbeitsfähigkeit. Man spricht dann von Residualsymptomatik.

Psychosen, die nach Entbindungen beginnen, sind meist »gutartig«, d. h. sie klingen in der Regel mit der Behandlung vollständig wieder ab und hinterlassen keine Folgeerscheinungen. Oftmals sind es sehr stürmische Krankheitsbilder mit euphorischen bzw. manischen Symptomen, die sich beispielsweise aus einer anfänglichen Depressivität entwickeln. Von einem Einfluss der starken hormonellen Veränderungen nach der Geburt ist auszugehen.

Im Gegensatz zur Psychose handelt es sich bei der *Neurose* um einen Zustand, bei deren Entstehung *psychologische Faktoren* die wesentliche Rolle spielen, wie etwa unbewältigte Konflikte oder unverarbeitete Kindheitserlebnisse. Neurosen können einen Menschen über das ganze Leben begleiten oder auch nur eine Zeit lang bestehen. Der Begriff »Neurose« bzw. »neurotisch« sagt also schon etwas über die angenommene Verursachung aus, so etwa im Begriff »neurotische Depression«.

Da durch die psychiatrische Forschung mittlerweile belegt ist, dass bei vielen Störungen, die früher als Neurose bezeichnet wurden, auch biologische Veränderungen, z. B. im Hirnstoffwechsel, von Bedeutung sind, werden diese heute als Störung oder Erkrankung bezeichnet. So ist also nicht mehr von »Angstneurose« oder »Zwangsneurose« die Rede, sondern von »Angststörung« bzw. »Angsterkrankung« und »Zwangsstörung« bzw. »Zwangserkrankung«.

Affektive Störung, manisch-depressive Erkrankung

Die geläufige Bezeichnung für Erkrankungen, die mit Phasen von Depression und/oder Manie einhergehen, lautet »affektive Störung« (von Affekt = heftiges Gefühl). Der Begriff »manisch-depressive Erkrankung« wird heute nur noch selten verwendet.

Bei der Unterform »*bipolare affektive Störung*« wechseln sich depressive und manische Phasen ab, dazwischen gibt es Zeiten von (meist) völliger Gesundheit. Eine affektive Störung, bei der nur depressive Phasen vorkommen, heißt »*unipolare affektive Störung*« oder auch »monopolare affektive Störung«.

Wochenbettdepression, Wochenbettpsychose

Die Begriffe »Wochenbettdepression« und »Wochenbettpsychose« werden im Alltag ebenso wie im medizinischen Bereich verwendet, um aufzuzeigen, dass eine Depression oder eine Psychose im zeitlichen Zusammenhang mit einer Entbindung aufgetreten ist. Völlig korrekt ist das jedoch nicht immer, da das Wochenbett aus gynäkologischer Sicht ein umgrenzter Zeitraum ist, nämlich die ersten sechs bis acht Wochen nach der Entbindung, in denen sich die schwangerschaftsbedingten Veränderungen des Körpers zurückbilden. Zwar beginnen in diesem Zeitraum die meisten Psychosen, aber auch danach kommen sie vor. Und Depressionen können ebenfalls später beginnen.

Außerdem haben verschiedene wissenschaftliche Untersuchungen gezeigt, dass Depressionen und Psychosen nach der Entbindung in allen wesentlichen Punkten vergleichbar sind mit Depressionen und Psychosen, die *zu anderen Lebenszeitpunkten* auftreten, und dass nach einer Entbindung beginnende psychische Störungen im weiteren Leben auch unabhängig davon wiederkehren können.

Genauer spricht man also von Depressionen oder Psychosen, die nach der Entbindung begonnen haben – oder in der psychiatrischen Fachsprache ganz korrekt von »postpartal beginnender Depression« bzw. »postpartal beginnender Psychose«. Doch auch hier führt der klinische Alltag zu Verkürzungen, und deshalb werden häufig die Begriffe »postpartale Depression« bzw. »Depression pp.« und »postpartale Psychose« bzw. »Psychose pp.« verwendet.

Krankheitsphase, Krankheitsepisode

Die Begriffe *Episode* und *Phase* werden in der Psychiatrie gleichbedeutend verwendet. Wichtig ist die darin enthaltene Bedeutung, dass eine psychische Störung phasenhaft abläuft und dass Betroffene nach Ablauf der Krankheitsphase wieder gesund bzw. weitgehend gesund werden. Wie lange eine Krankheitsphase dauert, hat auch mit der Wirksamkeit der Behandlung zu tun; insofern empfiehlt sich eine möglichst frühzeitige Therapie.

Kommt es im Verlauf zu mehreren Krankheitsepisoden, dann wird die Bezeichnung *rezidivierend* verwendet, was wiederkehrend bedeutet. So spricht man beispielsweise von »rezidivierender Depression«. Bei den postpartalen Depressionen kann es bei einer einzelnen Krankheitsphase bleiben, es können aber auch im späteren Leben weitere Episoden auftreten.

Chronifizierung

Unbehandelt oder unzureichend behandelt kann es bei psychischen Störungen zur *Chronifizierung* kommen, das trifft auch für Depressionen zu. Im schlechtesten Fall dauert die postpartale Depression mehrere Monate, im Extremfall sogar jahrelang. Das hat dann unter Umständen anhaltende Auswirkungen auf die gesamte Familie und vor allem das Kind.

Spricht eine Erkrankung, z.B. eine Depression, nicht auf die übliche Behandlung an, so ist der Begriff »*therapieresistent*« gängig. Neuerdings gibt es aber Bestrebungen, statt dieses Begriffes, der unberechtigterweise eine gewisse Hoffnungslosigkeit vermittelt, die Bezeichnung »*schwierig zu behandeln*« zu verwenden.

In der Zeit um die Geburt herum sind schwierig zu behandelnde Krankheitsphasen glücklicherweise viel seltener als sonst im Leben; üblicherweise sprechen postpartale psychische Probleme rasch auf die Behandlung an.

> **Merke**
>
> Je länger eine postpartale Depression besteht, um so langwieriger wird die Behandlung. Deshalb empfiehlt sich eine schnellstmögliche Therapie, ggf. auch unter Einsatz von Medikamenten.

2 Postpartale Depressionen und ihre vielen Gesichter

> **Darum geht es**
>
> Gerade nach Geburten können sich Depressionen sehr unterschiedlich bemerkbar machen. Hier wollen wir die verschiedenen Facetten aufzeigen und sie von verwandten Störungsbildern abgrenzen.

Wie schon an anderer Stelle aufgezeigt, kann eine postpartale depressive Symptomatik Teil einer postpartalen Depression sein, aber auch zu einer anderen psychischen Erkrankung gehören. Diese Abgrenzung ist wichtig, da nicht nur die Verursachungsmodelle unterschiedlich sein können, sondern weil das Wissen darum auch für die Auswahl der Behandlungsmethode wichtig ist.

In ▶ Tab. 2.1 sind die wichtigsten psychischen Störungen, die nach einer Entbindung auftreten können, mit ihren Charakteristika zusammengestellt.

Tab. 2.1: Die verschiedenen postpartal auftretenden Störungsbilder

Typ	Charakterisierung
»Babyblues« (»Heultage«, »Postnatal blues«, »Maternity blues«)	• Betroffen sind ca. ¾ aller Frauen nach der Entbindung • Auftreten etwa 3.–5. postpartaler Tag, Dauer wenige Tage • Allgemein erhöhte Empfindlichkeit, Stimmungslabilität mit raschem Wechsel zwischen Glücklichsein und Niedergeschlagenheit, Weinen, Reizbarkeit etc.

Tab. 2.1: Die verschiedenen postpartal auftretenden Störungsbilder – Fortsetzung

Typ	Charakterisierung
	• Keine krankheitswertige Störung, vielmehr Reaktion auf die rasche Rückbildung der hohen Hormonspiegel nach der Entbindung
Postpartale Depression als einzelne Episode (»Wochenbettdepression«, »Postnatale Depression«)	• Häufigkeit: 12–15 % depressive Symptome, Diagnose »postpartale depressive Episode« ca. 6–8 % • Typischerweise die erste depressive Episode überhaupt • Am häufigsten nach der ersten Entbindung, aber auch später möglich • Auftreten: Erste Tage/Wochen bis Monate nach der Entbindung • Dauer: abhängig vom Schweregrad Wochen bis Monate, im Extremfall auch länger (Chronifizierung) • Typische depressive Symptome: Niedergeschlagenheit, Weinen, Versagens- und Schuldgefühle, Grübeln, Konzentrationsstörungen, Schlafstörungen, Appetitminderung, Erschöpfung, Müdigkeit
Postpartale psychotische Depression (»wahnhafte Depression«)	• Unterform einer schweren depressiven Episode, bei der u. a. depressiver Wahn auftritt (wie etwa Schuldwahn oder Verarmungswahn). • Das Thema des Wahns entsteht aus den depressiven Überzeugungen (z. B. ein schlechter Mensch zu sein oder sich schuldig gemacht zu haben). Nicht selten thematischer Bezug zum Kind
Postpartale Depression als Episode einer wiederkehrenden Störung	• Nicht die erste Krankheitsphase im Leben • Typische depressive Symptome • Bei schwerem Verlauf auch psychotische Depression möglich • Gab es früher ausschließlich *depressive* Krankheitsepisoden, dann Zuordnung als »rezidivierende depressive Störung« (d. h. wiederkehrende Depression) • Falls auch *manische* Episoden vorkamen, Zuordnung als »postpartale Depression im Rahmen einer bipolaren affektiven Störung«
Depressive Reaktion nach Totgeburt,	• Beginn: Meist direkt nach dem Ereignis. Aber auch Wochen oder Monate später möglich.

Tab. 2.1: Die verschiedenen postpartal auftretenden Störungsbilder – Fortsetzung

Typ	Charakterisierung
Frühgeburt, Geburt eines kranken oder behinderten Kindes	• Verlauf: abhängig von Schweregrad und klinischem Bild Dauer Wochen bis Monate • Zu Beginn meist innere Betäubung, »Schock«, Verzweiflung (= Akute Belastungsreaktion). Dann Übergang in längere depressive Reaktion möglich mit einer Vielzahl depressiver Symptome
Posttraumatische Belastungsstörung (PTBS) nach einer traumatisch erlebten Entbindung	• Auftreten: Erste Tage bis Wochen nach der Entbindung • Besonders gefährdet: Frauen mit traumatischen Vorerfahrungen (u. a. Gewalt, Missbrauch) • Diagnose PTBS frühestens 6 Wochen nach der traumatischen Erfahrung • Dauer: abhängig von Schweregrad und klinischem Bild Wochen bis Monate, im Extremfall auch länger (Chronifizierung) • Wiedererleben der Geburt in Albträumen und eindringlichen Erinnerungen (»flashbacks«), Schlafstörungen, Weinen, Gefühl innerer Taubheit, Reizbarkeit, sozialer Rückzug; nicht selten Begleitdepression • Nicht selten werden weitere Schwangerschaften vermieden • In einer weiteren Schwangerschaft Reaktualisierung möglich
Postpartale Psychose (»Wochenbettpsychose«)	• Betroffen ca. 0,1 % aller Erstgebärenden • Beginn: Erste Tage bis Wochen nach der Entbindung, ca. 75 % innerhalb der ersten 2 Wochen • Verlauf: abhängig von Schweregrad und klinischem Bild Tage bis Monate, fast immer stationäre Behandlung erforderlich • Stimmung: oft Beginn mit Depressivität, dann Umschwung in Manie (ausgeprägte Euphorie). Manchmal auch direkt Beginn mit produktiv-psychotischen Symptomen (Wahn, Halluzinationen, Beeinflussungserlebnisse), dabei oftmals thematischer Bezug zum Kind • Weitere Symptome: Schlafstörungen, Konzentrationsstörungen, Stimmungsschwankungen, Verhaltensänderungen, irreale Ängste, ungeordnetes Denken. Je

Tab. 2.1: Die verschiedenen postpartal auftretenden Störungsbilder – Fortsetzung

Typ	Charakterisierung
	nach Symptomatik Zuordnung zu einer der Kategorien psychotischer Störungen (z. B. Schizophrenie, schizoaffektive Psychose, Akute vorübergehende Psychose)
Postpartale Psychose als Episode einer wiederkehrenden psychotischen Störung	• In der Vorgeschichte gab es bereits psychotische Episoden • Risiko einer erneuten Psychose nach der Entbindung 20–50 % (besonders hoch, wenn früher manische Symptome aufgetreten sind) • Dringende Empfehlung der postpartalen Prophylaxe (= vorbeugende Medikation)

Babyblues

Wir beginnen deshalb mit dem sogenannten »Babyblues«, weil der im Gegensatz zu den folgenden Störungsbildern nicht behandlungsbedürftig, sondern eine ganz normale Folge der sehr abrupten Hormonumstellung nach der Geburt ist. Etwa um den dritten bis fünften Tag nach der Entbindung fallen die hohen Hormonspiegel, die sich in der Schwangerschaft gebildet hatten, sehr plötzlich wieder ab. Wie alle ausgeprägten hormonellen Veränderungen können auch diese Hormonschwankungen zu vorübergehender psychischer Labilität führen, vor allem bei Frauen, die auf hormonelle Umstellungen empfindlich reagieren.

Allgemein hat sich im deutschen Sprachgebrauch – sowohl in der Fachsprache als auch in der Laiensprache – der Begriff »Babyblues« weitestgehend durchgesetzt, da Frauen den früher gebräuchlichen Begriff »Heultage« manchmal diskriminierend finden. Wie »Heultage« im Deutschen ist »Babyblues« ein umgangssprachlicher Begriff aus der englischen Sprache. Er leitet sich vom englischen Wort »blues« ab (umgangssprachlich für Melancholie; findet sich auch in der Musiksprache). Auch »maternity blues« (man könnte es mit »Mutterschaftsblues« übersetzen) wird im englischen Sprachraum verwendet. Die Tatsache, dass es auf Deutsch für die »Heultage« keine allgemein akzeptierte Fachbezeichnung gibt, zeigt schon, dass es sich hier nicht um eine Krankheit im engeren Sinne handelt.

Nur sehr selten ist ein ausgeprägter »Babyblues« zugleich der Beginn einer postpartalen Depression oder Psychose. Die Stimmungslabilität mit raschem Wechsel zwischen Glücklichsein und Weinen, erhöhter Empfindlichkeit, manchmal einhergehend mit Schlafstörungen oder sonstigen Verhaltensveränderungen, ist nicht behandlungsbedürftig. Ruhe, Abschirmung vor allzu viel Außenreizen und Verständnis und Fürsorge vonseiten der Angehörigen sind aber empfehlenswert. Wenn die Symptome länger als zwei oder drei Tage bestehen oder andere Auffälligkeiten hinzukommen, sollte allerdings an den Beginn einer Depression oder auch einer Psychose gedacht werden.

Postpartale Depression

Die Symptomatik einer postpartalen Depression kann von einer leichten depressiven Verstimmung bis hin zur schweren psychotischen Depression reichen. Alle Arten depressiver Symptome kommen vor.

Die häufigsten Symptome einer Depression nach der Entbindung sind in ▶ Tab. 2.2 zusammengefasst.

Tab. 2.2: Mögliche Symptome der postpartalen Depression

Mögliche Symptome der postpartalen Depression	
Konzentration/Gedächtnis	Konzentrationsstörungen, manchmal Gedächtnisprobleme
Denken	Grübeln, Denkverlangsamung, Denkhemmung

Tab. 2.2: Mögliche Symptome der postpartalen Depression – Fortsetzung

Mögliche Symptome der postpartalen Depression	
Antrieb	Lust- und Interesselosigkeit, Antriebsminderung, Apathie, sozialer Rückzug, Bewegungsunruhe
Affektivität (Gefühlslage)	Depressivität, Versagens- und Schuldgefühle, als unzureichend empfundene Mutter-Kind-Gefühle, innere Unruhe, Gereiztheit, Aggressivität
Ängste	Unbestimmte Angst, Panikattacken
Zwang	Zwangsgedanken und -impulse (z. B. dem Kind etwas anzutun), selten Zwangshandlungen (z. B. Waschzwang)
Schlaf	Einschlaf- und Durchschlafstörungen, besonders frühes Erwachen
Suizidalität/Autoaggressivität	Lebensmüde Gedanken, Suizidgedanken, selten Suizidhandlungen, selten selbstverletzende Handlungen
Somatische (körperliche) Symptome	Müdigkeit, Appetitminderung, Gewichtsverlust, Druckgefühl in der Brust, Kloßgefühl im Hals, vielfältige andere körperliche Missempfindungen und Schmerzen
Produktiv-psychotische Symptome	Nur bei schwerer psychotischer Depression depressiver Wahn (z. B. Schuldwahn, Verarmungswahn, religiöser Wahn)

Besonders häufig leiden depressive Mütter unter dem *Gefühl, eine schlechte Mutter zu sein,* woraus Schuld- und Versagensgefühle entstehen. Diese Symptome gehen nicht selten einher mit der Überzeugung, dass die Gefühle dem Kind gegenüber unzureichend sind, weil sie nicht den erwarteten Muttergefühlen entsprechen. Eine *Störung der Mutter-Kind-Bindung* ist Teil der Depression, wird aber von den betroffenen Frauen nicht als Krankheitssymptom, sondern als eigenes Versagen gewertet. In den Erfahrungsberichten am Ende des Buches werden Sie mehrfach auf dieses Problem stoßen.

Im Falle einer sehr schweren Depression können diese selbstabwertenden Gedanken zur wahnhaften Überzeugung werden und damit in die »*psychotische Depression*« führen. Neben den typischen depressiven Symptomen entwickelt sich dann beispielsweise ein Schuldwahn, ein Verarmungswahn oder ein religiöser Wahn.

Fast jede von schweren depressiven Symptomen betroffene Frau berichtet, dass es zu irgendeinem Zeitpunkt auch zu *lebensmüden* und schließlich *suizidalen Gedanken* gekommen ist oder auch zur Überlegung, das Kind zur Adoption freizugeben. Und all das vielleicht sogar, obwohl es sich um ein Wunschkind handelt. Auch Einblick in diese tiefverzweifelten Gedanken und den Umgang damit geben uns einige der Frauen in den Erfahrungsberichten am Ende des Buches (▶ Kap. 10).

Besonders in der Möglichkeit des *erweiterten Suizids* bei schweren Depressionen (Selbsttötung mit vorheriger Tötung des Kindes) liegt eine Gefahr für Mutter und Kind, auch wenn solche Fälle glücklicherweise extrem selten sind.

Ebenfalls selten können bei Frauen, die in ihrer Vorgeschichte schon mit *autoaggressiven* (also selbstverletzenden) Handlungen zu tun hatten, entsprechende Verhaltensweisen im Rahmen der Depression wieder auftreten. Solche Selbstverletzungen dienen beispielsweise der Spannungsabfuhr oder dem Wunsch, »sich selbst wieder zu spüren«. Sie sind nicht gleichzusetzen mit lebensmüden bzw. suizidalen Gedanken, bei denen der Gedanke an den erwünschten Tod im Vordergrund steht.

Aus der Praxis lassen sich drei typische Erscheinungsbilder postpartaler Depressionen beschreiben (▶ Tab. 2.3). Am häufigsten ist der »Insuffizienztyp« mit etwa zwei Drittel der Fälle, bei dem Insuffizienzgefühle (= Versagensgefühle) im Vordergrund stehen. Deutlich seltener, aber für die Betroffenen wegen ausgeprägter Schuld- und Schamgefühle mit einem enormen Leidensdruck verbunden, ist der »Zwangstyp« (etwa 20 %). Am seltensten sind Depressionen, bei denen Panikattacken im Vordergrund stehen.

Tab. 2.3: Typen postpartaler Depressionen

Typ postpartaler Depression	Im Vordergrund stehende Symptomatik
»Insuffizienztyp«	Depressive Verstimmung steht im Vordergrund mit Insuffizienzgefühlen (= Versagensgefühlen), Schuldgefühlen, der Überzeugung, eine schlechte Mutter zu sein. Die Mutter-Kind-Gefühle sind nicht in der Art vorhanden, wie die Mutter sie erwartet, was wiederum Schuldgefühle verursacht. Zusätzliche Symptome wie Konzentrationsstörungen, Antriebsmangel, Schlafstörungen, Appetitstörungen, Tagesschwankungen, Gereiztheit, lebensmüde Gedanken bis hin zur Suizidalität
»Zwangstyp«	Depressive Verstimmung mit im Vordergrund stehender Zwangssymptomatik, z. B. dem Gedanken bzw. Impuls, dem eigenen Kind etwas anzutun, es zu verletzen, zu töten etc. Verbunden mit ausgeprägten Schuld- und Schamgefühlen, Angst vor Kontrollverlust und Vermeidungsverhalten; Situationen, in denen das Kind vermeintlich »gefährdet« ist, werden vermieden. Die Depression entwickelt sich häufig nach der Zwangssymptomatik. Selten kann auch der Gedanke, sich selbst etwas anzutun, Inhalt solcher Zwangsgedanken sein. Die betroffene Frau denkt ständig daran, sich etwas anzutun, will dies aber ganz sicher nicht und hat Angst davor, dass sie das umsetzen könnte.
»Paniktyp«	Depressive Verstimmung parallel mit dem meist erstmaligen Auftreten von Panikattacken.

Einzelne Episode oder Teil einer wiederkehrenden Störung?

Die Unterscheidung zwischen der ersten depressiven Episode und einer Depression im Rahmen einer wiederkehrenden Störung ist uns wichtig, da diese beiden Formen einer postpartalen Depression von ihrer Symptomatik her zwar sehr ähnlich bzw. vergleichbar sein können, sich aber in der Gewichtung der Verursachungsfaktoren unterscheiden. Und weil auch der unterschiedliche Verlauf von Bedeutung sein kann – beispielsweise für die Planung einer weiteren Schwangerschaft.

Postpartale Depression als einzelne depressive Episode

Hier sprechen wir von der postpartalen Depression, die für die betroffenen Frauen völlig unerwartet kommt, weil sie bisher nie mit psychischen Problemen zu tun hatten. Beispiele dafür werden Sie in den Falldarstellungen und in den Erfahrungsberichten finden. Die Schwangerschaft war unkompliziert, meist auch die Geburt, und dann wird von Tag zu Tag die Stimmung immer schlechter, es schleichen sich Sorgen ein, ob man alles richtig macht. Fehlen dann noch die erwarteten Muttergefühle, dann führt das fast immer zur Überzeugung, keine gute Mutter sein zu können.

Schaut man sich die Fälle genau an, stellt man häufig fest, dass es Frauen sind, die in der Situation nur über begrenzte Unterstützungsmöglichkeiten verfügen, weil sie beispielsweise weit weg wohnen von der Familie und auch der Partner in der ersten Zeit nur begrenzt zu Verfügung steht. Wir sprechen von »*unzureichender sozialer Unterstützung*« – und das ist einer der wesentlichen Faktoren bei der Entstehung einer Depression.

Auch die ausgeprägten *hormonellen Umstellungen* nach der Entbindung spielen eine Rolle, vor allem bei Frauen, die unter zyklusabhängigen Stimmungsveränderungen bzw. einem prämenstruellen Syndrom (PMS) oder der schwersten Form, der prämenstruellen dysphorischen Störung (PMDS), leiden.

Ein weiterer wichtiger Aspekt ist die *erste Geburt*, weil Frauen da besonders unter Druck stehen bzw. sich selbst sehr unter Druck setzen – sie müssen sich auf viel Neues einstellen, sind unsicher und machen sich Sorgen, ob sie alles richtig machen. Auch der Übergang von der Berufstätigkeit in die *neue Mutterrolle*, evtl. verbunden mit einer längeren Elternzeit, kann große Verunsicherung auslösen.

Auf diese Art der Depression beziehen sich die meisten Studien, die eine Häufigkeit von 10 bis 15 % depressiver Symptome finden und in denen etwa die Hälfte, nämlich 6–8 %, die Kriterien einer behandlungsbedürftigen Depression erfüllen.

Postpartale Depressionen als erste, einzelne Krankheitsepisode sind in der Regel *gut behandelbar* und reagieren rasch auf medikamentöse und/oder psychotherapeutische Behandlungsstrategien. Und die betroffenen Mütter profitieren sehr von einer guten Unterstützung und dem Austausch mit anderen (z. B. über die Selbsthilfeorganisation Schatten und Licht e.V.). Auch als Betroffene selbst kann man einiges zur besseren Bewältigung der depressiven Gedanken beitragen (► Kap. 8).

Über den *Verlauf bei späteren Schwangerschaften* kann man pauschal sagen, dass das Risiko einer erneuten postpartalen Depression deutlich geringer ist als bei der ersten Geburt. Vor allem, wenn man die Unterstützung von Anfang an organisiert, kann man das Wiederholungsrisiko weiter reduzieren.

Postpartale Depression als Teil einer wiederkehrenden Störung

Gab es in der Vorgeschichte bereits eine Depression oder eine verwandte psychische Störung, dann ist die Wahrscheinlichkeit einer postpartalen Depression nicht klein. Wir sprechen hier vor allem von Frauen, die von einer »*wiederkehrenden depressiven Störung*« (= rezidivierende depressive Störung) betroffen sind. Damit bezeichnet man eine Erkrankung, bei der im Verlauf der Jahre immer wieder depressive Episoden auftreten und bei denen man eine »Vulnerabilität« (= Empfindlichkeit) für psychische Symptome annehmen muss. Verantwortlich ist u. a. ein biologischer bzw. genetischer Faktor, der die Empfindlichkeit für Depressionen oder verwandte Störungen erhöht (▶ Kap. 3). Kommen zu einer solchen Vulnerabilität (= Empfindlichkeit) Aspekte wie eine unzureichende soziale Unterstützung o. ä. hinzu, erhöht sich das Risiko einer postpartalen Depression weiter.

Auftreten kann eine postpartale Depression als Teil einer wiederkehrenden Störung auch bei anderen Erkrankungen, die nicht typischerweise immer mit Depressionen einhergehen – z. B. bei einer bipolaren Störung, bei der hauptsächlich manische oder hypomanische Episoden vorkommen, bei Angst- und Zwangsstörungen oder auch bei Psychosen. Gibt es also eine solche Störung in der Vorgeschichte, sollte man sich wegen des höheren Risikos einer postpartalen Depression Gedanken über mögliche *Vorbeugungsmaßnahmen* machen – so etwa eine medikamentöse Vorbeugung.

Studien haben allerdings gezeigt, dass selbst die medikamentöse Prophylaxe (= Vorbeugung) nicht alles verhindern kann. So gibt es eine Studie, in der Frauen, die wegen der Schwangerschaft ihr Antidepressivum abgesetzt haben, zu etwa zwei Dritteln nach der Geburt an einer Depression litten, aber immerhin auch noch ca. ein Viertel bei Fortführung der Medikation. Deshalb sind ergänzende Maßnahmen besonders wichtig, die unter dem Oberbegriff »soziale Unterstützung« zusammengefasst werden können, so etwa Elternzeit des Partners, Hilfe durch Familienangehörige oder durch professionelle Stellen, was aber gut vorbereitet werden sollte. Wir werden uns dieser Frage in ▶ Kap. 6 besonders zuwenden.

Die einzelne Episode wiederholt sich doch

Auch das kommt vor, dass nämlich die postpartale Depression die erste depressive Episode im Leben einer Frau ist und dass danach weitere Episoden folgen. Treten die im Zusammenhang mit hormonellen Umstellungsphasen auf (wie etwa bei weiteren Geburten), dann zeigen diese Frauen oftmals auch in anderen vergleichbaren Situationen Stimmungsschwankungen oder depressive Symptome. Sie leiden besonders oft unter zyklusabhängigen Symptomen im Rahmen eines prämenstruellen Syndroms (PMS) oder der stärksten Form, der prämenstruellen dysphorischen Störung (PMDS). Und auch in den Wechseljahren sind sie häufig von Stimmungsschwankungen, Reizbarkeit oder ausgeprägter Depressivität betroffen. Diese »hormonelle Empfindlichkeit« kann bei der weiteren Therapieplanung berücksichtigt werden.

Treten weitere Krankheitsepisoden ganz unabhängig von Schwangerschaft, Entbindung oder anderen Hormonumstellungen auf, dann war die postpartale Depression die erste Episode einer wiederkehrenden (= rezidivierenden) depressiven bzw. affektiven Störung. Auch das kommt vor. Spätestens ab der dritten Krankheitsepisode sollte dann über eine längerfristige medikamentöse Vorbeugung (= Prophylaxe) nachgedacht werden, z. B. mit einer dauerhaften Gabe eines Antidepressivums.

Angstsymptome postpartal

Angst ist Symptom vieler psychischer Störungen. Wenn es sich um eine *unbestimmte Angst* handelt, kann sie zum Beispiel Begleiterscheinung einer Depression oder eine Psychose sein. Zukunfts- und Versagensängste sind ganz typisch für Depressionen. Ob die depressiven Symptome zuerst da waren und dann die Ängste hinzugekommen sind oder umgekehrt, kann eine genaue Erhebung der Vorgeschichte ergeben. Falls bereits früher Ängste bestanden oder sogar behandelt wurden, kann auch das weiteren Aufschluss geben.

Wenn Angst *anfallsartig* auftritt und von körperlichen Erscheinungen begleitet wird, wie etwa Herzrasen, Schweißausbrüchen, Zittern etc., handelt es sich am ehesten um eine *Panikattacke*. Panikattacken wirken für Betroffene und Angehörige meist sehr bedrohlich, da sie besonders anfangs für die Symptome eines Herzinfarktes gehalten werden. Wegen dieser Ähnlichkeit sollte eine kardiologische Abklärung erfolgen, unter anderem durch ein EKG und einen Herz-Ultraschall beim Internisten oder Hausarzt. Ist aber einmal geklärt, dass es sich um Panikattacken handelt, sollten solche Untersuchungen nicht immer wiederholt werden.

Panikattacken sind harmloser Natur und *gut zu behandeln*, auch wenn sie für alle Beteiligten extrem belastend sein können. Weil die Panikattacken sich oft sehr schnell verschlimmern und dann zusätzlich »Angst vor der Angst« auftritt, die schließlich zu ausgeprägtem Vermeidungsverhalten führt, muss möglichst bald eine Behandlung eingeleitet werden. Optimal ist der rasche Beginn einer Verhaltenstherapie, bei Bedarf unterstützt durch Antidepressiva.

Es gibt noch zwei andere wichtige Arten von Ängsten, die aber im Zusammenhang mit postpartalen Depressionen eine untergeordnete Rolle spielen: die phobischen Ängste und die »generalisierte Angst«. Bei einer *Phobie* gibt es einen ganz bestimmten Reiz oder eine spezielle Situation, die angstauslösend ist und vermieden wird. So haben etwa Menschen mit Klaustrophobie (= Angst vor engen Räumen) Schwierigkeiten, mit einem Fahrstuhl zu fahren.

Bei der *generalisierten Angst* ist es mehr ein ständiges Sich-Sorgen-Machen, vor allem darüber, dass Angehörigen etwas Schlimmes passieren könnte. Man muss sich immer wieder vergewissern, dass dies nicht der Fall ist – z. B. durch häufige Anrufe, wenn der Ehemann mit dem Auto auf Dienstreise ist. Auch die Sorge um das Baby, die zu ständigen Kontrollen führt, ob es beispielsweise noch atmet, kann in diese Kategorie gehören.

Bei ausgeprägten Angstsymptomen und deutlicher Beeinträchtigung der betroffenen Frau wird immer eine *kombinierte medikamentöse und verhaltenstherapeutische Behandlung* angezeigt sein; bei leichten Formen kann auch eine alleinige Psychotherapie, bevorzugt eine Verhaltenstherapie, helfen. Als Medikamente werden bestimmte Antidepressiva bevorzugt eingesetzt, die sich auch bei Angststörungen als sehr wirksam erwiesen haben. Das sind die sogenannten Serotonin-Wiederaufnahme-Hemmer (= SSRI).

Prinzipiell sind diese Ängste gut behandelbar, und zwar umso besser, je früher die Behandlung beginnt. Dadurch kann man auch verhindern oder zumindest frühzeitig dagegen steuern, dass sich eine Erwartungsangst (Angst vor der Angst) und ein »*Teufelskreis der Angst*« entwickeln (▶ Kap. 8). In diesen Teufelskreis kann man nach dem Erleben einer oder mehrerer Panikattacken ganz rasch geraten, insbesondere wenn diese von der Angst zu sterben oder verrückt zu werden begleitet sind. Gerade bei

Angststörungen sind auch Selbsthilfestrategien einfach und erfolgreich anzuwenden.

Zwangssymptome postpartal

Zwangssymptome haben eine große Bandbreite: von einzelnen Zwangssymptomen, die bei Gesunden auftreten und keine weiteren Auswirkungen haben, bis hin zu schweren Zwangsideen und Zwangshandlungen, die das ganze Leben von Betroffenen beeinflussen.

Zwangshandlungen sind wahrscheinlich bekannter als Zwangsgedanken. Die meisten Menschen haben schon von Waschzwang oder Kontrollzwang gehört. Eine bestimmte Handlung muss dabei immer wieder ausgeführt werden, um Ängste abzubauen. Beim Waschzwang müssen die Hände beispielsweise minutenlang mit Seife gewaschen werden, um die Angst vor Keimen auf ein erträgliches Maß zu vermindern. Bei Kontrollzwang müssen vielleicht aus Angst vor einem Brand alle Elektrogeräte in der Wohnung kontrolliert werden, bevor man das Haus verlassen kann. Können solche Handlungen nicht ausgeführt werden, dann wird die Angst immer stärker, bis sie schließlich das gesamte Denken beherrscht und nicht mehr auszuhalten ist. Deshalb versuchen Betroffene, ihr Leben so einzurichten, dass Zeit für solche Handlungen bleibt, und bestehen hartnäckig darauf.

Von *Zwangsgedanken* spricht man, wenn sich Gedanken immer wieder ungewollt, also zwanghaft, aufdrängen. Solche Gedanken, die meist einen unangenehmen Inhalt haben, zum Beispiel Aggressivität, Schmutz oder obszöne Vorstellungen, werden als fremd erlebt: »So etwas würde ich doch nie tun…«. Die betroffene Mutter versteht nicht, warum sie solche Gedanken hat – zum Beispiel den Gedanken, dass sie ihrem Kind etwas antun könnte und dass sie das sogar bildlich vor sich sieht. Sie ist erschreckt, beschämt, und vor allem befürchtet sie, dass sie diese Gedanken trotz aller Gegenwehr doch umsetzen könnte. Diese Gefahr kann man – anders als beim Hören von Stimmen, die Befehle geben (also akustischen

Halluzinationen) – ganz klar verneinen: *Zwangsgedanken werden nicht in die Tat umgesetzt!*

Zwangsgedanken können als Symptom einer postpartalen Depression auftreten, manchmal beginnt diese sogar mit den beschriebenen Zwangsgedanken. Einige der Erfahrungsberichte von betroffenen Frauen am Ende des Buches zeigen auf, in welche Verzweiflung Zwangsgedanken die depressive Mutter stürzen können – bis hin zu dem Gefühl, dass das Kind »besser dran wäre«, wenn die Mutter nicht mehr lebt oder wenn es abgegeben würde. Und sie zeigen auch, wie schwierig es ist, sich mit solchen Symptomen zu öffnen und sich Hilfe zu suchen.

Dabei gibt es Hilfe, denn mit der Behandlung der Depression gehen auch die Zwangsgedanken zurück, meist sogar relativ rasch. Wenn es allerdings bereits in der Vorgeschichte eine Zwangsstörung gab (dann bestehen oft auch Zwangshandlungen), ist eine Verschlechterung bereits in der Schwangerschaft typisch; nach der Entbindung kann sie sich weiter verschlimmern. Möglicherweise ändert sich der Fokus, indem beispielsweise die Hygiene bei der Versorgung des Neugeborenen in den Mittelpunkt tritt. In einem solchen Fall ist unbedingt eine längerfristige verhaltenstherapeutische Behandlung zu empfehlen.

Zwangsgedanken, die *postpartal neu auftreten*, beziehen sich typischerweise auf das Kind mit Ängsten, sich diesem gegenüber schädlich oder unangemessen zu verhalten. Weil sie von der Mutter sehr angstbesetzt erlebt werden, führen sie in vielen Fällen zu Vermeidungsverhalten, dem auf jeden Fall gegengesteuert werden sollte (▶ Kap. 8).

Ähnlich wie bei den Angststörungen sind sowohl verhaltenstherapeutische Strategien als auch medikamentöse Behandlungsansätze (so etwa Antidepressiva vom SSRI-Typ) wirksam (▶ Kap. 5). Oftmals bewährt sich eine kombinierte Behandlung.

Reaktionen auf Totgeburt, Frühgeburt, Geburt eines kranken Kindes

Die Themen, auf die wir im Folgenden eingehen, beschreiben sehr einschneidende Erfahrungen. Hier möchten wir lediglich kurz die Besonderheiten nennen, die im Zusammenhang damit und bei der Abgrenzung von postpartalen depressiven Symptomen wichtig sind. Darüber hinaus brauchen Betroffene häufig spezifischere Angebote wie Trauerbegleitung oder Kontakte zu entsprechenden Selbsthilfegruppen.

Da jede Mutter bzw. jedes Elternpaar hofft, ein gesundes Kind zu bekommen, ist der Schock groß, wenn diese Hoffnung sich nicht erfüllt. Besonders, wenn vorher nichts über zu erwartende Probleme bekannt war und dann ganz plötzlich in der späten Schwangerschaft bzw. unter oder kurz nach der Geburt der Tod des Kindes festgestellt wird, löst dies für die Eltern eine schwere Lebenskrise aus. Die anschließende Verzweiflung und die Trauer können *in Schwere und Dauer sehr verschieden sein.* Menschen trauern sehr unterschiedlich und sehr individuell. Deshalb gibt es auch keine richtige oder falsche Trauer.

Über die Trauer hinaus gibt es aber psychische Reaktionen bzw. depressive Störungen, die nach traumatischen Ereignissen oder schweren Belastungen auftreten und die man kennen sollte, um einordnen zu können, ob eine Betroffene möglicherweise auch professionelle Hilfe benötigt – z. B. die einer Psychotherapeutin. Unabhängig davon kann eine Mutter nach der Geburt eines toten oder kranken Kindes auch eine »ganz normale« postpartale Depression bekommen.

Akute Belastungsreaktion

Als akute Belastungsreaktion wird die erste »*Schockreaktion*« nach Eintreten eines tragischen Ereignisses bezeichnet. Gefühlsmäßig steht häufig zunächst ein Gefühl des inneren Betäubtseins im Vordergrund, oft aber auch Wut: Warum muss das uns passieren? In der Regel dauert die akute Belastungsreaktion Stunden bis zu zwei oder drei Tagen und weicht dann einem Gefühl von Trauer mit allen dazugehörigen Reaktionsweisen, wie etwa Rückzug aus Kontakten, Grübeln etc.

Es ist wichtig zu wissen, dass unter dem Einfluss einer akuten Belastungsreaktion *Wahrnehmung und Zeitgefühl* eines Menschen stark verändert sein können. Das kann dann zu unterschiedlichen Interpretationen und Erinnerungen führen. So hat vielleicht eine Mutter die Erinnerung, dass man ihr das tote Kind nach wenigen Minuten weggenommen hat, obwohl sie es mehrere Stunden bei sich hatte. Entscheidungen, die in dieser Verfassung getroffen werden, sind in der Regel nicht gut durchdacht, sondern spontan unter dem Eindruck intensiver Gefühle entstanden.

Wichtig ist in einer solchen Situation die Unterstützung durch vertraute Personen und die Möglichkeit, sich auszusprechen. Eine vielleicht angebotene psychotherapeutische Unterstützung wird am ehesten die Form einer *Krisenintervention* haben. Dabei geht es um die aktuelle Situation und darum, Gefühle zuzulassen und das Erlebte zu besprechen.

Intensive Gefühle gehören zur Trauer

In einer solchen tragischen Verlustsituation gehören Gefühle und deren Äußerung dazu. Wenn also jemand seine Verzweiflung zeigt und nicht aufhören kann zu weinen, ist es nicht hilfreich, mit Blick auf die Zukunft zu trösten (»Du bist doch noch so jung, du bekommst noch andere Kinder«) oder zu versuchen die Gefühlsäußerungen abzublocken (»Wein doch nicht, du musst jetzt stark sein«). Für die betroffenen Eltern ist es viel hilfreicher, wenn man ihre Gefühle aushält und einfach nur da ist. Das »Aushalten« ist meist viel schwerer, als irgendetwas anderes zu tun. Und wenn dabei auch die eigenen Tränen nicht zurückzuhalten sind, ist das völlig in Ordnung. Übrigens sollte nur in Ausnahmefällen der Griff zu einem Beruhigungsmittel die Gefühle zurückdrängen. Emotionen und die Möglichkeit, sie zu äußern, sind wichtig für die langfristige Bewältigung des Erlebten!

Reaktive Depression

In der psychiatrischen Klassifikation werden depressive und andere Reaktionen auf Erlebnisse als »Anpassungsstörung« bezeichnet, allerdings nur dann, wenn die Symptomatik ein bestimmtes Ausmaß erreicht und über längere Zeit anhält. Wie bereits erwähnt, gehören verzweifelte und traurige Reaktionen zu einem Verlusterlebnis dazu. Von einer »reaktiven Depression« würde man erst dann sprechen, wenn diese über einen längeren Zeitraum das ganze Lebensgefühl umfasst und begleitet ist von verschiedenen depressiven Symptomen (z. B. Konzentrationsstörungen, Appetitstörungen, ausgeprägten Schlafstörungen etc.).

Die Symptome der reaktiven Depression können denen einer postpartalen Depression, wie sie unabhängig von einem Verlust auftritt, sehr ähnlich sein. Der wichtigste Unterschied ist, dass die reaktive Depression ohne das auslösende Ereignis (z. B. den Verlust des Kindes) nicht vorhanden wäre, während es für die postpartale Depression eigentlich gar keinen fassbaren Grund gibt. Von manchen Ärzten wird auch eine postpartale Depression als depressive Reaktion gewertet, weil sie glauben, dass die Depression eine »Reaktion« auf die Geburt ist. Betrachtet man aber die Symptome und Begleitumstände der postpartalen Depression genauer, dann erkennt man, dass die Störung nicht einfach aus dem Ereignis Entbindung ableitbar ist, sondern dass es eine eigene Dynamik und meist auch eine besondere Qualität des Erlebens gibt.

Betroffene können in der Regel gut beurteilen, ob ihre Traurigkeit und Depressivität von einem Erlebnis ableitbar ist. Sie können beurteilen, ob es ihnen wieder gut gehen würde, wenn man das Ereignis ungeschehen machen könnte. Frauen mit postpartaler Depression dagegen verstehen oft überhaupt nicht, warum sie depressiv sind (»Eigentlich müsste ich doch glücklich sein. Ich habe das gesunde Kind, das ich mir gewünscht habe, mein Kind ist ganz ›pflegeleicht‹, mein Mann unterstützt mich, aber…«)

Wenn der Bereich der Trauer verlassen und die reaktive Depression erreicht ist, sollte auf jeden Fall eine *psychotherapeutische Behandlung* erfolgen, damit es nicht zur Chronifizierung kommt – also zur Entwicklung einer dauerhaften depressiven Verstimmung. Auch die für den Umgang mit Depressivität beschriebenen Selbsthilfestrategien können hilfreich sein.

> **Trauer und Depression sind nicht dasselbe**
>
> Wichtig ist der Unterschied zwischen »normaler« Trauer und reaktiver Depression, wobei die Trauer anders als die reaktive Depression nicht behandlungsbedürftig ist. Bei einem Trauerprozess gehört es dazu, dass schrittweise das »normale Leben« wieder Einkehr hält, dass man trotz der Trauer auch schöne Dinge erkennen und genießen kann, dass man zwischendurch auch wieder einmal lachen kann, dass nicht 24 Stunden am Tag dunkle Gedanken das Lebensgefühl bestimmen. Anders bei der reaktiven Depression, die so wie alle Depressionen das Lebensgefühl umfassend verändert, wo alles nur noch grau und trübsinnig scheint. Ändert sich also auch Wochen nach dem Verlusterleben gar nichts und ist nichts mehr vom früheren Lebensgefühl übrig, sollte man sich unbedingt psychiatrische oder psychologische Hilfe holen.

Besonderheiten bei der Totgeburt

Gerade bei der Geburt eines toten Kindes mischt sich in die Trauer oft ganz intensiv *die Frage nach der eigenen Schuld*, dem eigenen Versagen. »Warum habe ich nicht gemerkt, dass es meinem Kind nicht gut ging...?« Diese und ähnliche Fragen werden wieder und wieder hin und her gewälzt – besonders, wenn die Ursache des Todes nicht oder noch nicht festgestellt werden konnte.

Neben dem Abschiednehmen vom Kind und dem Aufheben von Erinnerungsstücken (z. B. Foto, Haarlocke, Fußabdruck) ist es wichtig, dem Kind *einen Platz in der Familie* zu geben. Das kann durch Namensgebung erfolgen, durch Segnung, individuelle Bestattung oder auch Veröffentlichung einer Traueranzeige. Geschwisterkinder sollten entsprechend Alter und Verständnisfähigkeit informiert und in Abschiedsrituale einbezogen werden.

> **Merke**
>
> Die Wünsche und Bedürfnisse nach einem Verlusterlebnis können sehr unterschiedlich sein. Auch wenn mit dem beschriebenen Vorgehen in der Regel gute Erfahrungen gemacht werden, ist ein individuelles Betrachten der Situation, der Betroffenen und des Umfelds sehr wichtig. Trauer ist etwas sehr Individuelles.

Familienangehörige müssen dem betroffenen Paar Zeit und Raum lassen für ihre *Trauer*. Als wenig hilfreich werden Sätze erlebt wie »Ihr seid noch jung, schaut nach vorne« oder »Am besten ist es, sofort wieder schwanger zu werden, dann ist alles vergessen«. Die meisten Frauen und oft auch ihre Partner machen im Gegenteil die Erfahrung, dass mit einer neuen Schwangerschaft und dann auch noch einmal nach der Geburt eines gesunden Kindes die Trauer über den Verlust wieder besonders deutlich gegenwärtig wird. Für Außenstehende ist es schwer zu verstehen, wieso eine Mutter nach der Geburt ihres gesunden Kindes traurig ist – doch sie trauert gleichzeitig mit der Freude über das Neugeborene um das vorher verlorene Kind, das durch das neue Kind nicht ersetzt werden kann. Und das ist so in Ordnung!

Schwierigkeiten haben Betroffene auch damit, dass in der Familie oder bei Freunden und Kollegen das Thema Geburt und Tod des Kindes vermieden, ja manchmal fast *tabuisiert* wird – oft aus der guten Absicht heraus, der Frau und auch ihrem Partner weiteren Schmerz zu ersparen. Dabei ist gerade die Möglichkeit, über das Erlebte zu sprechen, anderen davon etwas mitzuteilen, wichtig für die Bewältigung. Diese Gelegenheit zum Gespräch, die möglicherweise über einen längeren Zeitraum immer wieder gegeben werden muss, kann dazu beitragen, dass aus Trauer nicht Depression wird. Ziehen Betroffene sich immer mehr zurück und geraten in eine »Sprachlosigkeit« hinein, dann wirkt das der Verarbeitung des Erlebten entgegen; die Entwicklung einer reaktiven Depression wird begünstigt.

Viele Betroffene erleben es als entlastend, mit anderen Eltern zu sprechen, die ähnliches erlebt haben. Dies ist beispielsweise möglich durch

Kontakt zu einer *Selbsthilfegruppe* oder auch in entsprechenden Internetforen.

Besonderheiten bei der Frühgeburt

Auch für Eltern, deren Kind bzw. deren Mehrlinge viele Wochen zu früh zur Welt gekommen sind, bedeutet das erst einmal einen erheblichen Schock. Bei der Suche nach den Ursachen kann die Frage »Was habe ich falsch gemacht?« auftauchen. Besonders bei *extrem frühgeborenen Kindern*, die viele Wochen und manchmal Monate auf der Intensivstation in einem Brutkasten liegen müssen und zunächst nicht einmal zum Füttern oder »Känguruhing« (auch »Kangarooing«, dabei liegen die Kinder auf der nackten Brust der Mutter oder des Vaters, um Körperkontakt zu haben) herausgeholt werden dürfen, ist diese Zeit für die betroffenen Eltern eine große Herausforderung. Nicht nur die gefühlsmäßige Belastung und die Sorge um Leben und Gesundheit des Kindes sind zu bewältigen, sondern auch die organisatorischen Schwierigkeiten. Vielleicht ist der Wohnort viele Kilometer von der Spezial-Kinderklinik entfernt; vielleicht gibt es zuhause weitere Kinder, die versorgt werden müssen; vielleicht hat der Chef wenig Verständnis für den Vater, der tagsüber bei seinem Kind und seiner Frau sein möchte.

Leider ist es so, dass Eltern in dieser Zeit kaum dazu kommen, sich um sich selbst zu kümmern. Sie stellen eigene Bedürfnisse zurück, für eine Zeit, in der alles »wieder normal läuft«. Auch Zeit für die Inanspruchnahme professioneller Hilfe, z. B. bei einem Psychotherapeuten, bleibt dabei oft nicht. Umso wichtiger ist es, dass Angehörige und Freunde mit auf die psychische Befindlichkeit der Eltern achten und erkennen, wenn eine Frau oder beide Partner Hilfe benötigen, weil sich beispielsweise eine behandlungsbedürftige Depression entwickelt hat.

Besonderheiten bei der Geburt eines kranken oder behinderten Kindes

Ähnlich wie bei Frühgeburten kommt nach der Geburt eines kranken oder behinderten Kindes auf die betroffenen Eltern oft erst einmal eine lange Zeit mit Untersuchungen und Behandlungen zu. Eltern müssen sich an die neue Situation anpassen, die möglicherweise ihr ganzes Leben verändern wird. Und ähnlich wie die Eltern frühgeborener Kinder nehmen sich Eltern mit kranken oder behinderten Kindern selten Zeit für sich selbst und ihre Probleme. Auch psychotherapeutische Hilfe nehmen sie kaum in Anspruch, selbst wenn das durchaus sinnvoll wäre, weil sich beispielsweise die Entwicklung einer Depression abzeichnet.

Auch *Trauer um das gewünschte gesunde Kind* gehört zum »normalen« Anpassungsprozess an die Geburt eines kranken oder behinderten Kindes und muss nicht unterdrückt oder versteckt werden.

Nach der traumatisch erlebten Entbindung

Wenn Frauen das Geburtsgeschehen als traumatisch erleben, kann sich im Extremfall danach die Symptomatik einer Posttraumatischen Belastungsstörung (PTBS) entwickeln, auch als Traumafolgestörung bezeichnet. Beispielsweise dann, wenn während der Entbindung Dinge passieren, die von der betroffenen Frau als besonders schlimm erlebt werden. Ob daraus posttraumatische Symptome werden, hängt unter anderem von der jeweiligen Vorgeschichte und Persönlichkeit ab sowie vom erlebten Gefühl der Hilflosigkeit und des Ausgeliefertseins in der Situation. Auch eine massive Verletzung des Schamgefühls kann dazu beitragen. Die traumatischen Erfahrungen können sich beispielsweise auf die Behandlung durch Geburtshelfer und Hebammen beziehen, auf einen von der Patientin erlebten Informationsmangel, besonders schmerzhafte Behandlungsabläufe, Komplikationen oder auch die Länge und Schwere der Wehen.

Weil Frauen in den Industrieländern heute einer Entbindung meist gut informiert und mit klaren *Erwartungen* entgegen gehen, sind sie nicht selten enttäuscht und quälen sich mit Versagensgefühlen, wenn die Geburt nicht wie geplant verläuft. Wenn die Entbindung nach langer Zeit mit Wehen und Schmerzen schließlich doch im Kaiserschnitt endet, wird dies nicht selten als eigenes Versagen gewertet. Auch nach solchen Erfahrungen kann die Symptomatik einer Posttraumatischen Belastungsstörung auftreten.

Typischerweise wird die als besonders schlimm bewertete Situation in *wiederkehrenden Erinnerungen* immer neu erlebt, sie läuft wie ein Film vor dem inneren Auge immer wieder ab. Das können ganze »Filmsequenzen« sein, aneinandergereihte Bilder oder auch einzelne Szenen bzw. »Standbilder«. Diese eindringlichen Erinnerungen werden auch als »Intrusionen« oder »Flashbacks« bezeichnet, weil sie sich bei anderen Wahrnehmungen dazwischendrängen und oft ganz unerwartet auftreten. Mit diesen Bildern und Erinnerungen treten dann auch die Gefühle intensiv wieder auf, die in der Situation da waren; es wird also immer wieder das Gefühl der Ohnmacht, der Hilflosigkeit, der Verzweiflung nacherlebt. Auch in der Einschlafphase oder in Albträumen können sich die Erinnerungen an die Erlebnisse immer wieder aufdrängen.

Wahrnehmungen, die an das Geburtserlebnis erinnern, können im Sinne von *Assoziationen* Flashback-Erinnerungen auslösen, sodass betroffene Frauen bald dazu neigen, entsprechende Situationen möglichst zu vermeiden. Betroffene Mütter sprechen ungern über die Geburt, sie vermeiden den Kontakt zu anderen Müttern, gehen nicht zur Rückbildungsgymnastik oder in die Krabbelgruppe und haben Schwierigkeiten, eine Arztpraxis oder ein Krankenhaus zu betreten. Auch einzelne Wahrnehmungen, wie etwa der Anblick einer schwangeren Frau, ein bestimmtes Wort, ein besonderer Geruch können Assoziationen an die traumatische Erfahrung auslösen.

Verbunden mit dem zentralen Symptom des Wiedererlebens sind *andere typische Symptome* der PTBS, wie etwa ein Gefühl des inneren Betäubtseins oder der Stumpfheit, aber auch Reizbarkeit, erhöhte Schreckhaftigkeit und Schlafstörungen. Oft kommt eine ausgeprägte *Depressivität* hinzu, die manchmal so stark wird, dass lebensmüde Gedanken auftreten. Besonders wenn die Depression mit Gereiztheit gepaart ist, sollte man die

Möglichkeit einer traumatischen Erfahrung in Erwägung ziehen. Für die betroffene Frau wird es sehr leicht sein, entsprechende Fragen zu beantworten, da das traumatische »Kerngeschehen« ja ständig in ihren Gedanken und Gefühlen präsent ist.

> **Berichten Sie über Ihre traumatische Geburtserfahrung!**
>
> Insbesondere die depressiven Symptome führen Frauen mit traumatisch erlebter Entbindung in Behandlung. Da vielleicht nicht jede Ärztin in einer solchen Situation nach der Geburtserfahrung fragt, sollten Sie von sich aus über die damit zusammenhängenden Symptome berichten. Falls nämlich der Ausgangspunkt der Depression die traumatische Geburtserfahrung ist, ist dies für die Behandlungsplanung von Bedeutung (z. B. für die Auswahl des Antidepressivums oder die Wahl der empfohlenen Psychotherapie).

Auch wenn nur einzelne Symptome einer Posttraumatischen Belastungsstörung bestehen, können die immer wieder auftretenden Erinnerungen für die betroffenen Frauen sehr quälend sein. Das Vorgehen hinsichtlich der Behandlung ist unabhängig davon, ob das Vollbild einer PTBS besteht oder nicht. Je weniger Symptome aber bestehen und je kürzer die Zeit seit der traumatischen Erfahrung ist, umso besser sind die Chancen, dass die Symptome ohne spezielle Behandlung abklingen.

Insgesamt ist die beste *Strategie* bei traumatischen Geburtserfahrungen, direkt und häufig darüber zu sprechen. Gespräche mit Angehörigen oder Freundinnen und auch der Austausch mit anderen Betroffen (z. B. über www.schatten-und-licht.de) können Entlastung bringen. Dass dabei möglicherweise Tränen fließen, weil die Gefühle sehr intensiv sind, gehört dazu und hilft bei der Bewältigung.

Auch die Hebamme oder der Geburtshelfer können zusätzliche Informationen geben; beispielsweise erklären, warum bestimmte Abläufe bei der Entbindung so waren bzw. so sein mussten. Deshalb kann es hilfreich sein, mit der Hebamme oder dem Arzt, die bei der Geburt dabei waren, das Gespräch zu suchen. Nutzen Sie eine solche Gelegenheit, um die Dinge aus Ihrer Perspektive zu schildern und deutlich zu machen, was aus Ihrer Sicht nicht gut gelaufen ist. Manchmal wird man feststellen, dass die Wahrnehmung aller Beteiligten sehr unterschiedlich ist, was einfach damit zu tun hat, dass Situationen unterschiedlich eingeschätzt und in Abhängigkeit von der eigenen Verfassung verschieden bewertet werden. Die Ärztin, die schon einen langen Arbeitstag hinter sich hat, bemerkt vielleicht ihre wenig sensible Art gar nicht. Die Schwangere, die vor dem Kaiserschnitt mehr als 20 Stunden Wehen und Schmerzen hatte und am Ende ihrer Kräfte war, realisiert vielleicht erst bei einem späteren Gespräch, dass ihr Zeitgefühl möglicherweise nicht mehr richtig funktioniert hat oder dass sie nicht mehr alles »mitbekommen« hat.

Wenn traumatische Geburtserfahrungen nach einigen Wochen noch immer sehr präsent sind und nicht abzuklingen beginnen, sollte auf jeden Fall eine ärztliche bzw. psychotherapeutische Untersuchung erfolgen mit der Frage, welche Behandlung sinnvoll ist. Wird eine *psychotherapeutische* Behandlung angestrebt, erfolgt diese im Idealfall bei einer Traumatherapeutin. Besteht begleitend eine schwere depressive Symptomatik, ist oft auch eine *antidepressive* medikamentöse Behandlung hilfreich. Auch Selbsthilfestrategien können bei der Bewältigung der Erfahrungen helfen (► Kap. 8).

Der Verlauf nach einer traumatisch erlebten Entbindung kann sehr unterschiedlich sein. Es kommen sowohl Spontanheilungen als auch Chronifizierungen der Beschwerden und Übergänge in eine chronische Depression vor.

Frauen, die eine Geburt als sehr traumatisch erlebt haben, neigen nicht selten zur *Vermeidung weiterer eigentlich erwünschter Schwangerschaften*. Zum anderen kann es in einer späteren Schwangerschaft zur *Reaktualisierung* der Symptomatik (Wiedererleben der früheren Entbindung etc.) und zu ausgeprägten und vielleicht überhöhten Geburtsängsten kommen.

Postpartale Psychosen

Psychosen beginnen meist sehr plötzlich in den ersten Tagen und Wochen nach einer Entbindung, oder sogar schon am Tag der Entbindung. In manchen Fällen stehen zunächst depressive Symptome oder ausgeprägte Stimmungsschwankungen im Vordergrund, in anderen Fällen fällt die betroffene Mutter durch verändertes Verhalten, irreale Gedanken, Ängste und Befürchtungen auf. Besonders wenn sie sich verfolgt oder von anderen Menschen beeinträchtigt fühlen, sind die Mütter hochgradig ängstlich und meist sehr misstrauisch. Reale Erlebnisse und Wahrnehmungen werden als etwas anderes verkannt und in einer eigenen, für die Umgebung nicht nachvollziehbaren Weise interpretiert.

Stimmungsveränderungen bei Psychosen sind häufig genau das »Gegenteil« einer Depression; vorherrschend ist eine *gehobene Stimmung* (»über-euphorisch«, je nach Ausmaß als hypomanisch oder manisch bezeichnet). Verbunden damit sind nicht selten andere typische Symptome, wie etwa Gedankenrasen (»Ideenflucht«), Antriebssteigerung, vermindertes Schlafbedürfnis und Größenideen bzw. Größenwahn. Inhalt solcher Größenideen kann dann beispielsweise die Überzeugung sein, das neugeborene Kind sei das Jesuskind oder es bestehe Kontakt zu Gott. Auch »besondere Fähigkeiten« schreibt sich eine betroffene Frau oftmals zu. Auch kann eine *gereizt-aggressive Stimmung* vorherrschen und sich gegen Personen in der Umgebung (z. B. den Ehemann) richten.

Eine Frau, bei der der Verdacht auf eine postpartale Psychose besteht, muss *immer, und zwar kurzfristig, einem Psychiater vorgestellt werden.* Nur der kann feststellen, ob eine stationäre psychiatrische Behandlung erfolgen muss, etwa wegen der Gefährdung des Kindes oder der Mutter selbst. Da es problematisch sein kann, einen raschen Termin bei einem niedergelassenen Psychiater zu bekommen, ist die zuständige psychiatrische Klinik beim Verdacht auf das Vorliegen einer Psychose die richtige Anlaufstelle. Dort gibt es rund um die Uhr einen Notfalldienst, und man kann sich ohne vorherige Terminabsprache dort vorstellen.

Unter dem Eindruck psychotischer Symptome kann eine *Gefährdung des Kindes* entstehen. So z. B. durch die wahnhafte Überzeugung der betroffenen Mutter, dass das Kind vertauscht ist, dass es das Kind böser

Eltern ist. Oder sie ist der Überzeugung, dass man ihr das Kind wegnehmen will und dass sie es beschützen muss. Gefährlich sind auch akustische Halluzinationen (Stimmenhören, z. B. befehlsgebender Stimmen: »Wirf das Kind aus dem Fenster, es ist das Kind schlechter Eltern!«). Typischerweise ist die Mutter unter dem Einfluss der psychotischen Symptome nicht mehr in der Lage, ihre Handlungen richtig einzuschätzen. Es kommt auch vor, dass sie das Kind unangemessen behandelt, es beispielsweise wie eine Puppe anfasst.

Die *Behandlung* einer postpartalen Psychose richtet sich nach der im Vordergrund stehenden Symptomatik und muss in der Regel unter stationären Bedingungen mit antipsychotisch wirkenden Medikamenten (Antipsychotika) erfolgen. Dann kann es bereits innerhalb weniger Tage zum Abklingen der psychotischen Symptome kommen. In den meisten Fällen wird innerhalb weniger Wochen eine Besserung der Symptome bis hin zur vollständigen Beschwerdefreiheit erreicht. Wenn vorher keine psychische Erkrankung bekannt war, ist nur selten mit einer längerdauernden Psychose zu rechnen.

Nicht selten folgt eine Zeit *depressiver Verstimmung*, dann aber eher als *Reaktion* auf das Erlebte, was viel Angst gemacht hat. Und natürlich sind die vorher bestehenden Vorstellungen von der Geburt des Kindes und der schönen Zeit danach zu dritt als kleine Familie dadurch völlig zerstört worden.

Nicht selten kämpfen betroffene Frauen oft noch lange mit solchen *Folgeerscheinungen der Psychose*, wobei Verunsicherung und Ängste sowie die Befürchtung, der Versorgung des Kindes nicht gerecht werden zu können, im Mittelpunkt stehen. Vor allem in diesen Fällen ist nach Abklingen der akuten Symptomatik die gemeinsame Behandlung von Mutter und Kind anzustreben, da dies bei der Überwindung von Selbstzweifeln und Unsicherheiten sehr hilfreich sein kann. Optimal ist die gemeinsame Behandlung in einer *Mutter-Kind-Einheit einer Klinik oder Tagesklinik*, bei der die Beziehungsaufnahme und die schrittweise Verantwortungsübernahme für das Kind im Mittelpunkt der Therapie stehen. Allerdings ist die Zahl solcher Behandlungseinrichtungen für Mütter mit Kindern in Deutschland leider immer noch sehr begrenzt. Ein Überblick über Kliniken mit Mutter-Kind-Behandlungsplätzen findet sich bei www.schatten-und-licht.de. Manchmal sind auch andere Kliniken bereit, den Säugling mit aufzunehmen. Also auf jeden Fall nachfragen. Auch wenn mit einer akuten Erkrankung zunächst die Aufnahme der Mutter ohne das Kind erfolgen musste, kann bei Besserung der Symptome die Verlegung in eine Mutter-Kind-Einheit in Erwägung gezogen werden.

Um die erlebte Psychose zu verarbeiten und das alte Lebensgefühl wieder zu bekommen, kann auch eine anschließende *psychotherapeutische Behandlung* sinnvoll sein. Die betroffene Mutter muss verkraften und bewältigen, was da mit ihr passiert ist. Sie sollte die Gelegenheit haben, diese unerwartete psychische Erkrankung zu verarbeiten. Und es ist ihr zu wünschen, dass nicht allzu große Ängste vor einer neuen Erkrankung zurückbleiben. Deshalb gehört zu einer Nachbehandlung auch die Information über Risikofaktoren, mögliche auslösende Situationen und auch das Erlernen von Strategien, um mit schwierigen Situationen umzugehen. Die geeignete Psychotherapieform bei Psychosen ist die Verhaltenstherapie, wobei man beispielsweise Stressmanagement und Entspannung erlernen kann.

Bei *weiteren Entbindungen* kann es zwar zum erneuten Auftreten einer Psychose kommen; das muss aber nicht geschehen. Jedoch drückt sich in der postpartalen Psychose eine etwas erhöhte »Anfälligkeit« für psychische Störungen insgesamt aus (von den Psychiatern »Vulnerabilität« genannt); weitere Erkrankungen können für das spätere Leben nicht ganz ausgeschlossen werden. Kam es zur Psychose nach einer Entbindung, sollte die nächste Schwangerschaft möglichst gut geplant werden und nach fachkompetenter Beratung dann auch die Frage einer medikamentösen Vorbeugung entschieden werden. Vor allem, wenn längerfristig Medikamente eingenommen werden müssen, sollte eine solche Beratung erfolgen.

> **Im Falle einer Psychose geht es nicht ohne psychiatrische Behandlung!**
>
> Zu einer Psychose gehört ein verändertes Realitätserleben und auch die Schwierigkeit, selbst zu erkennen, was möglicherweise nicht stimmt. Deshalb können Mütter, die postpartal psychotische Symptome entwickeln, selbst meist nicht angemessen einschätzen, was für sie richtig

ist. In solchen Fällen müssen die Angehörigen manchmal Entscheidungen für die betroffene Frau treffen, z. B. sich in einer psychiatrischen Klinik vorzustellen. Wenn dies nicht gelingt, weil die betroffene Mutter nicht einverstanden ist, auf jeden Fall ärztliche Hilfe vor Ort holen – beispielsweise den Hausarzt um einen Hausbesuch bitten oder auch den ärztlichen Notdienst informieren. Auch wenn das vielleicht in der Situation »böses Blut« gibt – später wird die betroffene Frau dankbar sein, dass sie frühestmöglich in die Klinik und in fachkompetente Behandlung gekommen ist.

3 Verursachungsmodelle und Einflussfaktoren

> **Darum geht es**
>
> Die Frage nach dem »warum« beschäftigt viele Betroffene – auch noch nach Abklingen der Symptome. In diesem Kapitel erläutern wir die wichtigsten Einflussfaktoren, die eine postpartale depressive Störung mit bedingen können. Meist lässt sich nicht »die eine Ursache« benennen, oft spielen verschiedene Faktoren zusammen.

Multifaktorielle Verursachung

Prinzipiell kann jede Frau nach einer Entbindung an einer Depression oder einer anderen psychischen Störung erkranken, allerdings gibt es einige Faktoren, die das Risiko erhöhen. Neben den hormonellen Veränderungen und der körperlichen und psychischen Belastung durch die Geburt können die Lebenssituation, unzureichende Unterstützung, die Persönlichkeit sowie eigene und fremde Erwartungshaltungen an die Rolle als Mutter für psychische Probleme empfänglicher machen. Frauen mit einer Depression, einer Angsterkrankung o. ä. in der Vorgeschichte haben ein höheres Risiko, nach der Entbindung erneut zu erkranken. Ein erhöhtes Risiko besteht auch bei Frauen, in deren Familie Angehörige von psychischen Erkrankungen betroffen sind. Wie bei fast allen psychischen Störungen kann man auch für die postpartale Depression vom Zusammentreffen verschiedener Einflussfaktoren ausgehen; deshalb spricht man von einer »multifaktoriellen Verursachung«, also Verursachung durch mehrere (= multi) zusammenwirkende Faktoren.

Die Bedeutung der einzelnen Aspekte ist für die verschiedenen Störungsbilder unterschiedlich groß. Insbesondere bei der postpartalen Depression ist das Zusammenwirken verschiedener Faktoren von Bedeutung, je mehr zusammenkommen, umso schneller und unter Umständen auch tiefer führt dies in die Depression. Man kann es mit einer »Abwärtsspirale« vergleichen (▶ Abb. 3.1). Die wichtigsten Aspekte sind in den folgenden Abschnitten näher beschrieben.

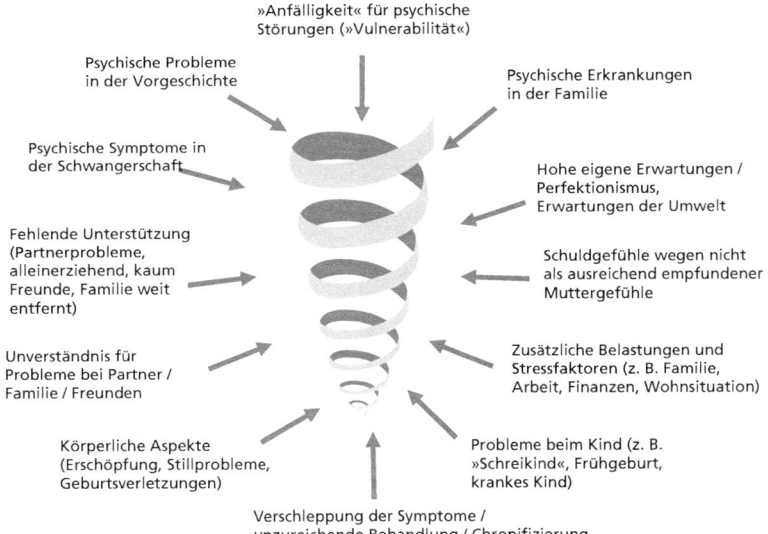

Abb. 3.1: Die Spirale der postpartalen Depression

Individuelle Empfindlichkeit

Die wenigsten werdenden Mütter können vorher wirklich wissen, ob sie nach der Entbindung oder auch schon in der Schwangerschaft anfällig sind für eine psychische Instabilität, eine Depression oder ähnliches. Psychiater sprechen in diesem Zusammenhang übrigens von »Vulnerabilität« (Empfindlichkeit, Verletzlichkeit, Verwundbarkeit, von lateinisch vulnus = Wunde).

Zur Vulnerabilität tragen nach derzeitigen Kenntnissen sowohl eine biologische Veranlagung wie auch psychologische Faktoren (z.B. die eigene biografische Vorgeschichte, die Entwicklung in der Familie, Traumatisierung durch Gewalterfahrungen) bei. Gewisse Hinweise auf eine erhöhte Anfälligkeit kann man ableiten, wenn es schon in der Vorgeschichte zu psychischen Belastungen in besonderen Stresssituationen gekommen ist (z.B. Belastungsreaktionen in der Examens- oder Prüfungszeit). Auch ausgeprägte Stimmungsveränderungen unter dem Einfluss von hormonellen Veränderungen (wie etwa im Menstruationszyklus in Form eines ausgeprägten prämenstruellen Syndroms oder der prämenstruellen dysphorischen Störung) können für eine erhöhte Vulnerabilität sprechen.

Geburt als lebensveränderndes Ereignis

Aus der allgemeinen psychiatrischen Forschung weiß man, dass im Vorfeld von Depressionen ebenso wie bei psychischen Störungen allgemein häufig wichtige (= relevante) Lebensereignisse zu finden sind, in der psychiatrischen Fachsprache auch als »life events« bezeichnet. Dabei kann es sich sowohl um positive Lebensereignisse handeln (z.B. Hochzeit, die Geburt eines Kindes), als auch um negative Lebensereignisse (Tod eines Angehörigen, Verlust des Arbeitsplatzes etc.).

Auch wenn die gesamte Schwangerschaft positiv erlebt wird und schließlich die Entbindung ohne jegliche Komplikation verläuft, bedeutet das dennoch für die betroffene Frau ein ganz besonderes Lebensereignis. Nicht nur der Körper muss eine erhebliche Umstellungsleistung erbringen, sondern auch von der Psyche wird eine große Anpassung erwartet: Die gesamte Lebensperspektive verändert sich, Verantwortung für ein anderes Leben muss übernommen werden, die Partnerschaft muss sich aus einer Zweierbeziehung (= Dyade) in eine Dreierbeziehung (= Triade) entwickeln usw. Und schließlich wird auch die Entbindung selbst von vielen Frauen als eine Art »Grenzerfahrung« erlebt – unabhängig davon, ob sie ein schönes, ein eher neutrales oder vielleicht sogar ein schlimmes Erlebnis war.

Aus diesen Gegebenheiten lässt sich ableiten, dass gerade die *erste Entbindung* von besonderer Bedeutung ist. Dabei werden viele Erfahrungen zum ersten Mal gemacht, die dann bei weiteren Geburten bekannt und nicht mehr ganz so aufregend sind. Das gleiche trifft auch für die Zeit mit dem Neugeborenen zu, beim zweiten Kind ist alles einfacher. Damit lässt sich auch erklären, warum etwa 75 % der postpartalen Depressionen und sonstigen psychischen Störungen nach der ersten Entbindung auftreten.

Die Geburt eines Kindes stellt also für die Eltern in verschiedener Hinsicht ein wichtiges, ja *lebensveränderndes Ereignis* dar; eigentlich müsste man wegen der vielfältigen Auswirkungen sogar von mehreren Lebensereignissen gleichzeitig sprechen. Aus anderen Zusammenhängen ist bekannt, dass das Zusammentreffen mehrerer Lebensereignisse das Ausmaß der Stressempfindlichkeit noch erhöht. Manche werdenden Mütter müssen zusätzliche Belastungen verkraften; vielleicht war kurz vor oder nach der Entbindung ein naher Angehöriger verstorben oder der Partner wurde unerwartet arbeitslos. Und eine ganz besondere emotionale und organisatorische Belastung haben Frauen, deren Kind extrem früh oder mit einer schweren Erkrankung geboren wurde und die dann die wochenlange Behandlung des Kindes auf der Neugeborenenintensivstation aushalten müssen.

Hormonelle Umstellung

Während der Schwangerschaft verändert sich der gesamte Stoffwechsel, insbesondere aber der Hormonstoffwechsel. Die Schwangerschaftshormone Progesteron und Östrogen, die hauptsächlich in den Eierstöcken und später in der Plazenta produziert werden, steigen auf sehr hohe Werte an. Zudem erhöht sich auch der Cortisolspiegel, was unter anderem durch die Plazenta gesteuert wird.

Nach der Geburt wird mit der Nachgeburt die Plazenta ausgestoßen, wodurch es zum plötzlichen Hormonabfall kommt. Dieser betrifft insbesondere Progesteron und Östrogen. Falls gestillt wird, sorgt das Hormon Prolaktin für die Milchproduktion und hemmt gleichzeitig die Eierstockfunktion, wodurch die Hormonspiegel (vor allem Östrogen) niedrig bleiben können. Erst nach dem Abstillen normalisiert sich der Hormonhaushalt wieder – dies geschieht individuell unterschiedlich schnell.

Aus der allgemeinen Psychiatrie weiß man, dass schwere hormonelle Veränderungen (wie z. B. Schilddrüsenstörungen oder auch die Gabe von Cortison) zu psychischen Veränderungen führen können; häufig werden Betroffene depressiv.

Ein anderes Beispiel für den Einfluss hormoneller Veränderungen auf das seelische Befinden ist das »prämenstruelle Syndrom« (PMS) bzw. in der stark ausgeprägten Form die »prämenstruelle dysphorische Störung« (PMDS). Darunter versteht man starke Stimmungsveränderungen mit Reizbarkeit, Depressivität, Stimmungslabilität, Appetitveränderungen, Schlafstörungen etc., wie sie viele Frauen in den Tagen vor der Monatsblutung feststellen.

Literaturempfehlung

Dorn A, Schwenkhagen A, Rohde A (2023) PMDS als Herausforderung. Die Prämenstruelle dysphorische Störung als schwerste Form des PMS. 2. Auflage. Stuttgart: Kohlhammer Verlag.

3 Verursachungsmodelle und Einflussfaktoren

Es liegt also nahe, in den erheblichen hormonellen und auch sonstigen körperlichen Umstellungsprozessen eine wichtige Ursache für psychische Störungen nach der Entbindung zu vermuten. Wissenschaftliche Untersuchungen haben solche Zusammenhänge belegt, allerdings darf man nicht davon ausgehen, dass es ausschließlich die Hormone sind, die Stimmungsveränderungen verursachen. Der deutlichste Zusammenhang findet sich beim Babyblues; diese Symptomatik entsteht parallel mit den ausgeprägten hormonellen Umstellungsprozessen direkt nach der Entbindung. Für die anderen Störungen (Depressionen, Psychosen) sind die hormonellen Veränderungen nur ein Teil von mehreren zusammenwirkenden Einflussfaktoren.

Komplikationen bei der Entbindung

Wissenschaftliche Studien zum Thema konnten keinen generellen Einfluss der *Art der Entbindung* auf das Auftreten einer psychischen Störung nach der Geburt belegen. Trotzdem kann es im Einzelfall einen Unterschied machen, ob es sich um eine unkomplizierte spontane Entbindung oder einen Kaiserschnitt handelt, oder ob der Einsatz von Zange oder Saugglocke erforderlich war bzw. ob es Komplikationen gab. So können beispielsweise die körperlichen Folgeerscheinungen einer vaginalen Geburt (Dammriss, Dammschnitt) zu ganz erheblichen Beeinträchtigungen des Allgemeinbefindens führen, ebenso wie die Folgen eines Kaiserschnitts – besonders wenn vielleicht noch eine Unverträglichkeit der Narkose oder Wundheilungsprobleme hinzukommen. Die zusätzliche Belastung kann aber auch darin bestehen, dass nach dem langen und schmerzhaften Versuch einer möglichst natürlichen vaginalen Geburt schließlich doch ein Kaiserschnitt erforderlich ist (»sekundäre Sectio«), weil sich die Situation des Kindes verschlechtert hat und die Frau am Ende ihrer Kräfte ist. Gedanken wie »Es war alles umsonst« oder »Ich kann nicht mal auf normalem Wege ein Kind bekommen« können dann zu ausgeprägten Versagensgefühlen führen. Besonders bei den traumatisch erlebten Entbindungen, die in der Regel auch mit depressiven Symptomen einhergehen, spielt das eine Rolle.

Andere körperliche Aspekte

Ebenso wie auch außerhalb von Schwangerschaft und Wochenbett muss beim Auftreten von Depressionen immer ausgeschlossen werden, dass körperliche Erkrankungen bzw. ein Mangel bestimmter Stoffe (mit-)verantwortlich sind. Zu nennen sind hier beispielsweise Funktionsstörungen der Schilddrüse oder ein Eisenmangel nach der Entbindung. Die Hausärztin bzw. der Frauenarzt weiß, welche Untersuchungen ggf. durchzuführen sind und wie ein eventuell bestehender Mangel ausgeglichen werden kann. Auch wenn die Schilddrüsenunterfunktion oder der Eisenmangel nicht so ausgeprägt sind, können sie doch zu dem Mosaik von Einflussfaktoren beitragen.

Vorbestehende psychische Erkrankungen

Wenn bereits in der Vorgeschichte eine psychische Erkrankung aufgetreten ist (z. B. eine Depression, eine Angststörung, eine Psychose), dann besteht nach der Geburt das Risiko einer erneuten Erkrankung. Auch bei den rezidivierenden (= wiederkehrenden) Erkrankungen spielen Belastungen eine wichtige Rolle. Insofern ist es nicht verwunderlich, dass die Zeit nach einer Entbindung mit den erheblichen hormonellen, körperlichen und psychologischen Umstellungen besonders risikoreich ist.

Allerdings ist es wichtig zu wissen, dass auch bei *Vorbestehen einer psychischen Erkrankung nicht jede Frau nach einer Entbindung erkrankt.* Dabei gibt es klare Abhängigkeiten zwischen der Art der Erkrankung und dem Erkrankungsrisiko nach der Entbindung, wobei allerdings keine absolut sichere Vorhersage möglich ist. Ein recht hohes Risiko besteht bei Psychosen und bipolaren Störungen in der Vorgeschichte (also Erkrankungen, die mit manischen Krankheitsphasen einhergehen), vor allem, wenn keine medikamentöse Vorbeugung betrieben wird. Aber nicht nur die Art der Erkrankung bzw. die Diagnose sind bei der Einschätzung des Rezidivrisikos (= Risiko der erneuten Erkrankung) von Bedeutung, sondern auch die bisherige Krankheitsgeschichte. Wie oft war eine Frau erkrankt, in welchen Situationen ist die Erkrankung aufgetreten, wie ist sie verlaufen und wie ist die bisherige Behandlung gewesen? Da diese einzelnen Aspekte individuell sehr verschieden sein können, sollten vorbeugende Strategien am besten mit dem behandelnden Psychiater besprochen werden.

> **Literaturempfehlung**
>
> Rohde A, Schaefer C, Dorn A, Kittel-Schneider S (2024) Mutter werden mit psychischer Erkrankung. Von Kinderwunsch bis Elternschaft. Stuttgart: Kohlhammer Verlag.
>
>

Psychische Störungen in der Familie

Grundsätzlich erhöhen zwar psychische Störungen bei Blutsverwandten für alle Menschen das eigene Erkrankungsrisiko, und zwar umso mehr, je enger der Verwandtschaftsgrad ist und je mehr Familienmitglieder betroffen sind (also beispielsweise höher bei zwei kranken Elternteilen als bei einer kranken Großtante). Trotzdem kann man nur ein statistisches

Risiko abschätzen, das persönliche Risiko in der jeweiligen Situation erfasst man damit letzten Endes nicht. Deshalb sollte diesem Aspekt *nicht allzu viel Bedeutung* beigemessen werden.

Selbst bei psychischen Störungen in der Familie gibt es keine Gesetzmäßigkeit, dass jemand auf jeden Fall erkrankt. Im Gegenteil, auch bei familiärer Belastung mit psychischen Störungen werden die meisten Frauen nach einer Entbindung oder auch sonst in ihrem Leben nicht depressiv oder psychotisch. Und andererseits erkranken Frauen, bei denen es keinerlei kranke Familienangehörige gibt. Eine psychische Störung in der Familie bedeutet in der Regel, dass die persönliche Gefährdung nur in geringem Maße zunimmt.

Auf jeden Fall sind andere Faktoren mindestens genauso wichtig (wie etwa Unterstützungsmöglichkeiten, eigene Erwartungen, belastende Ereignisse) für die psychische Gesundheit bzw. Krankheit. Die Kenntnis solcher Zusammenhänge gibt auch die Möglichkeit der individuellen Vorsorge, wie wir sie an verschiedenen Stellen in diesem Buch beschreiben.

Soziale Unterstützung

Veränderungen in den Lebenssituationen von Menschen und bei der Verfügbarkeit von sozialer Unterstützung sind wahrscheinlich die wichtigsten Gründe dafür, dass in den letzten Jahrzehnten Depressionen nach der Entbindung in ihrer Häufigkeit eher zunehmen, während andere Störungen (wie etwa Psychosen) gleichbleiben. Depressionen insgesamt gelten als eine Art »Zivilisationskrankheit«, die immer mehr Menschen betrifft und eine der wichtigsten Gesundheitsbeeinträchtigungen geworden ist – und in Zukunft noch mehr werden wird, zumindest weisen Berechnungen der Weltgesundheitsorganisation darauf hin.

Die früher bestehenden Familienverbände mit drei oder vier Generationen, die zusammenlebten und sich gegenseitig unterstützten, existieren kaum noch. Berufsbedingt müssen junge Paare mobil sein und leben nicht selten weit weg von Eltern oder sonstigen Familienangehörigen, die Unterstützung anbieten könnten. Diese Mobilität, den Wohnort betreffend, und der zunehmende Leistungsdruck im Beruf machen außerdem den Aufbau eines tragfähigen Freundeskreises mit anderen Paaren und jungen Familien in vergleichbarer Situation schwierig. Wenn bereits ein Kind in der Familie ist, ist das manchmal einfacher – über Krabbelgruppen, Kindergarten und Spielplatzbekanntschaften gibt es Möglichkeiten zum Austausch. Bei der ersten Geburt ist die zukünftige Mutter dagegen plötzlich mit dem Mutterschutz aus ihren beruflichen Bezügen gerissen, und die Kontakte mit Kolleginnen und Kollegen brechen rasch ab, vor allem wenn diese vielleicht (noch) kinderlos sind und damit ein ganz anderes Leben haben.

Unter dem Begriff »social support« wurde die Bedeutung sozialer Unterstützung in der psychiatrischen Wissenschaft in vielen Studien untersucht. Ausgangspunkt war dabei die Überlegung, inwieweit soziale Unterstützung Erkrankungen verhindern oder ihren Verlauf bessern kann, und andersherum, inwieweit unzureichende soziale Unterstützung möglicherweise das Auftreten von Störungen beschleunigt. Gerade im Zusammenhang mit psychischen Problemen nach der Entbindung interessiert das natürlich, da es sich um eine Zeit mit besonderen Bedürfnissen nach Unterstützung durch Partner, Familie und andere Menschen der sozialen Umgebung handelt.

Für das Auftreten von Depressionen nach der Entbindung hat sich in der Tat herausgestellt, dass zu geringe soziale Unterstützung und das Vorhandensein von Partnerschaftsproblemen zu den Risikofaktoren gehören. Dies trifft besonders dann zu, wenn diese Probleme schon in der Schwangerschaft bestehen. Andersherum kann man mit der Sicherstellung von Unterstützung durch Partner, Familie und Freunde dem Auftreten von Depressionen vorbeugen. Wenn die Mutter auch einmal Verantwortung abgeben kann, Hilfe bei der Versorgung des Kindes bekommt und ab und zu Zeit für eigene Bedürfnisse hat, wirkt dies der Entwicklung depressiver Symptome entgehen.

Näher gehen wir auf das Thema »Unterstützungsmöglichkeiten« in ▶ Kap. 6 ein. Antworten auf die Frage, was Angehörige tun können, finden sich in ▶ Kap. 7.

Eigene Erwartungen

In engem Zusammenhang mit dem Stellenwert sozialer Unterstützung ist auch die Bedeutung der eigenen Erwartungen zu sehen – die mit dem Ehrgeiz, möglichst alles allein zu schaffen, von Anfang an eine perfekte Mutter zu sein und alles richtig zu machen, oft zu hochgesteckt sind. In den Erfahrungsberichten in ▶ Kap. 10 werden Sie eine Reihe von entsprechenden Schilderungen finden.

Beeinflusst werden die eigenen Erwartungen ganz erheblich durch die Darstellung in den Medien, wo die Bilder und Berichte von glücklichen Müttern mit ihren zufriedenen Babys noch immer deutlich überwiegen, während es eher selten um postpartale Depressionen und verwandte Störungen geht. Mütter mit Problemen können sich nicht wiederfinden in den idealisierten Darstellungen und Berichten von Schwangerschaften, Entbindungen und Mutterschaft; im Gegenteil, solche Berichte und Bilder erwecken bei ihnen den Eindruck, »alle anderen Frauen haben alles im Griff – nur ich nicht«.

Besonders wenn eine Frau eine sehr starke, aktive, *leistungsorientierte Persönlichkeit* ist, hat sie meist ein besonderes Bedürfnis, alles nach eigenen Vorstellungen gestalten und beeinflussen zu können. Bei der Entbindung und auch in der Zeit danach ist das oft aber gar nicht so einfach oder vielleicht sogar unmöglich. Wenn es dann schwierig ist, sich darauf einzustellen, dass alles ganz anders läuft als man sich das gewünscht hat, stellen sich nicht selten ausgeprägte Versagens- und Schuldgefühle ein. Die beste »Vorbeugung« für Frauen mit einem *Hang zum Perfektionismus* ist in diesem Zusammenhang, sich schon vorab ganz bewusst darauf einzustellen, dass vieles nicht planbar ist, dass nicht alles von Anfang an perfekt laufen kann und dass Gefühle von Überforderung zum »ganz normalen Chaos mit Baby« dazugehören.

Psychische Probleme schon in der Schwangerschaft

Schaut man genauer hin, dann stellt man fest, dass gar nicht so selten bereits in der Schwangerschaft erste und teils erhebliche psychische Probleme vorhanden waren. Nach wissenschaftlichen Studien beeinflussen in etwa 10 % aller Schwangerschaften depressive Symptome das Befinden der werdenden Mutter. Ausgeprägte Schwangerschaftsübelkeit und Erbrechen sowie körperliche Probleme können ihr übriges tun und die Stimmung beeinflussen, es aber auch besonders schwierig machen, mit Stimmungsschwankungen umzugehen. Nicht selten haben Frauen ein schlechtes Gewissen, »weil sie sich ja eigentlich auf ihr Kind freuen müssten« und versuchen deshalb, das Ganze mit sich selbst auszumachen.

Manches Mal beginnen die Probleme schon mit dem ersten positiven Testergebnis, auch in den Erfahrungsberichten werden solche Konstellationen beschrieben. Woran liegt es dann, dass über Schwangerschaftsdepressionen noch weniger gesprochen wird als über postpartale Depressionen? Vielleicht daran, dass es den betroffenen Frauen oft noch gelingt, in der Schwangerschaft die Fassade aufrecht zu erhalten? Das Ende der Schwangerschaft ist klar absehbar, »das wird man schon noch durchhalten«. Eventuell bestehen auch Scham- und Schuldgefühle wegen der ablehnenden Gefühle in der Schwangerschaft.

Insbesondere wenn trotz einer geplanten und erwünschten Schwangerschaft der Gedanke an einen Schwangerschaftsabbruch aufkommt und sogar konkrete Schritte in diese Richtung unternommen wurden – die Beratung bei einer Schwangerenkonfliktberatungsstelle ist erfolgt, der Termin zum Abbruch wurde dann aber doch nicht wahrgenommen –, bleiben Schuldgefühle zurück.

Auf das Ende der Schwangerschaft wird « hingefiebert«, die Geburt erscheint als die Lösung aller Probleme. Und dann geht es ganz anders weiter, es kommt nicht zur Stimmungsaufhellung, sondern alles wird noch schlimmer, die Depression verfestigt sich und ist bald in voller Ausprägung da. Kommt das Gefühl auf, dass es »kein Entrinnen« gibt aus der Situation mit dem Neugeborenen und das in Kombination mit ausgeprägten Selbstzweifeln, dann ist manchmal der Gedanke nicht weit, sich selbst zu töten oder das Kind zur Adoption freizugeben.

Von Angehörigen wird Depressionen und Stimmungsschwankungen in der Schwangerschaft oft keine besonders hohe Bedeutung beigemessen, da man weiß, dass die Schwangerschaft von begrenzter Dauer ist und auch bekannt ist, dass Stimmungswechsel und Reizbarkeit »dazugehören« zu einer normalen Schwangerschaft. Außerdem hofft man, dass danach alles wieder besser wird.

Gerade neuere Untersuchungen zu postpartalen Depressionen zeigen aber, *dass depressive Symptome in der Schwangerschaft ein wichtiger Risikofaktor für Depressionen nach der Entbindung sind*. Das bringt jedoch auch die Möglichkeit der *Vorbeugung* mit sich, weil man nämlich mit entsprechender Aufmerksamkeit erkennen kann, dass ein erhöhtes Risiko einer postpartalen Depression besteht. Und in einem solchen Fall kann die Empfehlung nur gelten: So früh wie möglich schon in der Schwangerschaft Hilfe und Unterstützung in Anspruch nehmen, sowohl psychotherapeutisch und eventuell medikamentös (was auch in der Schwangerschaft möglich ist, ▶ Kap. 5), aber auch jede Art von Unterstützung. Im besten Fall verhindert man dadurch die postpartale Depression, auf jeden Fall aber wird eine frühzeitige Behandlung möglich. Und die weitere Schwangerschaft kann vielleicht doch noch so positiv erlebt werden, wie man sich das gewünscht hat.

4   Wie geht es weiter?

> **Darum geht es**
>
> Spätestens mit dem Abklingen der akuten Symptome stellt sich in der Regel die Frage, wie es weiter geht. Wann kann man die Therapie beenden? Besteht die Gefahr, irgendwann wieder krank zu werden? Und wenn ja, worauf muss man achten? Und, vielleicht sogar am wichtigsten: Wie sieht es bei weiteren Schwangerschaften aus – oder muss man auf weitere Kinder verzichten?

Verlauf postpartaler Depressionen

Grundsätzlich kann man für keine Art von postpartaler Depression ausschließen, dass es bei einer weiteren Entbindung zur erneuten Erkrankung kommt. Allerdings gibt es Unterschiede in Abhängigkeit davon, in welcher Form und in welchem Zusammenhang die erste Depression aufgetreten ist. In ► Kap. 2 sind wir ausführlich auf die verschiedenen »Gesichter« der Depressionen eingegangen.

Unabhängig davon gibt es aber die Möglichkeit, das Risiko bei einer erneuten Geburt zu vermindern, indem bereits im Vorfeld über familiäre und soziale Unterstützung nachgedacht wird sowie über Maßnahmen, die für die Mutter den Stress vermindern. Das alles sollte sorgfältig und umfassend organisiert werden. Falls die medikamentöse Behandlung nach der vorigen Krankheitsepisode noch läuft oder falls wegen der Art der Erkrankung eine längerfristige vorbeugende Behandlung (= Prophylaxe) erforderlich ist, muss dringend über die Fortführung der Medikation auch in der Schwangerschaft bis über die Geburt hinaus nachgedacht werden (= postpartale Prophylaxe).

In ▶ Tab. 4.1 sind Informationen zum typischen Verlauf und zum Wiederholungsrisiko bei weiteren Geburten für die verschiedenen Arten von Depressionen und verwandten Störungen zusammengestellt.

Tab. 4.1: Typischer Verlauf und Wiederholungsrisiko bei weiteren Entbindungen

Art der postpartalen Depression	Typischer Verlauf und Wiederholungsrisiko bei weiteren Entbindungen
Postpartal erstmalige depressive Episode	Tritt typischerweise nach der ersten Geburt auf. In der Regel gutes Ansprechen auf Behandlung (antidepressive Medikation und/oder Psychotherapie) und Gesundung nach kurzer Zeit. Wiederholungsrisiko: prinzipiell möglich, aber mit entsprechender Vorsorge eher gering (Unterstützung in Anspruch nehmen, Stress reduzieren). Denn ein wichtiger Verursachungsfaktor fehlt bei weiteren Geburten: Die typische Verunsicherung der Mutter beim ersten Kind.
Postpartale Depression im Rahmen einer wiederkehrenden Depression (= rezidivierende Depression)	Beginn der Depression nicht selten bereits während der Schwangerschaft, vor allem wenn eine antidepressive Medikation abgesetzt wurde, weil man Auswirkungen auf das Kind befürchtete. In der Regel gutes Ansprechen auf medikamentöse Behandlung. Antidepressive Medikation möglichst frühzeitig beginnen, da die Depression eine schwere Ausprägung bekommen kann (bis hin zu Suizidalität und/oder der Notwendigkeit einer stationären Behandlung). Falls in der Schwangerschaft Antidepressiva eingenommen wurden und die Depression darunter aufgetreten ist, Erhöhung bzw. Anpassung der Medikation. Je früher die Medikation beginnt, umso schneller die Gesundung.

Tab. 4.1: Typischer Verlauf und Wiederholungsrisiko bei weiteren Entbindungen – Fortsetzung

Art der postpartalen Depression	Typischer Verlauf und Wiederholungsrisiko bei weiteren Entbindungen
	Wichtig: Entlastung der Mutter durch soziale Unterstützung. Begleitende Psychotherapie ist hilfreich. Fortführung der Antidepressiva-Medikation mindestens ½ Jahr nach vollständigem Abklingen jeglicher Symptomatik. Notwendigkeit einer dauerhaften Prophylaxe (= vorbeugende Medikation) prüfen. Diese ist spätestens ab der 3. Krankheitsepisode insgesamt sinnvoll.
Postpartale Depression im Rahmen einer bipolaren affektiven oder schizoaffektiven Störung	Gibt es in der Vorgeschichte manische oder schizomanische Krankheitsepisoden, muss die antidepressive Medikation darauf abgestellt werden (in Abhängigkeit von der individuellen Vorgeschichte). Nicht jedes antidepressive Medikament ist geeignet, da evtl. eine manische Episode ausgelöst werden kann. In den meisten Fällen ist die Kombination mit einem Antipsychotikum, das antimanisch wirkt, sinnvoll. Da bei bipolaren Störungen das Risiko einer manischen bzw. schizomanischen Episode direkt nach der Entbindung sehr hoch ist, muss bei der postpartalen Prophylaxe das Augenmerk darauf gerichtet werden. Eine zusätzlich auftretende Depression ist leichter zu behandeln als eine Manie.
Depressive Reaktion (z. B. nach Verlust des Kindes)	Direkt nach der außergewöhnlichen Belastung (z. B. Verlusterlebnis, wie etwa Tod des Kindes). Zunächst oft akute Belastungsreaktion. Danach Entwicklung einer längerfristigen depressiven Reaktion. Klingt in der Regel nach wenigen Tagen oder Wochen wieder ab. Ausgeprägte Trauer und Depression sind nicht immer leicht voneinander abzugrenzen. Die Depressivität besteht meist nicht durchgängig, die Betroffenen sind zwischenzeitlich ablenkbar und können auch Freude empfinden. In Einzelfällen können solche Reaktionen bis zu einem halben Jahr andauern.

Tab. 4.1: Typischer Verlauf und Wiederholungsrisiko bei weiteren Entbindungen – Fortsetzung

Art der postpartalen Depression	Typischer Verlauf und Wiederholungsrisiko bei weiteren Entbindungen
	Behandlung am ehesten psychotherapeutisch.
Posttraumatische Belastungsstörung (PTBS) nach traumatisch erlebter Entbindung (= Traumafolgestörung)	Anhaltende Traumaerinnerung über die akute Belastungsreaktion hinaus, häufig innerhalb der ersten Wochen und Monate nach der Geburt. Oftmals wird nicht das Vollbild einer PTBS entwickelt, es bleibt bei einzelnen Symptomen, wie z. B. sich aufdrängenden negativen Erinnerungen. Frauen mit Vortraumatisierung oder psychischen Vorerkrankungen sind etwas anfälliger dafür, das Vollbild einer PTBS zu entwickeln. Die Traumafolgestörung kann ohne Behandlung chronifizieren. Behandlung psychotherapeutisch mit Traumaschwerpunkt, je nach Symptomkonstellation auch Einsatz von Antidepressiva. Weitere Schwangerschaften werden nicht selten vermieden. Bei gelungener Aufarbeitung der Traumaerfahrung und guter Begleitung in der Folgeschwangerschaft wird die Wahrscheinlichkeit einer erneuten Traumatisierung geringer.

Häufig gestellte Fragen zum weiteren Verlauf

Gesund wie früher nach postpartaler Depression?

Depressionen und andere psychische Störungen, die nach einer Geburt auftreten, sind grundsätzlich gutartige Erkrankungen, d. h., dass sich in der Regel alle Symptome vollständig zurückbilden. Vorher sollte die

Therapie nicht beendet werden. Werden Antidepressiva eingesetzt, sollte die Behandlung ab dem Zeitpunkt der Gesundung noch ca. ½ Jahr fortgeführt werden, um einen Rückfall zu vermeiden. Bei den wiederkehrenden (= rezidivierenden) Störungen ist sogar eine längerfristige Vorbeugung (= Prophylaxe) erforderlich.

Man muss allerdings erwähnen, dass das *Erlebnis des Krankwerdens*, die Erfahrung der Depression, der Ängste oder anderer Symptome für betroffene Frauen eine besonders belastende Erfahrung darstellt, die nicht ohne weiteres wieder vergessen wird. Die Erfahrung, dass man so verletzlich ist, dass man sich so plötzlich völlig verändern kann, dass man Dinge nicht mehr bewältigen kann, die früher leicht von der Hand gingen, wirft Betroffene zunächst einmal aus der Bahn – unabhängig davon, ob noch Krankheitssymptome da sind oder nicht. Es bleiben nicht selten eine grundlegende *Verunsicherung* und die Befürchtung zurück, dass so etwas wiederkommen könnte. Folge kann dann eine ausgeprägte Angst vor einer Wiederholung sein. Auch über die Frage, *was man selbst dazu beigetragen hat*, wird manchmal intensiv nachgegrübelt.

Diese Folgen der Erkrankung, die man auch als »*sekundäre Krankheitsfolgen*« bezeichnet, bestehen häufig viel länger als die eigentlichen Krankheitssymptome. An diesem Punkt kann eine psychotherapeutische Mitbetreuung hilfreich sein, z. B., um das alte Selbstvertrauen wiederzufinden; am ehesten empfiehlt sich dafür eine kognitive Verhaltenstherapie.

Was trotz erfolgreicher Behandlung mitunter zurückbleibt, ist ein verändertes, manchmal »ernsteres« Lebensgefühl als früher. Die betroffene Mutter hat ihre »Unbeschwertheit« verloren. Das kann aber durchaus die Chance einer Persönlichkeitsreifung mit sich bringen und muss nicht unbedingt etwas Negatives sein. Gerade wenn eine psychische Störung nach der Entbindung im Weiteren dazu führt, dass tieferliegende Probleme im Rahmen einer Psychotherapie aufgearbeitet werden, empfinden viele Frauen dies hinterher als Fortschritt in ihrer persönlichen Entwicklung.

Wann weiß ich, dass ich wieder vollständig gesund bin?

Manchmal ist diese Frage schwer zu beantworten, weil nicht nur die depressiven und begleitenden Symptome beeinträchtigen können, sondern auch die im vorigen Abschnitt beschriebene Verunsicherung durch die Erkrankung (»sekundäre Krankheitsfolgen«).

Um sich richtig gesund zu fühlen, sollte das frühere Lebensgefühl wieder da sein, insbesondere die Fähigkeit, Freude zu empfinden, aktiv zu sein, Pläne zu machen und zu verwirklichen. Die Muttergefühle sollten da sein und die Beschäftigung mit dem Kind positiv erlebt werden. Zur Gesundung gehört auch, dass man außerhalb der Versorgung des Kindes wieder Dinge genießen kann, z. B. gutes Essen, gemeinsame Aktivitäten mit dem Partner, das Treffen mit Freundinnen. Der Schlaf sollte sich wieder reguliert haben und als ausreichend und erholsam empfunden werden.

> **Merke**
>
> Um richtig gesund zu werden und einen Rückfall zu vermeiden, muss die Behandlung ausreichend lange andauern und die Einnahme von Medikamenten noch mindestens ein halbes Jahr nach Abklingen der Symptome fortgesetzt werden. Bestand in der Vorgeschichte schon eine psychische Störung, muss dieser Zeitraum deutlich länger sein.

Und wenn es nicht mehr aufhört? – die »Chronifizierung«

In den meisten Fällen verlaufen psychische Störungen mehr oder weniger phasenhaft; nach einigen Wochen oder Monaten sind depressive, manische und psychotische Phasen zu Ende – aber erheblich früher, wenn fachkompetent mit Medikamenten und/oder psychotherapeutisch behandelt wird. Angst- und Zwangsstörungen haben meist keinen so klaren »episodischen« Charakter, auch wenn es häufig »ein Auf und Ab« in der Symptomatik gibt.

Unbehandelt oder unzureichend behandelt kann es bei psychischen Störungen, auch bei der prinzipiell gutartigen postpartalen Depression, zur Chronifizierung kommen – was bedeutet, dass die Störung jahrelang oder sogar dauerhaft besteht.

Eines muss man deutlich sagen: je länger die Störung besteht und je weiter die Chronifizierung fortgeschritten ist, umso langwieriger wird die Behandlung. Das gilt auch für alle Störungen, die nach einer Entbindung beginnen. Die Devise muss also sein: *So früh wie möglich behandeln* – auch im Interesse des Kindes und der Gesamtfamilie. Frauen trauern regelrecht um die verlorene Zeit mit ihrem Kind, wenn ihre postpartale Depression über Wochen und Monate oder noch länger anhält und sie wegen der fehlenden Muttergefühle die Zeit nicht genießen und dem Kind auch nicht die Liebe entgegenbringen konnten, die sie eigentlich in sich hatten.

Erneute Schwangerschaft nach postpartaler Depression?

Warum nicht? Die prinzipielle Gefahr der Wiederholung einer Depression oder verwandten Störung verhindert man nicht, wenn man auf ein weiteres Kind verzichtet. Selbst bei den bipolaren Störungen (neben depressiven auch manische Phasen) und psychotischen Erkrankungen, um die es in diesem Buch nur am Rande geht und die eine viel kompliziertere Problematik darstellen, gibt es keine Empfehlung für einen grundsätzlichen Verzicht. Ein unerfüllter Kinderwunsch kann sich für manche Frauen nämlich zu einem enormen Druck ausweiten, der dann möglicherweise sogar das Wiederauftreten einer Störung begünstigt. Und auf der anderen Seite kann man – ausgerichtet auf die jeweilige psychische Erkrankung – eine Vielzahl von Vorsorgestrategien anwenden, um eine erneute Erkrankung zu verhindern.

> **Umfassende Informationen zum Thema finden Sie im Ratgeber:**
>
> Rohde A, Schaefer C, Dorn A, Kittel-Schneider S (2024) Mutter werden mit psychischer Erkrankung. Von Kinderwunsch bis Elternschaft. Stuttgart: Kohlhammer Verlag.

5   Behandlungsverfahren in ihrer Vielfalt

> **Darum geht es**
>
> In den folgenden Abschnitten sind Informationen zu den verschiedenen Behandlungsstrategien kompakt zusammengestellt, vor allem werden Grundprinzipien der Psychotherapie und der Psychopharmakotherapie erläutert sowie einzelne Verfahren und häufig eingesetzte Medikamente vorgestellt. Auf die Gabe von Hormonen und ergänzende Therapieverfahren wird ebenfalls eingegangen. Die Ausführungen erheben keinen Anspruch auf Vollständigkeit und ersetzen nicht das ärztliche oder psychotherapeutische Gespräch.

Genauso wie bei Depressionen, die zu anderen Zeiten im Leben auftreten, folgt die Therapie einer postpartalen Depression einem sogenannten multimodalen Therapieansatz, d. h. aus den verfügbaren Möglichkeiten wird nach der Symptomatik das passende Verfahren ausgesucht, ggf. auch in Kombination.

In der Regel kommt bei Depressionen, also auch bei den postpartalen Depressionen, eine Kombination aus medikamentöser Therapie und Psychotherapie zum Einsatz. Die Gabe von Medikamenten sollte im Allgemeinen durch einen Psychiater oder eine auf diesem Gebiet erfahrene Hausärztin erfolgen, die psychotherapeutische Behandlung bei einer ärztlichen oder psychologischen Psychotherapeutin.

Bei Auswahl der Behandlungsmethode sind verschiedene Aspekte zu berücksichtigen, wie etwa:

- Welche Symptome sind in welcher Ausprägung vorhanden?
- Zu welchem Krankheitsbild gehören die Symptome, wie lautet die Diagnose?
- Handelt es sich um die erste psychische Störung oder gibt es Vorerkrankungen; wenn ja, welche Erfahrungen liegen aus früheren Behandlungen vor?
- Sind körperliche Ursachen ausgeschlossen?
- Gibt es weitere Erkrankungen, die die Auswahl der Medikamente einschränken?
- Soll in der Stillzeit behandelt werden?
- Gibt es Kontraindikationen (= Gegenanzeigen) gegen ausgewählte Medikamente?

Schon allein die Aufzählung dieser wichtigsten Aspekte zeigt, warum es manchmal für Betroffene oder Angehörige schwierig sein kann, eine ärztliche Behandlungsempfehlung nachzuvollziehen. Eine entsprechende Nachfrage lohnt sich immer.

Psychotherapie

In der folgenden Darstellung der wichtigsten heute üblichen Psychotherapieverfahren heben wir die heraus, die sich wissenschaftlich als besonders effektiv in der Behandlung postpartaler Depressionen und verwandter psychischer Störungen erwiesen haben. Weitere ergänzende psychotherapeutische Verfahren stellen wir in einem Überblick zusammen.

Aktuell gibt es vier Psychotherapieverfahren, die in Deutschland von den gesetzlichen und privaten Krankenkassen anerkannt sind und bezahlt werden: die Verhaltenstherapie bzw. kognitive Verhaltenstherapie, die analytische Psychotherapie (= Psychoanalyse), die tiefenpsychologisch fundierte Psychotherapie und seit 2020 auch die Systemische Therapie.

Mittlerweile lockert sich die vormals strenge Trennung zwischen den Verfahren bereits in der Ausbildung der Psychotherapeuten. In der Praxis werden oft Behandlungselemente aus verschiedenen Therapieformen nebeneinander eingesetzt, vor allem von erfahrenen Psychotherapeutinnen. Im Übrigen gibt es eine Vielzahl von Zusatzausbildungen in weiteren Therapierichtungen (wie etwa Hypnotherapie, Traumatherapie, Körpertherapie), die die Grundtherapieformen sinnvoll ergänzen und manchmal im Vordergrund einer Behandlung stehen.

Merke

Hinweise dazu, wie man eine Psychotherapeutin bzw. einen Therapieplatz findet, sind an verschiedenen Stellen im Internet zu finden. So etwa auf der Seite der Bundespsychotherapeutenkammer (www.bptk.de).

Auch die Gespräche, die Ihr Psychiater mit Ihnen begleitend zur medikamentösen Behandlung führt, sind psychotherapeutische Gespräche. Sie können als »supportive Therapie« bezeichnet werden, sie bilden also unterstützende Maßnahmen. Aktuelle Aspekte der Krankheit und der Behandlung, des Umgangs mit Symptomen, der Bewältigung des Alltags etc. sind Inhalt solcher supportiven Gespräche.

Weil seit Anfang der 1990er Jahre ein großer Abschnitt Psychotherapie zur Ausbildung zum »Facharzt für Psychiatrie und Psychotherapie« gehört, ist die manchmal immer noch vorgenommene Unterscheidung zwischen Psychiatern und »richtigen« Psychotherapeuten nicht angemessen. Fast alle Psychiaterinnen und Psychiater haben eine lange psychotherapeutische Ausbildung durchlaufen und sind in mindestens einem psychotherapeutischen Verfahren qualifiziert, auch wenn sie schwerpunktmäßig eine psychiatrische Praxis betreiben. Manche spezialisieren sich ganz auf die Psychotherapie, d. h., sie führen keine »normale« Arztpraxis mehr, sondern arbeiten nur in einer Psychotherapie-Praxis, genauso wie psychologische oder andere ärztliche Psychotherapeutinnen. Diese unterschiedlichen Arbeitsweisen haben hauptsächlich mit Besonderheiten unseres Gesundheitssystems zu tun.

> **Merke**
>
> Die Hinweise in diesem Kapitel dazu, welches Psychotherapieverfahren für wen geeignet ist, richten sich nicht nur an Mütter nach der Geburt eines Kindes, sondern ebenfalls an die Väter. Auch sie können von den genannten Problemen betroffen sein und von einer Psychotherapie profitieren.

Verhaltenstherapie und kognitive Verhaltenstherapie

In vielen wissenschaftlichen Therapiestudien zu postpartalen Depressionen hat sich die Verhaltenstherapie (VT) und vor allem deren Unterform, die kognitive Verhaltenstherapie (KVT), als besonders effektiv erwiesen.

Basis der Verhaltenstherapie ist die Annahme, dass Menschen aufgrund einer Kombination aus lebensgeschichtlicher Prägung, genetischer Veranlagung und körperlichen Faktoren unterschiedlich anfällig für psychische Störungen sind und dass deshalb belastende Erfahrungen oder Stress bei manchen Menschen eine psychische Störung auslösen können.

In der Verhaltenstherapie werden zunächst *die aktuellen Probleme* (z.B. Ängste in bestimmten Lebenssituationen) sehr konkret herausgearbeitet. Dann wird gezielt an Lösungen bzw. Verhaltensänderungen im Hier und Jetzt gearbeitet, um in der akuten Problemlage Entlastung zu schaffen. Erst auf dieser Grundlage werden – falls nötig – grundlegendere Probleme aus der Vergangenheit bearbeitet. Dabei verhält sich die Verhaltenstherapeutin gegenüber der Patientin strukturierend und konkretisierend. Das bedeutet, dass Möglichkeiten der Verhaltensänderung herausgearbeitet werden und dass zum Erlernen dieser alternativen Verhaltensweisen ganz konkrete Übungen besprochen und vorbereitet werden, sodass die Patientin diese bis zur nächsten Therapiestunde »üben« kann.

In der *kognitiven Verhaltenstherapie* (KVT) wird vor allem der Zusammenhang zwischen Gedanken (= Kognitionen), den daraus resultierenden Gefühlen und den wiederum daraus entstehenden Verhaltensweisen analysiert. Falsche Grundannahmen (d.h. Überzeugungen, die nicht begründet sind), ungünstige Schlussfolgerungen aus Erfahrungen oder

Wahrnehmungen und negative Selbstinstruktionen (= innere Dialoge), die sich über längere Zeit verfestigt haben, sollen aufgelöst werden. Auch das Einüben neuer Problemlösestrategien wird gefördert. Dieses Verfahren gilt als besonders effektiv bei depressiver Symptomatik, auch bei postpartalen Depressionen.

Bei Phobien, Panikattacken und Zwangssymptomen, die als Teil einer postpartalen Depression oder als eigenständige Störung ebenfalls postpartal auftreten können, werden weitere verhaltenstherapeutische Methoden eingesetzt. Die *Konfrontationstherapie* basiert auf dem Modell der klassischen Konditionierung (nach dem Prinzip »wenn etwas angewöhnt werden kann, kann es auch wieder abgewöhnt werden«). Die Übungen können abgestuft stattfinden (= Stufenweise Desensibilisierung), also zur immer stärkeren Konfrontation mit dem angstauslösenden Moment führen, oder von Beginn an maximal eingesetzt werden (mit der stärksten Angst beginnend). Die Konfrontation kann zunächst in der Vorstellung (»in sensu«) oder direkt in der realen Situation (»in vivo«) erfolgen. Die Konfrontationstherapie ist vor allem bei Ängsten sehr erfolgreich.

Am *Beispiel der Höhenangst* lässt sich das gut erklären: Bei der Konfrontationsbehandlung wird die Patientin nach entsprechender gedanklicher Vorbereitung in Begleitung der Psychotherapeutin z. B. einen Kirchturm besteigen. Bei der stufenweisen Desensibilisierung wird das Besteigen zunächst in der Vorstellung geübt, dem folgt dann beispielsweise das reale Betreten des Balkons im ersten Stock, dann der Blick von der Dachterrasse irgendeines Gebäudes und schließlich das Besteigen des Kirchturms. Dabei bestimmt die Patientin selbst, in welchem Tempo die einzelnen Schritte vollzogen werden. Ziel ist dabei immer, dass durch das Verbleiben in der angstauslösenden Situation die Erfahrung gemacht wird, dass die Angst immer weniger wird und »irgendwann verschwindet«.

Die Verhaltenstherapeutin unterstützt das Erlernen dieser wissenschaftlich fundierten Techniken zur Symptombewältigung und gibt somit langfristig Hilfe zur Selbsthilfe. Verhaltenstherapeutische Sitzungen finden in der Regel wöchentlich statt.

> **Unsere Meinung**
>
> Mit der Verhaltenstherapie (VT) und vor allem der kognitiven Verhaltenstherapie (KVT) lassen sich sehr schnell positive Effekte erzielen, die wir uns für Frauen nach der Geburt eines Kindes wünschen, auch im Sinne der Entwicklung einer guten Mutter-Kind-Bindung. Zudem haben sich diese Verfahren in vielen wissenschaftlichen Studien für Depressionen insgesamt als besonders effektiv erwiesen

Analytische Psychotherapie (= Psychoanalyse)

Die analytische Psychotherapie steht in der Tradition der klassischen Psychoanalyse, der ältesten Form der Psychotherapie, die fast immer mit Namen wie Sigmund Freud oder C.G. Jung in Verbindung gebracht wird. Fast automatisch taucht beim Gespräch über die Psychoanalyse »die Couch« vor Augen auf, allerdings ist es heute durchaus auch der bequeme Sessel. Zentral ist die Zurückhaltung der Psychoanalytikerin mit eigenen Aussagen; vielmehr arbeitet sie daran, dass die Patientin durch ihre Fragen Zusammenhänge und Lösungsansätze selbst erkennt.

Die Psychoanalyse geht von der Grundannahme aus, dass psychische Krankheiten aufgrund ungelöster frühkindlicher Konflikte entstehen, die verinnerlicht und ins Unbewusste verschoben worden sind und somit unserer bewussten Reflexion, also unserem Nachdenken darüber, nicht mehr zugänglich sind. Die psychoanalytische Behandlung zielt auf die Bewusstmachung dieser ungelösten Konflikte ab.

Eine Psychoanalyse ist in der Regel sehr *langfristig* angelegt, z. T. über Jahre, und findet in der Regel drei- bis viermal wöchentlich statt.

> **Unsere Meinung**
>
> Die psychoanalytischen Stunden sind in ihrer Häufigkeit für Mütter kurz nach der Entbindung kaum zu bewerkstelligen. Am ehesten bietet

sich bei einer bereits früher begonnenen analytischen Therapie deren Fortsetzung auch nach der Geburt an.

Tiefenpsychologisch fundierte Psychotherapie

Die tiefenpsychologisch fundierte Psychotherapie ist aus der analytischen Psychotherapie entstanden und hat dasselbe Verursachungsmodell als Grundlage; es geht also um frühkindliche Erfahrungen bzw. im Laufe der Biografie erlebte und ungelöst gebliebene Konflikte.

Im Gegensatz zur analytischen Therapie sitzen sich hier aber Patientin und Psychotherapeutin bei den meist einmal wöchentlich stattfindenden Gesprächen gegenüber. Zusätzlich zum Ziel des Erlebbar-Machens unbewusster Konflikte unterstützt die Psychotherapeutin die Patientin bei der Suche nach besseren Konfliktlösungen. Wie bei der Psychoanalyse liegt der Schwerpunkt der Behandlung in der Vergangenheit, und zwar mit der Frage, was frühere Erfahrungen bei der Entstehung aktueller Probleme für eine Rolle spielen.

Die Rolle der Psychotherapeutin ist zurückhaltend und wenig »direktiv«, wie das genannt wird (also z. B. ohne die konkreten »Handlungsanweisungen« an die Patientin wie bei der Verhaltenstherapie).

Unsere Meinung

Die tiefenpsychologisch fundierte Psychotherapie ist postpartal vor allem für Frauen geeignet, deren eigene Familiengeschichte stark in die Gegenwart hineinwirkt. So etwa indem alte, ungelöst gebliebene Konflikte durch die veränderte Familiensituation wieder aufleben. Auch wenn der Übergang in die eigene Mutterrolle frühere Kränkungen, Erinnerungen an Vernachlässigungen etc. wieder in Erinnerung bringt, ist dieses Verfahren sinnvoll.

Systemische Therapie

Die Einbeziehung der Familie in die Therapie der eigentlichen Patientin ist die Grundlage der Systemischen Therapie. Die Familie wird als ein System angesehen, in dem sich die einzelnen Mitglieder durch dessen Regeln, Normen, Verhaltensweisen und Kommunikationsformen gegenseitig beeinflussen. Psychische Störungen werden vor allem auf die Interaktionen zwischen den Familienmitgliedern und deren sozialer Umwelt zurückgeführt.

Entstanden ist diese Therapieform, die auch als »Systemische Familientherapie« bezeichnet wird, in der Behandlung von Kindern in den 1950er Jahren, als erstmals Eltern und Geschwister in die Therapie einbezogen wurden.

Diese systemischen Aspekte werden heute auch in anderen Therapieformen berücksichtigt, z. B. in der Verhaltenstherapie. Zudem haben sich verschiedene Richtungen in der Systemischen Therapie etabliert, die etwas unterschiedliche Schwerpunkte im Vorgehen setzen. So gehören auch Systemaufstellungen bzw. Familienaufstellungen im weiteren Sinne in die Systemische Therapie.

> **Unsere Meinung**
>
> Gerade im Übergang zur Elternschaft fließen viele systemische Aspekte mit in andere Psychotherapieformen ein. Für den Einsatz der Systemischen Therapie speziell bei der postpartalen Depression gibt es bisher zu wenige wissenschaftliche Studien zur Wirksamkeit, so dass wir sie – anders als die bisher beschriebenen Verfahren – für diesen Einsatzbereich noch nicht gezielt empfehlen können.

Weitere psychotherapeutische Verfahren im Überblick

In ▶ Tab. 5.1 stellen wir ohne Anspruch auf Vollständigkeit weitere psychotherapeutische Verfahren tabellarisch dar, die jeweils ihre eigenen Einsatzgebiete auch nach der Geburt eines Kindes haben können, die aber nicht zu den üblichen Kassenleistungen gehören. Ob im Einzelfall eine Krankenversicherung die Kosten übernimmt, muss direkt mit dieser abgeklärt werden.

Tab. 5.1: Weitere Psychotherapieformen im Überblick

Therapieverfahren	Wer wird wie lange behandelt?	Inhalte der speziellen Therapieform	Besonderheiten nach Entbindung
Traumatherapie	Individuell; v. a. zu Beginn sehr engmaschig, evtl. sogar stationär, teilstationär oder mit mehreren Sitzungen pro Woche, später größere Abstände.	Verschiedene Verfahren, je nach psychotherapeutischer Schule. Es gilt die Annahme, dass traumatische Erfahrungen Veränderungen im Zentralnervensystem bewirken, auf die Einfluss genommen werden kann und wodurch der Prozess der Informationsverarbeitung der traumatischen Bilder und Inhalte gefördert werden soll.	Traumatisch erlebte Entbindungen können gezielt bearbeitet werden, aber auch frühere traumatische Erfahrungen, die durch Schwangerschaft und Geburt eventuell reaktualisiert wurden. Bei Traumatisierung ausschließlich durch die Geburt ist eine eher kürzere Behandlungszeit erforderlich im Vergleich zu langjährigen traumatischen Erfahrungen in der Vorgeschichte.
Hypnotherapie	Individuell; auch innerhalb der genehmigten Psychotherapie, z. B. VT, möglich.	Methode, um in einen sehr tiefen Entspannungszustand zu gelangen, der auch Trance genannt wird. Das bildhafte, kreative Denken wird dabei gefördert, was zu besserer Problemlösung führen kann. Tiefere Bewusstseinsebenen können angesprochen werden.	Die Hypnotherapie wird auch als Selbsthypnosetraining gelehrt und kann sowohl zur Geburtsvorbereitung eingesetzt (»Hypnobirthing«) als auch nach der Entbindung als vertieftes Entspannungsverfahren genutzt werden.

Tab. 5.1: Weitere Psychotherapieformen im Überblick – Fortsetzung

Therapieverfahren	Wer wird wie lange behandelt?	Inhalte der speziellen Therapieform	Besonderheiten nach Entbindung
Körperorientierte Psychotherapie	Individuell oder in der Gruppe, wöchentlich bis monatlich	Sehr viele unterschiedliche Verfahren. Körperliches wie psychisches Empfinden gelten als Einheit und werden gleichwertig behandelt und therapiert. Die intensive Wahrnehmung des Körpers dient vor allem in den tiefenpsychologisch orientierten Verfahren dazu, unbewusste psychische Prozesse spürbar zu machen und damit auf eine bewusste Ebene zu bringen. Elemente der Körpertherapie können auch in andere Verfahren einbezogen werden.	Durch Schwangerschaft und Geburt verändert sich der weibliche Körper enorm, was von den Frauen unterschiedlich gut psychisch verarbeitet wird. Einen Fokus auf das Körpererleben auch in der Psychotherapie zu legen, kann daher sehr sinnvoll sein. Vor allem Frauen, denen es schwerfällt, über sich und ihre Gefühle zu sprechen, profitieren von dieser Herangehensweise.
Entspannungsverfahren	Individuell, häufiger in der Gruppe; je nach Kurskonzept täglich bis wöchentlich.	Oftmals als ergänzende Maßnahme zur medikamentösen und insbesondere psychotherapeutischen Behandlung eingesetzt. Bekannteste Verfahren sind die Progressive Muskelrelaxation nach Jacobson (PME) und das Autogene Training (AT). Aber auch Yoga und Achtsamkeitstrainings gehören in diese Kategorie.	Das Anspannungsniveau postpartal ist häufig hoch. Für sich persönlich das passende Entspannungsverfahren zu finden, kann in dieser Zeit enorm hilfreich sein (▶ Kap. 8)

Tab. 5.1: Weitere Psychotherapieformen im Überblick – Fortsetzung

Therapieverfahren	Wer wird wie lange behandelt?	Inhalte der speziellen Therapieform	Besonderheiten nach Entbindung
Paartherapie	Das Paar; Termine meist in 2–4-wöchigen Abständen, 10–15 Stunden, individuell anpassbar.	Die Beziehungsdynamik und Paarkommunikation stehen im Mittelpunkt. Einsatz am ehesten, wenn sich auch einige Monate nach der Entbindung die Paarbeziehung nicht an die neue Situation angepasst hat oder bereits längerfristig Paarprobleme bestanden haben.	Paarkonflikte, die sich aus dem Übergang zur Elternschaft ergeben, können gezielt aufgegriffen werden. Die Vorerfahrungen und Familiengeschichten des Paares werden mit ihrem Einfluss auf die neuen Rollenmodelle betrachtet.

Online-Psychotherapieprogramme

Vor allem für Depressionen und Ängste gibt es gibt eine Reihe von wissenschaftlich gut erprobten virtuellen Therapieprogrammen, also Online-Programme ohne direkten Kontakt zur Psychotherapeutin; auch gezielte Programme zur Stressreduktion werden online angeboten. Meist nutzen diese Programme verhaltenstherapeutische Elemente, wie die Vermittlung von Wissen rund um das Störungsbild, kleine Schreibaufgaben, Denkanregungen oder Übungen für den Alltag, ergänzt durch Entspannungsübungen.

Diese sogenannten »Digitalen Gesundheitsanwendungen (DiGAs)« können *ärztlich verordnet* werden und stehen damit gesetzlich Versicherten kostenfrei zur Verfügung. Privatversicherte sollten die Kostenübernahme zuvor mit ihrer Versicherung klären. Eine Übersicht findet sich auf der Internetseite des Bundesinstituts für Arzneimittel und Medizinprodukte (*BfArM*).

Diese Programme sollen das persönliche psychotherapeutische Gespräch *nicht* ersetzen, können aber Wartezeiten auf einen Therapieplatz überbrücken, die laufende Psychotherapie unterstützen und die Erfolge stabilisieren. Der Vorteil dieser Programme ist, dass sie ortsungebunden und zeitlich flexibel eingesetzt werden können. Es erfordert auf der anderen Seite aber viel Eigenmotivation, sie dann auch regelmäßig zu nutzen.

Im deutschsprachigen Raum sind uns keine Online-Programme bekannt, die speziell auf postpartale Depressionen zugeschnitten sind. Da sich aber die psychotherapeutische Behandlung von depressiven Symptomen unabhängig von der Ursache oder Auslösern in etwa gleicht, sind Programme für Depressionen allgemein durchaus eine Option. Gerade bei leichten Beschwerden und auch zur Überbrückung, bis ein Therapieplatz gefunden ist, können diese Angebote genutzt werden.

> **Unsere Meinung**
>
> Online-Therapien können gerade nach der Entbindung eine Hilfe sein, v. a., wenn Psychotherapietermine und Babybetreuung nicht leicht zu organisieren sind.

Nicht jede Psychotherapie ist für jeden geeignet

Ähnlich wie bei den Medikamenten ist nicht jedes Psychotherapieverfahren für jede Erkrankung oder für jede Patientin geeignet, auch der Zeitpunkt ist wichtig, da Psychotherapie durchaus eine gewisse Stärke benötigt. Wird eine ungeeignete Therapieform eingesetzt oder ist der Zeitpunkt zu früh, kann es zur weiteren psychischen Destabilisierung kommen. Die psychische Verfassung verschlechtert sich, oder Erlebtes wird in einer Weise wieder aktuell, dass die Betroffene damit trotz professioneller Hilfe nicht mehr zurechtkommt. Deshalb ist es immer wichtig, vorher mit der Psychotherapeutin zu besprechen, ob das jeweilige Verfahren geeignet ist und ob die Therapie jetzt beginnen sollte. In manchen Fällen empfiehlt es sich auch, zunächst eine gewisse Stabilisierung durch die medikamentöse Behandlung abzuwarten. Auch wenn man es sich wünschen würde: Selbst, wenn rasch ein Psychotherapieplatz zur Verfügung steht, hilft das nicht immer, aus der Verzweiflung und den negativen Gedankenschleifen herauszukommen – Beispiele dafür finden Sie in den Erfahrungsberichten.

Emotionale Aufgewühltheit, Weinen unter dem Eindruck einer gerade abgelaufenen Therapiestunde, Veränderungen im zwischenmenschlichen Verhalten etc. können durchaus die erforderlichen Schritte auf dem Weg zum gewünschten Therapieerfolg sein – auch wenn das in der Situation vielleicht beunruhigt, weil man denkt, es sei eine Verschlechterung. Es bedeutet nur, dass in der Psychotherapie offensichtlich wichtige Themen angesprochen werden.

Um unerwünschte Nebenwirkungen zu vermeiden, ist es von besonderer Wichtigkeit, das richtige Therapieverfahren und vor allem eine qualifizierte Psychotherapeutin zu wählen. Wenn Sie sich in der Wahl der Psychotherapeutin nicht sicher sind, gilt dasselbe wie immer bei Unsicherheiten bezüglich einer Behandlung: *Holen Sie eine zweite Meinung ein.* Und nutzen Sie auf jeden Fall die verfügbaren *Probstunden*, die am Beginn einer Psychotherapie stehen, um genau das herauszufinden: Ist die Art der Psychotherapie und die behandelnde Person für mich die richtige?

Medikamentöse Behandlung

Einsatz von Psychopharmaka

Psychopharmaka, also Medikamente, die bei psychischen Störungen eingesetzt werden, haben einen wichtigen Stellenwert in der Therapie von postpartalen Depressionen und verwandten Erkrankungen. Oftmals wird damit die Behandlung begonnen und von stützenden (= supportiven) Gesprächen begleitet. Bei Bedarf kommt dann später die Psychotherapie hinzu.

Wegen der großen Palette von Präparaten können wir hier auf Wirkweisen und Einsatzgebiete spezieller Medikamente nicht näher eingehen, sondern nur ganz allgemein einen Überblick geben. In ▶ Tab. 5.2 haben wir beispielhaft einige Präparate mit ihrem Einsatzgebiet aufgeführt, um aufzuzeigen, nach welchen Aspekten Ihre Medikamente möglicherweise ausgewählt werden. Daraus leiten sich keine Empfehlungen für Ihren Fall ab, das ist die Aufgabe Ihrer behandelnden Psychiaterin (oder des Hausarztes, falls ein Termin in einer psychiatrischen Praxis nicht zeitnah möglich ist).

Antidepressiva – Mittel der ersten Wahl

Wie bei Depressionen allgemein werden auch bei postpartalen Depressionen in erster Linie Antidepressiva eingesetzt. Dabei gibt es verschiedene Substanzgruppen, die sich in Wirkung und Nebenwirkungen unterscheiden. Antidepressiva sind auch bei anderen, mit den postpartalen Depressionen verwandten Störungen wirksam, wie etwa bei Angst- oder Zwangserkrankungen.

Die *Wirkweise* von Antidepressiva kann sehr unterschiedlich sein: Es gibt angstlösende und beruhigende Antidepressiva, antriebssteigernde und aktivierende Medikamente und auch Mittel, die zusätzlich zur Wirkung gegen Depressionen besonders gut bei Schlafstörungen, gegen Panikattacken oder gegen Zwangssymptome helfen.

Antipsychotika – oftmals eine gute Unterstützung

Antipsychotika (früher auch als Neuroleptika bezeichnet) werden in erster Linie bei Psychosen, Manien oder Unruhezuständen eingesetzt. Manchmal werden allerdings bestimmte Antipsychotika, die eine gute schlafanstoßende und beruhigende Wirkung haben, zur Unterstützung zusätzlich zu den Antidepressiva gegeben. Wegen des fehlenden Abhängigkeitspotenzials können sie Beruhigungs- und Schlafmittel ersetzen.

Beruhigungs- und Schlafmittel – nur kurzzeitig

Beruhigungsmittel *(Tranquilizer)* und Schlafmittel (= *Hypnotika*) können bei einer schweren Depression nach der Entbindung im Ausnahmefall erforderlich sein, z. B. bei ausgeprägten Angstsymptomen. Da diese Medikamente im Gegensatz zu Antidepressiva und den bei Psychosen eingesetzten Antipsychotika ein Abhängigkeitspotenzial in sich bergen, sollten sie nur über einen kurzen Zeitraum eingesetzt und dann gezielt auch wieder abgesetzt werden, allerdings in kleinen Schritten. Meist ist die Gabe solcher Substanzen nur erforderlich, wenn die Krankheit so schwer ausgeprägt ist, dass eine stationäre Behandlung erforderlich ist.

> **Merke**
>
> Bestimmte Beruhigungs- und Schlafmittel können in die Abhängigkeit führen und sollten nur kurzfristig eingenommen werden. Bei längerer Einnahme in der Schwangerschaft können beim Neugeborenen Entzugserscheinungen auftreten.

Tab. 5.2: Einige Beispiele für Psychopharmaka, die bei postpartalen Depressionen zum Einsatz kommen*

Medikament (Beispiel)	Charakteristika
Zielsymptomatik: Depressive Verstimmung, Grübeln, Selbstzweifel, Panikattacken, Zwangssymptome	
Citalopram, Escitalopram, Paroxetin, Sertralin	AD aus der Gruppe der SSRI Sertralin, Citalopram und Paroxetin gehören zu den Mitteln der Wahl in der Stillzeit; zu Escitalopram gibt es weniger Erfahrungen Anfängliche NW gehen rasch zurück.
Venlafaxin	AD mit etwas breiterem Wirkspektrum als SSRI Sehr gut wirksam, leider manchmal anfänglich ausgeprägte NW Wenige Erfahrungen in der Stillzeit, aber akzeptabel
Duloxetin	AD mit breiterem Wirkspektrum als SSRI Weniger NW als Venlafaxin

Tab. 5.2: Einige Beispiele für Psychopharmaka, die bei postpartalen Depressionen zum Einsatz kommen* – Fortsetzung

Medikament (Beispiel)	Charakteristika
	Wenige Erfahrungen in der Stillzeit, aber akzeptabel
Zielsymptomatik: Ängste, Unruhe, Schlafstörungen	
Mirtazapin	Schlafanstoßende Wirkung, besonders bei sehr niedriger Dosierung Kombination mit SSRI gut möglich
Amitriptylin	Älteres AD Gute schlafanstoßende Wirkung in niedriger Dosis Kombinierbar mit anderen Antidepressiva
Quetiapin	Antipsychotikum Antipsychotische Wirkung nur in höherer Dosierung Schlafanstoßende Wirkung schon in sehr niedriger Dosis Gut kombinierbar mit Antidepressiva
Olanzapin	Antipsychotische Wirkung schon in niedriger Dosis Einsatz bei psychotischer Depression Schlafanstoßend und angstlösend
Olanzapin / Risperidon	Antipsychotika, die in niedriger Dosis bei ausgeprägten Zwangsgedanken bzw. Grübelzwang mit einem AD kombiniert werden
Melperon, Dipiperon, Promethazin	Gehören zu den Antipsychotika Beruhigend, angstlösend Als Bedarfsmedikation einsetzbar
Diazepam, Lorazepam	Gehören zu den Benzodiazepinen Gute schlafanstoßende und angstlösende Wirkung. Aber: Gefahr der Abhängigkeit! Nicht in der Stillzeit
Zolpidem, Zopiclon	Schlafmittel der »Z-Gruppe« Gute schlafanstoßende Wirkung Geringeres Abhängigkeitspotential als Benzodiazepine, aber Gewöhnung Nicht in der Stillzeit
Johanniskraut	Pflanzliches Antidepressivum Wirksam nur bei leichteren bis mittelschweren Depressionen. Längere Zeit bis zum Wirkungseintritt

Tab. 5.2: Einige Beispiele für Psychopharmaka, die bei postpartalen Depressionen zum Einsatz kommen* – Fortsetzung

Medikament (Beispiel)	Charakteristika
	In der Stillzeit besser erprobte AD (s. o.) bevorzugen

* nach den Erfahrungen der Autorinnen und unter Berücksichtigung der Informationen unter www.embryotox.de
AD = Antidepressivum; NW = Nebenwirkungen; SSRI = Selektive Serotonin-Wiederaufnahme-Hemmer; das sind AD, die speziell auf das Serotoninsystem im Gehirn wirken

> **Merke**
>
> Im Gegensatz zu Antidepressiva und Antipsychotika können Beruhigungsmittel und Schlafmittel zur Abhängigkeit führen – je besser die direkte Wirkung, umso höher die Gefahr der Abhängigkeit.

Sind Psychopharmaka nicht gefährlich?

Nicht nur in Bezug auf psychische Erkrankungen insgesamt, sondern auch bezüglich der Behandlung mit speziellen Medikamenten (= Psychopharmaka, also Medikamenten, die auf die Psyche wirken) besteht viel Unwissen. Manchmal gibt es ein regelrechtes Misstrauen Psychiatern und ihren Behandlungsmethoden gegenüber, das nicht gerechtfertigt ist. Psychopharmaka verändern nicht die Persönlichkeit, sondern führen vielmehr dazu, dass belastende Symptome beseitigt werden und das frühere »Ich« wieder zum Vorschein kommt. Und die meisten Psychopharmaka machen nicht abhängig. Antidepressiva und Antipsychotika müssen zwar regelmäßig eingenommen werden und können auch nicht von einem Tag auf den anderen weggelassen werden, weil sonst möglicherweise Absetzerscheinungen auftreten. Eine Abhängigkeit, wie man sie von Alkohol oder von bestimmten Beruhigungsmitteln bzw. Schlafmitteln kennt, gibt es bei Antidepressiva und Antipsychotika aber nicht.

> **Medikamente gegen Depressionen machen nicht abhängig**
>
> Weder Antidepressiva noch Antipsychotika machen abhängig. Sie verändern nicht die Persönlichkeit, sondern führen vielmehr dazu, dass ein Mensch wieder so wird wie vor der Erkrankung.

Bedeutet es Schwäche, wenn man Medikamente einnimmt?

Das ist eine Frage, die sich viele Menschen mit psychischen Störungen stellen und die sie offenbar mit ja beantworten – sonst ist es nicht zu verstehen, dass so viele Betroffene auf eine schnell wirksame Behandlungsmethode verzichten. Naturgemäß gibt es Unterschiede in der persönlichen Einstellung zu Medikamenten. Manche Menschen nehmen erst bei starken, unerträglichen Kopfschmerzen »mit schlechtem Gewissen« eine Schmerztablette (»Eigentlich bin ich ja gegen Medikamente«), andere wollen sich nicht so quälen und greifen bereits frühzeitig dazu. Aber auch diese Unterschiede, die sehr von individuellen Einstellungen und Erfahrungen geprägt sind, erklären nicht, warum sich gerade im Bereich psychischer Störungen so hartnäckig die Überzeugung hält, dass man eigentlich ohne Medikamente auskommen müsste. Warum ist es so einfach zu akzeptieren, dass man bei einer Infektion ein Antibiotikum braucht, bei einer Zuckerkrankheit Insulin oder bei Herzrhythmusstörungen ein Medikament, das den Herzschlag reguliert? Warum hat ein Rheumatiker keine Schwierigkeiten, seinen Angehörigen und Freunden zu erklären, warum er ein Antirheumatikum nehmen muss? Und warum ist es auf der anderen Seite manchmal so schwer, Patientinnen mit psychischen Problemen davon zu überzeugen, dass sie eine medikamentöse Behandlung brauchen? Vielleicht deshalb, weil psychische Störungen immer noch als persönliche Schwäche betrachtet werden und nicht als Krankheit? Vor allem depressive Mütter nach der Geburt sind häufig der Überzeugung, dass ihr persönliches Versagen der Grund dafür ist, dass es Ihnen nicht gut geht. Und sie denken nicht an eine behandlungsbedürftige Erkrankung.

Darüber hinaus haben gerade Nichtbetroffene nicht selten die Einstellung, man müsse sich nur richtig zusammenreißen, sich ablenken oder Stress reduzieren, damit es besser geht. »Jeder ist doch mal depressiv, das kenne ich auch« ist so ein Satz, den Betroffene hören, vor allem, wenn Antidepressiva o. ä. in der Stillzeit eingenommen werden sollen. »Warum muss man sich da gleich mit Medikamenten vollstopfen?« Und dann folgt meist der Hinweis auf eine andere Behandlungsmöglichkeit – wie etwa Homöopathie, Yoga, Reiki, Bachblüten-Behandlung und eine Vielzahl anderer Methoden, die meist wirkungslos bleiben und auf jeden Fall dann nicht helfen, wenn es sich um eine ausgeprägte Depression oder sonstige psychische Störung handelt.

Bei einer psychischen Erkrankung ein Medikament einzunehmen, bedeutet also nicht Schwäche! Vielmehr braucht man *Stärke* und den Mut, zu der Erkrankung zu stehen, die eigenen Vorbehalte zu überwinden und sich gegen Vorurteile von Angehörigen und Freunden durchzusetzen.

Auch das Kind darf nicht vergessen werden: Während bei Zahnschmerzen oder einer verschleppten Bronchitis im Wesentlichen der Betroffene allein leiden muss, ist das im Fall einer unbehandelten postpartalen Depression o. ä. eine ganze Familie, und besonders das schwächste Glied in der Kette, das Kind. Darüber müssen sich alle Angehörigen und Freunde im Klaren sein, die eine depressive Mutter bei der Einnahme verordneter Medikamente nicht unterstützen oder ihre Schuldgefühle noch verstärken.

Wie lange dauert es, bis die Medikamente wirken?

Das kann sehr unterschiedlich sein. Erfreulicherweise ist es aber sehr häufig so, dass sich bereits in den ersten Tagen der Einnahme eine beginnende Besserung zeigt. So kann es beispielsweise sein, dass sich schon in der ersten Nacht die schlafanstoßende und angstlösende Wirkung des Antidepressivums bemerkbar macht, auch wenn sich die depressive Stimmung erst mit einiger Verzögerung aufhellt. Auch Antipsychotika sind in der Regel rasch wirksame Medikamente.

Die Erfahrung in der Praxis zeigt übrigens immer wieder, dass bei Symptomen, die noch nicht lange bestanden haben, die Wirksamkeit der

Medikamente besonders gut ist und schnelle Erfolge zu erzielen sind – eines von vielen Argumenten für eine möglichst frühzeitige Behandlung.

Wie lange müssen die Medikamente weiter genommen werden?

Bezüglich der Dauer der Einnahme gelten die gleichen Regeln für postpartale Depressionen und andere psychische Störungen nach der Geburt eines Kindes wie allgemein bei psychischen Erkrankungen: Nach Abklingen der Symptomatik, das heißt also nach Verschwinden der depressiven Symptomatik, der Ängste etc. sollten die Medikamente für mindestens ein halbes Jahr weiter eingenommen werden. Viele Untersuchungen haben gezeigt, dass ein früheres Absetzen eine hohe Rückfallgefahr in sich birgt. Sollten deutliche Nebenwirkungen bestehen, wie etwa ausgeprägte Müdigkeit, kann die Dosis reduziert werden. Auch nach dem halben Jahr darf das Medikament nicht von heute auf morgen abgesetzt werden, sondern in Absprache mit dem Arzt nach einem Stufenplan, weil sonst Absetzerscheinungen drohen, die mit einem Rückfall verwechselt werden könnten.

Prinzipiell ist es denkbar, dass es auch bei vorsichtigem Absetzen des Medikamentes zunächst noch einmal zu kurzfristigen Schwankungen im Befinden kommt. In der Regel sollte sich das sehr rasch wieder stabilisieren, und wenn das nicht der Fall ist, könnte dies ein Hinweis darauf sein, dass auch über das halbe Jahr hinaus eine Behandlung sinnvoll ist.

Nebenwirkungen sind oft nur vorübergehend

Da Medikamente heute vor ihrer Zulassung sehr sorgfältig auf ihre Nebenwirkungen geprüft werden, ist die Liste der möglichen unerwünschten Wirkungen auf dem Beipackzettel in der Regel sehr lang und einschüchternd – selbst für Ärzte. Bei genauerer Betrachtung liegt die Wahrscheinlichkeit solcher Nebenwirkungen aber meist unter 10% oder sogar unter 1%. Außerdem sind die möglichen Begleiteffekte oft eher harmloser Natur und vorübergehend.

Im Zweifelsfall gilt bei Unsicherheiten: »Fragen Sie Ihren Arzt, Ihre Ärztin oder in Ihrer Apotheke«. Es ist nicht sinnvoll, einfach ein Medikament nicht einzunehmen, weil der Beipackzettel Angst auslöst, und vielleicht sogar nicht mehr zu dem Arzt hinzugehen, der es verschrieben hat. Der Arzt kennt diese Nebenwirkungen und wird sich bei der Verordnung etwas gedacht haben.

Aus der eigenen praktischen Erfahrung können wir sagen, *dass man für jede Patientin das passende Medikament findet*, auch wenn es nicht immer sofort das erste eingesetzte Präparat ist. Aufgrund der Erfahrung mit einer bestimmten Symptomatik wird man ein bestimmtes Medikament auswählen, kann aber nicht garantieren, dass es wie erwünscht wirkt – selbst wenn es bei vielen anderen Frauen gut geholfen hat.

Auch die *Empfindlichkeit für Nebenwirkungen* kann sehr unterschiedlich sein – manche Frauen haben gar keine Nebenwirkungen, andere leiden – besonders anfangs – manchmal extrem darunter. Hilfreich für die Vermeidung von Nebenwirkungen ist ein *langsames »Einschleichen«*, d. h. der Beginn mit einer sehr niedrigen Dosis und dann schrittweiser Steigerung. Für sehr empfindliche Frauen gibt es bei einigen Antidepressiva sogar die Möglichkeit, diese in Tropfenform einzunehmen, was auch die Möglichkeit eröffnet, ganz langsam und im eigenen Tempo, Tropfen für Tropfen, zu erhöhen.

Außerdem muss man wissen, dass die meisten anfänglichen Nebenwirkungen *nach einigen Tagen Einnahme wieder verschwinden*. »Durchhalten« ist also zunächst die Devise. Manchmal hilft es, beim Auftreten von Nebenwirkungen die Dosis noch etwas langsamer zu steigern. Langfristiges Ziel ist, dass ein verordnetes Medikament gut verträglich ist. Denn nur so lässt sich die konsequente Einnahme bis zur Gesundung akzeptieren.

Ein genaues Einnahmeschema muss die verordnende Ärztin festlegen. Dafür ist es wichtig, dass Sie im Vorgespräch über eventuell vorhandene Vorerfahrungen mit Medikamenten berichten, z. B., wenn Sie schon bei *kleinen Dosierungen Nebenwirkungen* hatten.

Untersuchungen vor und während der Medikamenteneinnahme

Vor Beginn einer Behandlung mit Medikamenten ist eine sorgfältige Untersuchung und die Bestimmung von Laborwerten erforderlich, zu der neben einer Untersuchung der Blutsalze (= Elektrolyte), der Leber- und Nierenwerte und der Schilddrüsenwerte ein Blutbild gehört. Ergänzt werden kann das durch die Erhebung eines Vitaminstatus, wobei die Erkenntnisse dazu aber nicht einheitlich sind. Solche Untersuchungen sind deshalb sinnvoll, weil manche Funktionsstörungen die Symptome einer Depression auslösen können (wie etwa eine Schilddrüsenunterfunktion oder Blutarmut als Folge von Eisenmangel, die nach der Geburt häufig vorkommen).

Auch im Verlauf der Therapie können regelmäßige Kontrolluntersuchungen erforderlich sein, wie etwa eine Überprüfung der Leber- und Nierenwerte, des Blutbildes, des Blutzuckers oder EKG-Kontrollen.

Art und Häufigkeit der notwendigen Untersuchungen sind bei Erkrankungen und Medikamenten sehr unterschiedlich und werden im Rahmen der ärztlichen Behandlung festgelegt.

Medikamente und Stillen

Prinzipiell spricht nichts gegen das Stillen auch bei Medikamenteneinnahme.

Insgesamt gilt natürlich, dass eine stillende Mutter möglichst wenige Medikamente einnehmen sollte, weil die meisten in die Muttermilch übergehen. Damit gelangen sie dann in geringem Ausmaß auch in den Körper des Kindes. Ähnlich wie für die Schwangerschaft gibt es für die Stillzeit keine kontrollierten Untersuchungen über die Auswirkungen von Medikamenten, weil sich das natürlich aus ethischen Überlegungen verbietet – Säuglinge dürfen solchen Tests mit Blutabnahmen nicht ohne guten Grund unterzogen werden. Die zur Verfügung stehenden Informationen stammen alle aus der Sammlung klinischer Fälle, weshalb verständlicherweise Erkenntnisse eher für ältere und lange bekannte Medikamente vorliegen als für kürzlich zugelassene.

Insgesamt kann man sagen, dass für *kein Antidepressivum* und *kein Antipsychotikum* Belege für Schädigungen des Kindes bei Gabe in der Stillzeit vorliegen – vorübergehende Nebenwirkungen sind natürlich trotzdem nicht ausgeschlossen. Und ein theoretisches Restrisiko bleibt, weil man nicht genau abschätzen kann, ob die Medikamente nicht doch Auswirkungen auf das Kind haben. Es muss immer eine *Nutzen-Risiko-Abwägung* erfolgen zwischen dem Nutzen des Stillens einerseits und der Notwendigkeit einer medikamentösen Therapie andererseits.

Die *Wünsche der stillenden Mutter* sind von großer Wichtigkeit, um die Mutter nicht zusätzlich in Probleme zu stürzen: Weil die meisten depressiven Mütter nach der Entbindung sowieso schon das Gefühl haben, dass sie schlechte Mütter sind und dass sie ihr Kind nicht gut versorgen, verstärkt sich dieses Gefühl meist noch, wenn sie abstillen sollen und dem Kind damit die positiven Auswirkungen des Stillens »vorenthalten«. Aus diesem Grunde kommt es dann auch vor, dass eine Mutter sagt: »Das ist das einzig Gute, was ich für mein Kind noch tun kann, deshalb möchte ich weiter stillen und nicht wegen Medikamenten abstillen müssen«. Und sie bleibt weiter depressiv, weil sie vor die Alternative »Stillen oder Medikamente« gestellt wurde und sich für das Stillen entschieden hat.

Auch wenn für stillende Mütter der Kreis der einsetzbaren Präparate kleiner ist, gibt es doch für jedes Störungsbild Medikamente, die *mit vertretbarem Risiko eingesetzt werden können*. Nähere Informationen dazu finden sich unter www.embryotox.de. Dort finden sich zu praktisch allen für die Behandlung postpartaler Depressionen infrage kommenden Medikamente Informationen über den Einsatz in der Schwangerschaft und Stillzeit sowie Informationen über schriftliche und telefonische Beratungsmöglichkeiten. Informationen zum Thema Abstillen finden Sie in einem späteren Abschnitt dieses Kapitels.

Nutzen-Risiko-Abwägung in der Stillzeit

Nutzen-Risiko-Abwägung bedeutet, dass die Vorteile der Medikamentengabe gegen die Nachteile abgewogen werden. Und zwar auf der Basis, dass man mögliche Auswirkungen auf das neugeborene Kind nicht vollständig ausschließen kann, obwohl konkrete Anhaltspunkte für anhaltende Auswirkungen für fast keines der bei psychischen Störungen verwendeten Medikamente vorliegen. Am ehesten sind vorübergehend auftretende Nebenwirkungen beim Kind zu erwarten, und zwar die, die auch bei der Mutter auftreten können. Es bleibt zudem das theoretische Restrisiko, dass doch langfristige Auswirkungen möglich sind, zu denen zum jetzigen Zeitpunkt noch keine Forschungsergebnisse vorliegen oder die man vielleicht aktuell nicht der Medikamentengabe zuschreibt. Diese nicht auszuschließenden Auswirkungen auf das Kind müssen dann den *Risiken einer unbehandelten Erkrankung* der betroffenen Mutter gegenübergestellt werden – die auch ganz erhebliche Auswirkungen haben kann. Eine depressive, nervöse, unruhige Mutter, die nicht mehr schlafen kann und unter Angstattacken oder sonstigen Symptomen leidet, kann ihrem Kind nicht die Geborgenheit und Fürsorge wie in gesunden Zeiten geben. Außerdem ist eine länger bestehende Depression oder andere unbehandelte psychische Problematik ungünstig für die Entwicklung einer stabilen Mutter-Kind-Bindung und für die weitere Entwicklung des Kindes, wie mittlerweile aus verschiedenen Studien bekannt ist.

Unter www.embryotox.de finden sich Informationen zu allen Medikamenten, die zur Behandlung postpartaler Depressionen eingesetzt werden, und deren mögliche Auswirkungen auf das Kind in der Stillzeit. Ebenso gibt es Hinweise zu weiteren Beratungsmöglichkeiten.

Nur kurzzeitig stillen oder zufüttern?

Manche Frauen möchten nur für einige Wochen stillen, um dem Kind die besonders zu Beginn wichtigen positiven Auswirkungen des Stillens mitzugeben, und dann abstillen. Aus unserer Sicht spricht nichts gegen eine solche Lösung.

Auch andere Strategien, wie etwa ein *Zufüttern zum Stillen* von Beginn an, können bereits vorher überlegt werden und sinnvoll sein. Dieses teilweise Stillen bringt dem Kind immer noch die positiven Effekte, wie etwa die Verbesserung der Immunabwehr. Der Mutter dagegen ermöglicht es die bessere Umsetzung von Ruhezeiten, die Sicherstellung des

Schlafes oder mehr persönliche Freiheit. Auch die Unterstützung durch andere Versorgungspersonen ist dadurch besser möglich. Ob für dieses Zufüttern abgepumpte eigene Muttermilch verwendet wird oder fertige Nahrung, kann mit der betreuenden Hebamme besprochen werden.

Hat auch abgepumpte Muttermilch positive Effekte?

Ist aus psychischen Gründen der enge Körperkontakt mit dem Kind problematisch oder kann die Mutter die Notwendigkeit der ständigen Verfügbarkeit schlecht aushalten, ist das Abpumpen der Milch eine Möglichkeit. So kann dann die Mutter selbst oder eine andere Person die Milch per Fläschchen füttern. Das kann auch hilfreich sein, wenn es um die Sicherstellung des Nachtschlafes bei der Mutter geht.

Aber Vorsicht: Auch das Abpumpen kann für manche Frauen zur Qual werden, z. B., wenn es schmerzhaft ist. Wenn es also in Stress ausartet: lieber auf Fertignahrung umstellen.

Sollte man bestimmte Stillzeiten einhalten?

Die früher vertretene Auffassung, dass die Stillzeiten und die Einnahmezeiten der Medikamente aufeinander abgestimmt werden sollten, wurde mittlerweile aufgegeben. Denn Studien haben gezeigt, dass es von Mutter zu Mutter sehr unterschiedlich ist, wie schnell und in welcher Menge Medikamente in die Muttermilch übergehen. Und ebenso ist es von Säugling zu Säugling verschieden, wie schnell und in welchem Umfang die Substanzen über die Muttermilch und den Darm im Blut des Kindes ankommen. Die beste Strategie ist, wie bei allen Kindern, dass sie dann trinken dürfen, wenn sie danach verlangen.

Worauf muss man bei Medikamenteneinnahme beim Kind achten?

Der Kinderarzt sollte in die Entscheidung zum Stillen einbezogen werden, denn er kann beurteilen, ob gerade bei sehr jungen Säuglingen unter zwei

Monaten mit noch eingeschränktem Stoffwechsel und eventuellen anderen gleichzeitig bestehenden Problemen die Übertragung von Medikamenten mit der Muttermilch »zu viel des Guten ist«. Dies gilt besonders für frühgeborene Kinder (siehe nächsten Abschnitt).

Außerdem muss auf Nebenwirkungen beim Kind geachtet werden. Entwickelt das Kind Symptome, die anders nicht erklärt werden können, sollte auch an die Medikamente der Mutter gedacht werden, die mit der Milch zum Kind gelangt sein können. Falls es unbedingt erforderlich scheint, kann man im Blut des Kindes prüfen, ob dort das Medikament überhaupt nachweisbar ist und wie hoch dessen Konzentration ist. In der Praxis ist das aber selten erforderlich, weil bei genauer Betrachtung der Situation meist andere Gründe für die Symptome beim Kind verantwortlich sind.

Muttermilch auch für frühgeborene Kinder?

Wurde ein Kind deutlich zu früh geboren, ist der erste Impuls nicht selten, vom Stillen abzuraten, da man glaubt, das noch unreife Kind werde durch die Medikamente geschädigt. Doch gerade sehr früh geborene Kinder *profitieren von den Abwehrkräften*, die sie über die Muttermilch bekommen.

In der Regel sind die Kinder in der Situation nicht in der Lage, selbst zu saugen, oder sie dürfen auch für das Stillen nicht aus dem Brutkasten genommen werden. Dann bietet sich das Abpumpen der Milch und die Gabe über die Ernährungssonde oder später mit dem Fläschchen an. Sobald das Kind kräftig genug ist, kann dann noch versucht werden, das Stillen an der Brust in Gang zu bringen.

Pflanzliche Präparate in der Stillzeit?

Üblicherweise wird angenommen, dass pflanzliche Präparate ungefährlicher seien als chemisch hergestellte, was aber so generell nicht bestätigt werden kann. Als pflanzliches Antidepressivum ist das *Johanniskraut* zu nennen, das gut wirkt bei leichten bis mittelschweren Depressionen. Da es allerdings kaum gut dokumentierte Fälle von gestillten Babys unter Johanniskraut gibt, ist es keine »einfache« Alternative zu anderen Antidepressiva. Das allgemeine Prinzip der Nutzen-Risiko-Abwägung gilt auch hier.

Baldrian als leichtes Beruhigungsmittel kann als unbedenklich gelten, wobei nur nicht-alkoholische Zubereitungen in Frage kommen.

Von *Cannabis-Produkten* können wir nur grundsätzlich abraten, da deren Wirksamkeit bei Depressionen und verwandte Störungen nicht hinreichend wissenschaftlich nachgewiesen ist und unerwünschte Wirkungen und Langzeitfolgen nicht ausgeschlossen sind.

> **Pflanzliche Präparate in der Stillzeit – sorgfältig abwägen**
>
> Für pflanzliche Präparate gilt die gleiche Nutzen-Risiko-Abwägung wie für andere Medikamente. Besprechen Sie die geplante Einnahme auch von freiverkäuflichen pflanzlichen Mitteln, z. B. als Einschlafhilfe, ebenso wie die Einnahme von Nahrungsergänzungsmitteln unbedingt mit Ihrer Ärztin.

Wann und wie ist Abstillen sinnvoll?

Zur Dauer des Stillens gibt es sehr unterschiedliche Auffassungen. Einigkeit besteht darüber, dass in den ersten Wochen möglichst gestillt werden sollte, um beispielsweise der Entwicklung von Allergien entgegenzuwirken und die Immunabwehr zu unterstützen.

Darüber hinaus ist nicht nur die eigene Einstellung, sondern auch die der sozialen Umgebung von Bedeutung für die Planung, wie lange gestillt werden »sollte«. Dabei wird nicht selten vergessen, dass solche äußeren Vorgaben manchmal den tatsächlichen Gegebenheiten komplett entgegenstehen: Während für manche Frauen das Stillen von Anfang an bestens funktioniert und sie die Nähe zum Kind genießen können, ist es für andere Frauen von Beginn an schwierig, z. B., weil sich rasch eine Brustentzündung entwickelt oder weil das Baby nicht richtig saugt. Manchmal wird das Stillen im Laufe der Zeit immer belastender, oder nach vielen Monaten des Stillens fühlt sich die Mutter ausgelaugt und durch die ständige Inanspruchnahme sehr unter Druck, das Stillen ist »nur noch Stress«. Auch postpartale psychische Probleme wie Depressionen können das Stillen erheblich komplizieren; dann kommen in der Regel noch Schuldgefühle hinzu. Auch die durch das Vollstillen bedingten Schlafstörungen können der erste Schritt in die Depression oder sonstige psychische Störung sein.

In den Erfahrungsberichten betroffener Frauen werden Sie eine Reihe von Beispielen für die verschiedenen Probleme finden.

Aus diesen Gründen gehören wir, die Autorinnen dieses Buches, zu den Verfechterinnen einer *autonomen Entscheidung* der Frau: Sie selbst sollte nach guter Beratung hinsichtlich ihrer speziellen Situation selbst eine Entscheidung treffen dürfen, die für sie richtig ist: Vollstillen, Abstillen oder eine Lösung mit Teilstillen und Zufüttern. Auch nur wenige Wochen zu Beginn zu stillen, bringt bereits positive Effekte für das Baby.

Hat man sich für das Abstillen entschieden, sollte das *natürliche Abstillen* in Erwägung gezogen werden, da Medikamente, die das Einsetzen der Milchproduktion verhindern, die psychische Stabilität verschlechtern können. Ihre Hebamme bzw. auch eine Stillberaterin kann mit praktischen Tipps dabei weiterhelfen und kennt die Möglichkeiten des natürlichen Abstillens (z. B. mit Tees, Umschlägen etc.).

Allerdings ist bei dieser Entscheidung zu berücksichtigen, dass das Abstillen auf natürlichem Wege auch stressreich sein kann. Beispielsweise wenn die Milchproduktion nicht aufhört oder die Brustentzündung nicht zurückgeht.

Um solche Komplikationen zu vermeiden, kann die einmalige Gabe einer *Abstilltablette* (Cabergolin) das kleinere Übel sein.

Auf keinen Fall sollte Bromocriptin eingenommen werden, das immer noch gerne beim späteren Abstillen eingesetzt wird (obwohl dies ausdrücklich nicht mehr empfohlen wird), da sich darunter selbst bei psychisch bis dahin gesunden Frauen *psychotische Symptome* (z. B. Halluzinationen) entwickeln können. Auch solche Erfahrungen schildert eine der betroffenen Frauen.

> **Merke**
>
> Bromocriptin ist zum Abstillen nicht geeignet, wenn depressive oder andere psychische Symptome vorhanden sind.

Der Einsatz von Hormonen

Gerade im Zusammenhang mit postpartalen psychischen Störungen ist der Einfluss der enormen hormonellen Umstellungen nach der Entbindung nicht zu vernachlässigen.

Die wichtigsten Hormone, die im Zusammenhang mit postpartalen psychischen Störungen diskutiert werden, sind Progesteron und Östrogen. In der Schwangerschaft steigen deren Werte deutlich an, ebenso wie das körpereigene Stresshormon Cortisol. Alle diese Hormone sind wichtig, um die Schwangerschaft zu unterstützen. Direkt nach der Entbindung fallen die Spiegel innerhalb von wenigen Tagen in den Normalbereich ab, manchmal sogar noch niedriger. Vor allem wenn gestillt wird (dafür wird das Hormon Prolaktin gebildet), kann es vorübergehend zu einem Östrogen- und Progesteronspiegel unterhalb des Normalen kommen, der sich nach dem Abstillen wieder ausgleicht.

Progesteron

Bereits in den 1960er Jahren wurden mit der Gabe von Progesteron als Zäpfchen bei postpartalen Depressionen erste Studien durchgeführt; über gute Therapieerfolge und einen vorbeugenden Effekt wurde berichtet. Allerdings konnten später durchgeführte Therapiestudien diese Effekte nicht belegen, so dass sich diese Behandlung nicht durchgesetzt hat.

Dennoch gibt es immer wieder Frauen, die von Progesteron profitieren, z. B. bei sehr ausgeprägtem Babyblues oder wenn sie damit bereits bei einer früheren postpartalen Depression positive Erfahrungen gemacht haben und nun vorbeugen wollen.

Bisher gibt es keine systematischen Studien zur Gabe von Progesteron beim Babyblues oder bei postpartalen Depressionen, aber eine Reihe von positiven klinischen Erfahrungen, vor allem beim ausgeprägten Babyblues. Wichtig ist dabei die *Gabe als Tablette*, da über die Verstoffwechselung in der Leber das auf bestimmte Rezeptoren im Gehirn wirksame Abbauprodukt Allopregnanolon gebildet wird. Das entspricht dem synthetisch hergestellten Brexanolon (in den USA zugelassen gegen postpartale Depressionen).

Im Einzelfall spricht deshalb nichts dagegen, wenn ein solcher Versuch unternommen wird. Ansprechpartner dafür ist die Gynäkologin. In Deutschland gibt es kein Progesteron-Präparat, das speziell für Babyblues oder postpartale Depressionen zugelassen ist, aber eine sogenannte »off-Label-Behandlung« ist nach sorgfältiger Abwägung möglich.

Brexanolon

Unter dem Substanznamen Brexanolon wurde 2020 in den USA ein Medikament zur Behandlung zugelassen, das dem natürlichen Hormon Allopregnanolon (einem Abbauprodukt von Progesteron) entspricht, aber synthetisch hergestellt ist. Es wirkt über bestimmte Rezeptoren im Gehirn positiv auf die Stimmung. Der Vorteil ist die rasche Wirksamkeit, wenn über zweieinhalb Tage eine Infusion mit der Substanz gegeben wurde. Nachteile sind die dafür notwendige stationäre Aufnahme in einer Klinik und die fehlende Möglichkeit der Weiterbehandlung, um einen Rückfall zu vermeiden.

Ob und wann Brexanolon in Deutschland bzw. Europa zugelassen sein wird, ist nicht abzusehen.

Östrogen

Die Gabe von Östrogenen bei postpartalen psychischen Störungen ist bisher nicht systematisch untersucht, obwohl sich in anderen Zusammenhängen die stimmungsstabilisierende und antidepressive Wirkung von Östrogenen gezeigt hat (wie etwa in den Wechseljahren). Einzelne kleinere Untersuchungen zeigen jedoch eine positive Wirkung bei postpartaler Depressivität.

Gibt es im Einzelfall Hinweise auf einen besonders ausgeprägten Östrogenmangel in der Zeit nach der Entbindung, was am besten die Frauenärztin beurteilen kann, dann ist eine Östrogen-/Gestagen-Behandlung sinnvoll, sofern bereits abgestillt wurde. Während des Stillens dürfen keine Östrogene verabreicht werden, da diese in die Muttermilch übergehen.

Schilddrüsenhormone

Schilddrüsenfunktionsstörungen sind im Zusammenhang mit Schwangerschaft und Entbindung recht häufig. Da Unterfunktionen auch zu Depressionen führen können, gehört deshalb die Kontrolle der Schilddrüsenfunktion und ggf. die Verordnung eines Schilddrüsenhormons vor die Gabe eines Antidepressivums.

Melatonin

Das Hormon Melatonin wird üblicherweise nachts in geringen Mengen von einer kleinen Drüse im Gehirn produziert und reguliert den Schlaf-Wach-Rhythmus. Mittlerweile wird Melatonin in vielfältigen Anwendungsformen bei Schlafstörungen eingesetzt, sowohl als freiverkäufliche Zubereitung als auch verordnungsfähiges Medikament.

Umfassende Erkenntnisse zur Behandlung von Schlafstörungen mit Melatonin *in der Stillzeit* gibt es bisher nicht, ebenso wenig wie für die Schwangerschaft. Da allerdings Melatonin ein wichtiges Hormon für die Entwicklung des kindlichen Gehirns ist, das auch in der Schwangerschaft verstärkt von der Mutter gebildet und an das Kind weitergegeben wird, gibt es aktuell keine Hinweise auf schädliche Auswirkungen beim Stillen. Theoretische Erwägungen, dass die Einnahme von Melatonin den Schlaf-Wach-Rhythmus des gestillten Kindes stören könnte, wurden bisher nicht bestätigt, aber auch nicht eingehend untersucht.

Wegen der fehlenden verlässlichen Daten zur Sicherheit wird von den Herstellern entsprechender Präparate empfohlen, auf die Einnahme in der Stillzeit zu verzichten. Wie immer aber wird es eine individuelle Nutzen-Risiko-Abwägung sein, die Sie ggf. mit Ihrem Arzt vornehmen sollten.

Weitere Therapiemöglichkeiten

Die folgenden Therapieformen können Psychopharmaka und Psychotherapie *ergänzen* und manchmal auch ersetzen. Sie sind alle zu den biologischen Methoden zu rechnen und wissenschaftlich untersucht.

Lichttherapie

Zur genaueren Erforschung der Lichttherapie (= Fototherapie) führte in den 1980er Jahren die Feststellung, dass in nördlichen Ländern in den lichtarmen Monaten bestimmte Formen von Depressionen häufiger sind: Es wurde der Begriff saisonal-abhängige affektive Störung geprägt, umgangssprachlich auch als *Winterdepression* bezeichnet. Die Folge war der Versuch, das natürliche Licht durch besondere Lichtlampen zu ersetzen, was bei bestimmten Depressionsformen tatsächlich zum Therapieerfolg führte.

Frauen, die postpartal depressiv werden, erkennen im Rückblick nicht selten, dass sie in der »dunklen Jahreszeit« immer schon etwas anfälliger für depressive Verstimmungen waren. Vielleicht waren das schon erste Anzeichen für eine »Vulnerabilität« (= Empfindlichkeit) für Depressionen. Falls es solche Hinweise gibt, bietet sich bei der postpartalen Depression der Einsatz einer Lichttherapielampe auf jeden Fall an (und dann später auch zur Vorbeugung einer depressiven Verstimmung bei einer Lebenssituation mit wenig Tageslicht).

Möglicherweise können mit Lichttherapie in der Stillzeit Antidepressiva eingespart werden. Mit diesem Ziel gibt es dazu Versuche bei Depressionen nach der Entbindung. Einige kleinere Studien zeigten gute Ergebnisse.

Mittlerweile sind entsprechende *Tageslichtlampen* für den täglichen Einsatz zuhause im Handel verfügbar. Ob sich die Krankenversicherung an den Kosten beteiligt, muss jeweils abgeklärt werden, allerdings sind diese Lampen heute durchaus erschwinglich.

Transkranielle Magnetstimulation

Bei der Methode der Transkraniellen Magnetstimulation (= TMS) handelt es sich um ein Verfahren, das seit Anfang der 1990er Jahre bei depressiven Störungen systematisch erforscht wird. Bei der rTMS werden wiederholt bestimmte Teile des Großhirns von außen über die Schädeldecke durch ein Magnetfeld stimuliert, was völlig schmerzfrei ist. Das r bei rTMS steht dabei für repetitiv (= wiederholt).

Mittlerweile gibt es gute Belege für die Wirksamkeit der rTMS bei bestimmten Depressionen. Vor allem kommt es bei sogenannten schwierig zu behandelnden Depressionen (auch als therapieresistent bezeichnet) im stationären Rahmen zum Einsatz. Also bei Depressionen, die auf andere therapeutische Verfahren nicht ausreichend ansprechen – wenn beispielsweise trotz des Einsatzes verschiedener Medikamente in ausreichender Dosierung keine Besserung eintritt. Da dies bei postpartalen Depressionen in der Regel nicht der Fall ist, kommt dieses Verfahren dabei eher nicht zum Einsatz. Wenn überhaupt nur im Rahmen einer stationären Behandlung.

Elektrokrampftherapie

Die Elektrokrampftherapie (EKT) wird in Deutschland in erster Linie als Reserveverfahren eingesetzt, wenn Antidepressiva oder Antipsychotika nicht ausreichend wirken, also bei den schwierig zu behandelnden bzw. therapieresistenten Depressionen oder Psychosen. Üblicherweise wird die EKT während einer stationären Behandlung eingesetzt. Insofern ist sie im Zusammenhang mit postpartalen Depressionen kaum bzw. nicht von Bedeutung.

»Alternative Heilmethoden«

Insgesamt ist nichts gegen alternative Behandlungsformen wie etwa Akupunktur, Homöopathie oder ähnliches einzuwenden. Allerdings sind solche Methoden allenfalls bei leichten Formen von Depressionen oder Angststörungen eine Alternative zur psychiatrischen bzw. psychotherapeutischen Behandlung. Am ehesten bei Problemen, die noch im »normalen« Bereich liegen – z.B. Folgen von Stress und besonderen Belastungen.

Aufmerksam sollte man immer werden, wenn die Krankenkasse eine solche Behandlung nicht zahlt. Von den Kassen werden in der Regel nur Kosten für Behandlungen übernommen, deren Wirksamkeit in wissenschaftlichen Untersuchungen nachgewiesen wurde. Das trifft beispielsweise für zugelassene Medikamente zu und für die oben beschriebenen Psychotherapieverfahren.

Damit ist nicht pauschal gesagt, dass alternative Heilmethoden nicht helfen – das kann im Einzelfall so sein. Aber auf jeden Fall fehlt der Wirksamkeitsnachweis bei größeren Gruppen von Patienten, und deshalb sollten sie auch unter Kostenaspekten nicht die erste Wahl sein.

Große Zurückhaltung sollte man walten lassen bei Methoden, die auch im weiteren Sinne nicht mehr im medizinischen oder psychotherapeutischen Bereich angesiedelt sind. Zu nennen sind hier beispielsweise die elektromagnetische Feldtherapie, die Suche nach ungünstigen Wasseradern, die Befragung der Sterne, Einsatz von magischen Steinen oder ähnliche, teils obskure, aber teure Methoden.

6 Unterstützung – angepasst an den Bedarf

> **Darum geht es**
>
> In diesem Kapitel möchten wir aufzeigen, welche Hilfsangebote zu den unterschiedlichen Problemstellungen nach der Entbindung in Deutschland existieren. Dabei erheben wir keinen Anspruch auf Vollständigkeit; regional können die Angebote sehr variieren.

Wiederholt finden Sie in diesem Buch unseren Hinweis, wie wichtig gerade bei postpartalen depressiven und sonstigen Symptomen die Unterstützung durch Familie, Freunde oder professionelle Helfer ist und dass sie eine wichtige Ergänzung zu den verschiedenen Behandlungsmaßnahmen darstellt. Es ist übrigens auch sehr sinnvoll, diese schon bei der Vorbereitung auf die Geburt zu organisieren – vor allem, wenn sich bereits in der Schwangerschaft Anzeichen für Überforderung, depressive Symptome oder Ängste zeigen. Insbesondere professionelle Unterstützung, mit der dieses Kapitel beginnt, sollte im besten Fall vororganisiert werden, da diese Angebote naturgemäß nicht immer kurzfristig und spontan in Anspruch genommen werden können.

Informieren Sie sich umfassend, welche Institution welche Unterstützungsmaßnahmen anbietet und finanziert und was Ihnen zusteht. Dabei helfen u. a. die Schwangerenberatungsstellen. Viele Städte stellen diese Informationen rund um das Thema Familie auf ihren Websites zur Verfügung. In ▶ Kap. 11 nennen wir einige Anlaufstellen und Informationsquellen.

Frühzeitig Hilfe annehmen zu können und vielleicht auch aktiv danach zu fragen, ist eine gute Voraussetzung dafür, dass Sie Ihre postpartale

Depressivität rasch bewältigen und dazu beitragen, dass sie sich nicht zu einer behandlungsbedürftigen Depression entwickelt. Unterstützung kann bei der Problembewältigung helfen und nicht zuletzt zum Aufbau einer guten Mutter-Kind-Beziehung beitragen.

Professionelle Hilfe – Hebammen, Stillberatung, Ärzte

Hebammen in der Nachsorge, Kinderärztinnen bei den sogenannten U-Untersuchungen und der behandelnde Gynäkologe bei der Nachuntersuchung können Ansprechpartner für krisenhaftes Erleben nach der Geburt sein.

Hebammen

Hebammen begleiten Frauen bereits während der Schwangerschaft, bieten Vorsorgeuntersuchungen, Geburtsvorbereitungskurse, Babypflegekurse und Geburtsbegleitung an. Oftmals ist dadurch bereits ein Kontakt hergestellt.

Nach der Entbindung besuchen Hebammen im Rahmen der *Nachsorge* die Mütter im Wochenbett zuhause, unterstützen beim Stillen und schauen nach der Gesundheit von Mutter und Baby. Diese Hilfe kann bei Bedarf bis zum 9. Lebensmonat bzw. bis zum Ende der Stillzeit erfolgen. Die Hebamme weiß Rat bei Fragen zur Nabelversorgung, wunden Pos, schmerzenden Brustwarzen, warum das Baby schreit oder nicht schläft. Sie kann auch besonders unterstützen, wenn sie Anzeichen eines Babyblues wahrnimmt, und reagieren, wenn sie eine deutliche psychische Belastung erkennt, die weitere Beobachtung oder auch Behandlung erfordert.

Es ist aber wichtig, sich der Hebamme mitzuteilen und offen über Sorgen und Probleme zu sprechen, damit diese, wenn erforderlich, weitere Hilfe mobilisieren kann.

Stillberatung

Die Stillberatung wird in der Regel von Hebammen, aber auch Kinderkrankenschwestern bzw. Krankenschwestern und Geburtshelfern mit entsprechender Zusatzausbildung angeboten.

Vor allem die konkrete Beratung und Anleitung zum Anlegen und Füttern direkt nach der Geburt und begleitend im Wochenbett kann über anfängliche Stillschwierigkeiten hinweghelfen. Auch die Unterstützung beim gewünschten bzw. erforderlichen *Abstillen* gehört zu den Aufgaben einer Stillberaterin.

Hinweise zum Thema Stillen unter Medikation finden Sie in ▶ Kap. 5.

Kinderärztinnen

Kinderärztinnen übernehmen bereits in den Geburtskliniken die ersten Untersuchungen der Neugeborenen. Bis zum 6. Lebensjahr gibt es vorgeschriebene Früherkennungsuntersuchungen (U1–U9) in vorgegebenen Zeitabständen. Während die U1 (direkt nach der Geburt) und häufig auch die U2 (3.–10. Lebenstag) noch in der Geburtsklinik erfolgen, werden die weiteren Untersuchungen in der Kinderarztpraxis durchgeführt.

Kinderärztinnen werden zunehmend darin geschult, postpartale psychische Probleme bei den Eltern zu erkennen, da sich diese auf die Gesundheit der Kinder auswirken können. In jedem Fall können Sie auch über Ihre eigenen Schwierigkeiten sprechen, nicht nur das Baby ist von Interesse. Und die Kinderärztin weiß sicher, wohin Sie sich wenden können bzw. wo Sie weitere Unterstützung bekommen können.

Gynäkologen

Der niedergelassene Gynäkologe wird in der Regel sechs Wochen nach der Geburt zur Nachkontrolle aufgesucht. In immer mehr Praxen wird bei diesem Termin die EPDS, ein Screening-Fragebogen für eine postpartale Depression, eingesetzt (zur Anwendung ▶ Kap. 1). Aber auch wenn dieser Fragebogen nicht zum Einsatz kommt – berichten Sie über Ihr Befinden. Manche Patientinnen sagen uns, dass bei den Kontrolluntersuchungen »immer nur das Kind« im Mittelpunkt stehe. Deshalb, wenn Sie nicht gefragt werden – haben Sie selbst den Mut zu sagen, dass es Ihnen nicht gut geht (»Dem Baby geht es gut, aber mir nicht …«). Auch wenn es negative Geburtserlebnisse gibt, sollten Sie unbedingt darüber berichten.

Selbsthilfe, Beratungsstellen, Frühe Hilfen und Co.

Neben Informationen zu Beratungsstellen finden Sie im Folgenden Informationen über die verschiedensten Hilfsangebote bei speziellen Problemen nach der Entbindung, die oft mit postpartalen Depressionen einhergehen bzw. diesen zugrunde liegen.

Selbsthilfeorganisation Schatten & Licht e.V.

Die Selbsthilfeorganisation Schatten & Licht e.V. bietet auf ihrer Homepage umfangreiche Informationen zu postpartalen Depressionen und anderen psychischen Störungen rund um die Geburt (www.schatten-und-licht.de). Es gibt Listen zu den bundesweit organisierten Selbsthilfegruppen, Beraterinnen, Fachleuten, Behandlungseinrichtungen und darüber hinaus Informationen zu den Störungsbildern und entsprechende Selbsttests (einschließlich der EPDS). Für viele Betroffene bietet diese Seite bereits einen guten »Fahrplan« durch die Hilfsangebote.

Das eigentliche Anliegen der Selbsthilfe ist der *Austausch mit ebenfalls betroffenen Frauen*. Dieser kann helfen, sich mit dem Problem nicht allein zu fühlen und von den Erfahrungen der anderen zu profitieren. Gerade bei Müttern entsteht schnell der Eindruck, dass »alle anderen es viel besser hinbekommen« oder dass andere »die besseren Mütter sind«. Aus diesem Tunnelblick kommt man am besten heraus, wenn man mit Frauen spricht, die etwas Ähnliches rund um Schwangerschaft, Geburt und Wochenbett erlebt haben oder sogar gerade erleben. Der Austausch mit Frauen, die ebenfalls depressiv sind und mit ihren speziellen Sorgen und Nöten und dem Gefühl der Überforderung kämpfen, kann vom Gefühl wegführen, »die einzige Mutter zu sein, die es nicht hinkriegt«.

Beratungsstellen

Schwangeren- und Familienberatungsstellen

Schwangeren- und Familienberatungsstellen sind durch unterschiedliche Träger finanziert und bieten relativ niederschwellig Unterstützung rund um die Geburt und bis zum 3. Lebensjahr des Kindes an. Weit verbreitet sind beispielsweise Beratungsstellen von kirchlichen Trägern (wie Caritas, Diakonie, Donum vitae, Sozialdienst katholischer Frauen), freien Trägern (pro familia) oder auch kommunalen Trägern (Beratungsstellen der Städte und Gemeinden).

Spezielle Informationen beziehen sich auf die Beratung und Begleitung bei Krisen in der Schwangerschaft und nach der Geburt, bei psychischer Belastung im Beruf, belastender Geburtserfahrung oder Tot- und Fehlgeburten. Angebote zu *Regulationsschwierigkeiten* des Babys (z. B. Schreibabys) und bei Kleinkindern inkl. Früherziehungsberatung unterstützen die Mütter bzw. Eltern nach der Entbindung.

Die Beratungsstellen sind meist *sehr gut vernetzt* und können weitervermitteln zu allen wichtigen Anlaufstellen bei finanziellen, rechtlichen und psychiatrisch-psychotherapeutischen Fragestellungen und auch an die Jugendhilfe. Meist gibt es Ärztinnen im Team, die medizinisch beraten können. Zudem sind Beratungsfachkräfte in psychosozialen und auch psychotherapeutischen Fragen geschult.

Die multiprofessionellen Teams bieten die Gespräche oftmals in *verschiedenen Sprachen* an oder halten Informationsblätter in vielen Übersetzungen vor. Diese Gespräche sind in der Regel *kostenfrei*, oder der Kostenbeitrag wird an das Einkommen der Betroffenen angeglichen.

Erziehungsberatungsstellen

Erziehungsberatungsstellen, die u. a. auch ein Teil des Jugendhilfesystems sind, unterstützen z. B. bei familiären Krisen, zu denen postpartale Depressionen durchaus führen können. Sie haben zudem eine Lotsenfunktion, um passende Hilfen zu vermitteln, und unterstützen mit ihren Angeboten eine positive Eltern-Kind-Interaktion.

Weitere Beratungsangebote

Darüber hinaus gibt es eine Vielzahl von Beratungsangeboten, so etwa in Mütterberatungsstellen, Eltern-Kind-Zentren, Elternschulen und Familienbildungsstätten. Alle diese Beratungsstellen haben zum Ziel, Familien und Alleinerziehende von Anfang an zu begleiten und mit verschiedenen Hilfsangeboten zu unterstützen und zu stärken. Am besten informieren Sie sich gezielt über Angebote in Ihrer Umgebung.

Frühe Hilfen

Ab der Schwangerschaft und bis zum 3. Lebensjahr unterstützen die »Frühen Hilfen« Eltern und Familien in belasteten Lebenslagen. Die vielfältigen Angebote des bundesweiten Netzwerks kommen aus unterschiedlichen Bereichen, wie der Kinder- und Jugendhilfe, dem Gesundheitswesen, der Frühförderung und der Schwangerschaftsberatung. Die verschiedenen Fachkräfte sind in lokalen Netzwerken organisiert und arbeiten eng zusammen.

Alle Informationen über die Dachorganisation finden sich unter www.fruehehilfen.de. Um herauszufinden, was konkret *vor Ort* angeboten wird, empfiehlt sich die Suche nach dem Stichwort »Frühe Hilfen« unter Angabe des Wohnortes bzw. der nächstgrößeren Stadt.

Die Angebote werden an die individuellen Belastungen und Bedürfnisse der Eltern und Familien angepasst. Dazu können alltagspraktische Unterstützung und aufsuchende Begleitung durch eine Frühe-Hilfen-Fachkraft bis hin zu intensiveren Programmen über längere Zeiträume hinweg gehören. Beispiele für Frühe Hilfen sind:

- »Babylotsen« an Geburtskliniken für Wöchnerinnen,
- Begleitung und Anleitung durch Gesundheitsfachkräfte, wie etwa Familienhebammen und Kinderkrankenpflegende,
- Unterstützung von Familien durch ehrenamtliche Patinnen und Paten des Deutschen Kinderschutzbundes,
- Einsatz spezieller Programme zur Förderung der Eltern-Kind-Bindung und Eltern-Kind-Interaktion.

Schreibaby-Ambulanz

Sogenannte Schreibaby-Ambulanzen gibt es in unterschiedlicher Trägerschaft an vielen Standorten. Häufig sind es Teams, in denen verschiedene Berufsgruppen zusammenarbeiten. Sie unterstützen die belasteten Eltern, deren Babys (0 bis 3 Jahre) viel schreien, wenig schlafen und sich schlecht beruhigen lassen. Das ist ein häufiges Problem im Vorfeld einer postpartalen Depression, denn nicht selten wird durch das Gefühl, das eigene Baby nicht beruhigen zu können, die Überzeugung gefördert, keine gute Mutter zu sein. Das kann zu immer mehr Spannung und Stress führen. In der Beratung wird von Beraterin und Mutter bzw. Eltern gemeinsam versucht, die Signale des Babys zu verstehen und herauszufinden, wie die psychischen und körperlichen Spannungszustände abgebaut werden können.

Eine praktische Erfahrung möchten wir an dieser Stelle nicht unerwähnt lassen: Immer wieder machen wir die Erfahrung, dass mit der erfolgreichen Behandlung einer postpartalen Depression auch das Baby ruhiger und ausgeglichener wird, sobald es der Mutter besser geht. Also ein weiteres Argument, um eine frühzeitige Behandlung zu beginnen.

Haushaltshilfe

Eine von der gesetzlichen Krankenkasse bezahlte Haushaltshilfe kann in der Zeit nach der Geburt eine sehr gute Unterstützung sein; leider übernehmen private Krankenversicherungen die Kosten in der Regel nicht. Warten Sie nicht zu lange damit, einen entsprechenden Antrag zu stellen, da sich ein solches Verfahren durchaus hinziehen kann. Vor allem, wenn sich bereits in der Schwangerschaft erste depressive Symptome gezeigt haben, sollte frühzeitig darüber nachgedacht werden, da dann auch bei einer bis dahin psychisch gesunden Frau eine postpartale Depression droht. Gibt es bereits im Vorfeld depressive oder sonstige Krankheitsepisoden, dient die Unterstützung durch eine Haushaltshilfe auch der Vorbeugung.

Ist die Unterstützung wegen *körperlicher Komplikationen* in der Schwangerschaft oder Folgen der Geburt nötig, dann kann die Frauenärztin Ihnen bei der Antragstellung helfen. Ist der Grund die *postpartale Depressivität*, dann bescheinigt der Psychiater die Notwendigkeit. Auch für einen *Verlängerungsantrag* wird von der Krankenkasse jeweils eine ärztliche Bescheinigung gefordert.

Die Haushaltshilfe kann üblicherweise nur für die Zeit beantragt werden, in der der Partner nicht verfügbar ist. Ist er in Elternzeit, dann geht die Krankenkasse davon aus, dass er die Unterstützung übernimmt. Es gibt jedoch eine Vielzahl von *Sondersituationen* (dazu gehört etwa, wenn der Vater des Kindes selbst körperlich oder psychisch erkrankt ist und nur begrenzt belastbar ist), in denen sich die Beantragung lohnt.

Eine Haushaltshilfe wird beispielsweise über Schwangerenberatungsstellen *vermittelt*. Regional gibt es darüber hinaus unterschiedliche Institutionen (wie etwa »Frühe Hilfen«), wo man mit der Suche ansetzen kann. Manchmal muss man sich selbst nach einer Privatperson umsehen, daher sollte man dies möglichst schon in der Schwangerschaft vororganisieren, wenn absehbar ist, dass eine Haushaltshilfe nötig sein wird.

Einen Wermutstropfen gibt es: Nicht immer reichen die zur Verfügung gestellten Mittel aus, um die über eine Beratungsstelle vermittelte Haushaltshilfe vollständig zu bezahlen, so dass in der Regel ein *Eigenanteil* bleibt. Gerade wenn das ein Problem sein sollte, darf auch ein Familienmitglied gegen Bezahlung diese Funktion der Haushaltshilfe übernehmen; meist reichen dann die verfügbaren Mittel.

Und noch ein Hinweis: Lassen Sie sich nicht so schnell entmutigen, wenn der Antrag zunächst abgelehnt wird. Vielleicht reicht einfach die Begründung auf der ärztlichen Bescheinigung nicht aus und muss erweitert werden. Besprechen Sie mit Ihrer Ärztin, was für einen *Widerspruch* nötig ist. Letzten Endes haben auch die Krankenversicherungen ein Interesse daran, dass eine Mutter mit einem Neugeborenen nicht übermäßig belastet wird und dadurch vielleicht längerfristig behandlungsbedürftig ist.

Elterntelefon

Für akute Fragen, bei plötzlicher Verzweiflung oder aufkommenden Konflikten können Eltern kostenfrei und anonym Antworten und Rat am Telefon bekommen. Vor allem, wenn keine Zeit übrig ist oder organisatorische Schwierigkeiten verhindern, dass Hilfe über eine Beratungsstelle organisiert wird, kann ein Telefonat eine erste deutliche Entlastung bringen und zu einem Fahrplan führen, wie es weiter gehen kann. Entsprechende Telefonnummern, auch bezogen auf Ihre Region, finden Sie unter dem Stichwort »Elterntelefon« im Internet. Besonders empfehlenswert sind die Angebote, bei denen Sie erkennen können, dass dahinter eine offizielle Beratungsstelle steht.

Jugendamt

Auch das Jugendamt hat eine wichtige Unterstützungsfunktion, wird aber am ehesten bei schwerwiegenden Belastungen und schweren psychischen Erkrankungen ein Ansprechpartner sein. Über das Jugendamt kann beispielsweise eine sozialpädagogische Familienhilfe (SPFH) bereitgestellt werden, die bis zu mehrmals in der Woche die Familie zu Hause unterstützt. Das Jugendamt kann zudem bei der *Vermittlung von Tagesmüttern und Krippenplätzen* helfen sowie Erziehungsbeistand leisten.

Manchmal machen sich depressive Mütter Sorgen, dass sie auf Dauer der Versorgung des Kindes nicht gewachsen sind und dass ein Kontakt mit dem Jugendamt dazu führen könnte, dass man ihnen das Kind wegnimmt. Diese Sorgen sind unbegründet und verschwinden rasch mit der Behandlung der Depression, wobei das Jugendamt unterstützt, und der wiedererlangten Erfahrung, dass man selbst bzw. mit Unterstützung des Partners die neue Situation gut bewältigen kann.

Unterstützung in Familie und sozialem Umfeld

Gerne weisen wir in diesem Kapitel noch einmal auf die Bedeutung der Unterstützung durch Partner, Familie und Freunde sowie ehrenamtliche Helfer hin.

Elternzeit, Partnermonate und mehr

Im optimalen Fall planen Eltern frühzeitig ihre Elternzeit und organisieren Betreuung und Unterstützung nach der Geburt. Das ist sinnvoll, denn in der Situation mit dem Neugeborenen, das für Schlafmangel und viele neue Herausforderungen sorgt, wird das vielleicht viel schwieriger umzusetzen sein.

Die Elternzeiten können hintereinander oder auch miteinander genommen werden. In vielen Fällen ist es für die Mutter sehr hilfreich, wenn der Partner *direkt nach der Geburt* einen längeren Urlaub oder Elternzeit nimmt. Ansonsten ist es hilfreich, wenn andere Personen zur Unterstützung zur Verfügung stehen.

Beratung zu Elternzeit und Elterngeld bieten die Schwangerenberatungsstellen an.

Unterstützung aus Familie und Freundeskreis

Die meisten Eltern machen sich im Vorfeld der Geburt ihres Kindes, vor allem beim ersten, Gedanken darüber, wer eventuell als Unterstützung oder Ratgeberin im familiären und sozialen Umfeld zur Verfügung stehen könnte. In der Regel werden das Familienangehörige oder gute Freundinnen sein, die selbst schon Erfahrung mit einem Kind haben. Eventuell sind es auch mehrere Personen, die sich abwechseln.

Etwas umfangreicher vorplanen sollte man, wenn in der Vorgeschichte bereits depressive oder sonstige Krankheitssymptome bzw. -episoden vorhanden waren oder wenn frühere Belastungssituationen (wie etwa das Examen am Ende des Studiums) zu einer Krisensituation bzw. einem depressiven Einbruch geführt haben.

Auch wenn es Ihnen schwerfällt, fragen Sie ganz offen nach Möglichkeiten der Hilfe bei Menschen, mit denen Sie sich gut verstehen – bei den Eltern, Großeltern, Geschwistern, guten Freunden.

Hilfreich ist die Unterstützung eines Familienmitgliedes allerdings nur, wenn die Beziehung vertrauensvoll und gut ist. Wenn beispielsweise abzusehen ist, dass die Unterstützung von Mutter oder Schwiegermutter eher zu Konflikten oder Belastungen führen wird, suchen Sie nach anderen Möglichkeiten. Immer wieder berichten uns Patientinnen, dass sie es als zusätzliche Belastung empfinden würden, wenn »die oder die Person« kommt, weil sie dann das Gefühl hätten, diese noch mit versorgen zu müssen – manches Mal stehen da auch die eigenen Ansprüche im Wege. In solchen Fällen hilft das frühe Ansprechen von Problemen und Grenzen. Auch die genaue Absprache, welche Aufgaben die Unterstützungsperson übernehmen soll, ist sinnvoll und stellt Klarheit her. Je konkreter der Hilfebedarf formuliert wird, desto eher gelingt es, Erwartungen und Angebote miteinander abzugleichen.

Nachbarschaft

»Es braucht ein ganzes Dorf, um ein Kind groß zu ziehen«. Dieses bekannte afrikanische Sprichwort sollte von Anfang an berücksichtigt werden. Auch wenn manchen Paaren zunächst der Rückzug in ihre neue kleine Familie zur Eingewöhnung guttut, sollte Hilfe durch das Umfeld zugelassen werden. War und ist nachbarschaftliche Hilfe in Dorfgemeinschaften selbstverständlich, muss man sich in größeren Städten um diese vielleicht mehr bemühen. Aus der Ursachenforschung wissen wir, dass vor allem Depressionen – nicht nur postpartale – auch dann auftreten, wenn man sich sozial isoliert fühlt, im vielleicht neuen Umfeld überhaupt niemanden kennt und sich nicht austauschen kann. Bei unseren Fallbeispielen werden Sie solche Konstellationen finden. Sind Sie in genau einer solchen Situation, bemühen Sie sich möglichst schon in der Schwangerschaft um Kontakte in der Nachbarschaft und darum, neue Freundinnen zu finden.

Der Vorteil an Nachbarn ist, dass sie bereits vor Ort sind und nicht extra anreisen und vielleicht auch noch untergebracht werden müssen. Vielleicht gibt es die Nachbarin, die mit ebenfalls kleinen Kindern viel zuhause ist und mit Rat und Tat zur Verfügung steht; vielleicht hören Sie von der 17jährigen Babysitterin, die in der Straße bereits als zuverlässige Hilfe bekannt ist.

Über die App »Nebenan.de« für das Smartphone haben sich inzwischen viele Chat-Gruppen formiert, die sich über nachbarschaftliche Hilfsangebote und Kontaktmöglichkeiten austauschen.

Ehrenamtliche Hilfe

Ähnlich wie die Nachbarn können ehrenamtlich organisierte Helfer enorm unterstützend sein und in konkreten Situationen für Sie da sein.

Gerade wenn Eltern, andere Familienangehörige oder Freunde fehlen, können ehrenamtliche Helferinnen nach der Geburt Hilfe anbieten und beispielsweise die »Rolle der Oma« übernehmen. Sie stehen meist stundenweise zur Verfügung. Die Hilfe kann darin bestehen, den Säugling für einige Zeit zu übernehmen, während die Mutter sich ausruht oder beispielsweise Arzttermine wahrnimmt. Auch das Spielen mit Geschwisterkindern oder eine Unterstützung bei Mehrlingen kann dazu gehören und individuell abgestimmt werden.

Schwangerenberatungsstellen wissen, welche ehrenamtlichen Unterstützungsmöglichkeiten in Ihrer Region verfügbar sind.

Abgestufte Möglichkeiten der Behandlung

Vorausschicken möchten wir, dass nach unserer Erfahrung fast alle Frauen mit postpartalen Depressionen oder verwandten Störungen im ambulanten Rahmen behandelt werden können. Falls es trotz aller Vorbereitung und Hilfestellungen zu einer Verschlechterung der Depression bzw. begleitenden psychischen Symptome kommen sollte, gibt es verschiedene Settings der Behandlung, über die wir Sie hier informieren möchten. Je früher übrigens die Behandlung beginnt, umso rascher in der Regel auch die Genesung.

Ambulante Behandlung, Spezialsprechstunden

In den letzten Jahren sind zunehmend Spezialsprechstunden für psychische Erkrankungen in der Zeit um die Geburt in psychiatrischen Institutsambulanzen entstanden. Auch einige niedergelassene Psychiaterinnen und Psychotherapeuten beschäftigen sich schwerpunktmäßig mit dem Thema. Listen finden sich auf den Homepages der Marcé-Gesellschaft und der Selbsthilfeorganisation Schatten & Licht e. V. Oftmals findet man in diesen Spezialsprechstunden auch Unterstützung, wenn es Probleme in der Entwicklung der Mutter-Kind-Bindung gibt.

Nicht immer ist eine Spezialambulanz erforderlich. Falls es eine Vorbehandlung gab – z. B. bei einem Psychiater oder einer Psychotherapeutin – wäre es optimal, dort nach einem erneuten Termin zu fragen.

Für den Beginn ist übrigens auch Ihre Hausärztin eine gute Ansprechpartnerin, denn sie kennt sich mit der Behandlung von Depressionen ebenfalls aus.

Tagesklinische Behandlung mit und ohne Kind

Wenn eine ambulante Behandlung, die maximal einen Termin pro Woche bietet und somit eher größere Abstände beinhaltet, nicht mehr ausreichend ist, kann eine tagesklinische Behandlung eine gute Möglichkeit sein. Hier finden die Therapieprogramme Montag bis Freitag von morgens bis nachmittags statt. Abends und nachts ist die Mutter zuhause.

Die Angebote bestehen meist aus psychiatrisch und psychotherapeutisch geleiteten Einzel- und Gruppenbehandlungen. Hinzu kommen verschiedene andere Angebote wie Ergotherapie, Sporttherapie, Kunst- und Musiktherapie sowie auch Beratung durch Sozialarbeiter hinsichtlich sozialer Probleme.

In einigen Städten gibt es die Möglichkeit einer *Eltern-Kind-Behandlung* in einer Tagesklinik. Dabei wird das Kind entweder als Begleitkind mit aufgenommen oder auch mitbehandelt, wenn es unter Regulationsstörungen leidet, beispielsweise ein Schreibaby ist.

Bei einigen Eltern-Kind-Tageskliniken gibt es die Möglichkeit, auch etwas ältere Kinder mit aufzunehmen; allerdings überwiegen die Angebote für Mütter mit einem Säugling.

Selbst die tagesklinische Behandlung, die bis in den Nachmittag hineinreicht, ist nicht für alle Mütter machbar – wenn beispielsweise ältere Kinder nach der Schule versorgt werden müssen. Deshalb beginnt mittlerweile auch die Entwicklung von Behandlungskonzepten für tagesklinische Angebote, die am Mittag enden.

Leider muss man sagen, dass alles in allem die tagesklinischen Behandlungsangebote speziell für Mütter in der Zeit nach der Entbindung nicht flächendeckend vorhanden und nicht ausreichend sind. Die Angebote sind zusammengestellt auf den Websites von Schatten & Licht e. V. und der Marcé-Gesellschaft.

Vollstationäre Behandlung mit und ohne Kind

Wenn die Symptomatik so schwerwiegend ist, dass weder eine ambulante noch eine teilstationäre Behandlung ausreichend ist, lässt sich leider eine vollstationäre Behandlung nicht vermeiden.

Hierbei ist es wichtig zu wissen, dass eine Aufnahme des Säuglings nur dann möglich ist, wenn die Mutter sich überwiegend *allein um den Säugling* kümmern kann. Ist die Erkrankung so schwer, dass dies nicht geht (z. B. bei einer sehr schweren Depression mit Suizidalität), dann muss die Mutter zunächst allein aufgenommen werden, und der Säugling kann später dazu kommen (wenn das in der Klinik möglich ist). In der Zwischenzeit muss das Kind entweder von der Familie oder, falls nicht anders möglich, in einer Notfall-Pflegestelle (vermittelt durch das Jugendamt) versorgt werden.

Noch ein Hinweis: Auch wenn in Ihrer Gegend keine Mutter-Kind-Behandlungseinrichtung verfügbar ist, lohnt sich die Nachfrage bei der für Sie zuständigen Klinik. Manche sind so flexibel, dass sie auch auf einer normalen Station die Mitaufnahme des Säuglings möglich machen.

> **Merke**
>
> Informationen über Behandlungsangebote gemeinsam für Mutter und Kind finden sich bei Schatten & Licht e. V. (www.schatten-und-licht.de) und bei der Marcé Gesellschaft (www.marce-gesellschaft.de).

Mutter-Kind-Kur

Möglicherweise macht irgendjemand in Ihrer Umgebung den Vorschlag, Sie sollten doch eine Mutter-Kind-Kur machen, weil es Ihnen nicht gut geht. Prinzipiell ist nichts dagegen einzuwenden, im Gegenteil: In Zeiten mit viel Stress oder um aus dem üblichen »Hamsterrad« herauszukommen, kann eine Mutter-Kind-Kur sinnvoll sein. Aktivitäten in einer anderen Umgebung, Treffen und gemeinsame Unternehmungen mit anderen Müttern und Informationsangebote sind einige der positiven Aspekte, die eine solche Kur zu bieten hat. Allerdings sind Kuren immer vorbeugende Maßnahmen, also um die Gesundheit zu stabilisieren und zukünftige Erkrankungen oder Einschränkungen möglichst zu vermeiden. Deshalb sind sie *nicht zur Behandlung einer akuten postpartalen Depression* geeignet.

Kuren sind *Leistungen der gesetzlichen Krankenkassen* und müssen bei diesen beantragt werden. Wartezeiten müssen in Kauf genommen werden. Wünsche bezüglich der Kurklinik können geäußert, aber nicht immer berücksichtigt werden. Bei der Beantragung hilft ggf. die Hausärztin.

Bindungs- und Interaktionsverhalten zum Kind stärken

Zeigen sich Probleme beim Aufbau einer guten Mutter-Kind-Bindung, empfiehlt sich frühzeitig die Inanspruchnahme von Unterstützung, wenn nicht die psychiatrische oder psychotherapeutische Behandlung das Problem beseitigt.

Der Beschreibung von Hilfsmöglichkeiten stellen wir hier Ausführungen voran, wie sich die Mutter-Kind-Bindung entwickelt und welche Störfaktoren das verhindern können.

Der *erste Bindungsaufbau* der Eltern, vor allem der Mutter zum Kind, beginnt im besten Falle schon in der Schwangerschaft. Die heute üblichen frühen und wiederholten Ultraschallaufnahmen geben das Gefühl, dass man das Kind schon kennt.

Die erste direkte Kontaktaufnahme nach der Geburt, möglichst mit Hautkontakt zwischen Kind und Mutter, wird als *Bonding* bezeichnet. Dies ist die prägende Phase der beginnenden emotionalen Beziehung zum Säugling. Allerdings ist es normal, dass die Bindung nicht sofort sehr stark vorhanden ist, sondern dass es einige Stunden bis Tage dauert, bis diese sich von Seiten der Mutter aus aufgebaut hat und im Laufe der folgenden Wochen und Monate dann immer intensiver wird. Schließlich ist ein Ultraschallbild bzw. die Übertragung des Herzrhythmus beim CTG oder die Wahrnehmung von Kindsbewegungen im Körper etwas anderes als die direkte Begegnung mit dem neuen kleinen Menschen, der seine eigene Persönlichkeit mitbringt und entwickelt. Nach einigen Wochen sollte jedoch eine gute Bindung der Mutter zum Kind bestehen. Ist dies nicht der Fall, spricht man zunächst von *Bindungsverzögerung*, die dann in eine *Bindungsstörung* übergehen kann – das kann auch bei einer postpartalen Depression geschehen.

Eine gute Bindung bedeutet übrigens nicht, dass man sein Baby rund um die Uhr nur liebt und vergöttert. Manchmal sind die *Erwartungen an die Muttergefühle* überzogen und unrealistisch. Viele Mütter und Väter beschreiben das Gefühl zu ihrem Kind mit einem sehr großen Verantwortungsgefühl, Fürsorglichkeit und dem Wunsch, das Kind die eigene

Zuwendung spüren zu lassen. Man möchte das Beste für sein Kind tun, alles Unheil und Unangenehme von ihm fernhalten, und ist glücklich, wenn das Baby zufrieden wirkt. Doch auch Mütter und Väter dürfen ab und an das Gefühl des Überfordertseins haben, sie dürfen manchmal genervt sein oder ratlos – das stellt die Bindung nicht infrage.

Feinfühligkeit kann man lernen bzw. verbessern

Alle Eltern müssen ihr Baby »lesen lernen«, das ist beim ersten Kind besonders schwierig. Für Eltern und Kind ist dies ein herausfordernder Anpassungsprozess, der viel Flexibilität erfordert. Gerade Elternteile, die eher zu ängstlichem und zwanghaftem Verhalten tendieren, haben manchmal Schwierigkeiten, sich auf die starken Veränderungen der Bedürfnisse des Babys im ersten Lebensjahr einzustellen.

Besteht bei der Mutter eine postpartale Depression bzw. eine andere psychische Erkrankung, dann gibt es ein höheres Risiko, dass sich eine Bindungsverzögerung bzw. Bindungsstörung entwickelt (das trifft genauso für den Kindesvater zu). Dies kann nachhaltig die Eltern-Kind-Interaktion, also den Umgang der Eltern mit dem Kind und dessen Reaktionen darauf beeinflussen und sich im schlechtesten Fall negativ auf die Entwicklung des Kindes auswirken. Ist nur ein Elternteil von solchen Problemen betroffen, kann der andere einiges davon ausgleichen; so etwa der Vater bei einer postpartal depressiven Mutter. Auch andere Personen außer den Eltern können diese wichtige Beziehungsfunktion übernehmen. Wichtig ist es daher, die Entwicklung der Bindung und der Interaktionen zu beobachten und ggf. Maßnahmen zur Verbesserung frühzeitig einzuleiten.

Eine wichtige Fähigkeit für die Entstehung einer guten Bindung ist die *elterliche Feinfühligkeit*. Hiermit meint man die Fähigkeit, dass Eltern spüren, was das Kind momentan für Bedürfnisse hat, und die Möglichkeit, darauf angemessen einzugehen. Manche Menschen haben diese Fähigkeit von Natur aus, anderes müssen sie trainieren.

Ein *Beispiel für unzureichende Feinfühligkeit* ist ein Säugling, der gerade gefüttert wird und noch keine Anzeichen zeigt, dass er satt ist. Trotzdem beendet die Mutter das Füttern und bietet dem Kind stattdessen Wasser an. Der Säugling reagiert mit Unwillen, weil das nicht seinem aktuellen Bedürfnis entspricht; er ist noch hungrig. Oder ein Säugling schaut neugierig umher und würde gerne seine Umgebung näher erkunden. Stattdessen nimmt die Mutter ihn auf den Schoß und will mit ihm spielen. Das kann zu Irritationen auf Seiten des Kindes und Unverständnis und Frustration bei der Mutter führen, die gar nicht versteht, was genau schiefgelaufen ist.

Fehlende Muttergefühle als Krankheitssymptom

Sind die Schwierigkeiten, Muttergefühle zu empfinden, eingebettet in verschiedene weitere psychische Symptome, dann kann es sich um Anzeichen für eine postpartale Depression handeln. Das Symptom heißt *Gefühl der Gefühllosigkeit* und betrifft dann alle Gefühle zu Personen im Umfeld; aber natürlich bemerkt eine Mutter vor allem, dass ihre Gefühle zum Neugeborenen nicht so sind, wie sie es erwartet und erhofft hat. Gerade diese als unzureichend erlebten Muttergefühle mit den daraus folgenden Schuldgefühlen sind ein wichtiger Grund für die rasche Behandlungsnotwendigkeit einer solchen Depression. Nicht zuletzt, um die bei längerem Bestehen daraus möglicherweise entstehende Bindungsstörung zu verhindern. Bei den Fallbeispielen und Erfahrungsberichten werden Sie feststellen, wie sehr betroffene Mütter darunter leiden.

Auch Frauen, die eine Geburt als traumatisch erlebt haben, leiden oftmals unter der fehlenden gefühlsmäßigen Bindung zum Kind. Da ist die Dynamik noch etwas anders als bei der Depression, denn natürlich erinnert das Baby immer an die schrecklichen Geburtserlebnisse. Auch bei dieser Problematik gilt es frühzeitig dagegen zu steuern und sich ggf. professionelle Hilfe zu sichern.

Merke

Als unzureichend erlebte Muttergefühle sind typische Symptome einer postpartalen Depression. Mit Behandlung und Abklingen der psychischen Störung entwickeln sich die vermissten Muttergefühle dann rasch.

Frühintervention und Behandlung bei Bindungsstörungen

Es gibt verschiedene Möglichkeiten zur Frühintervention bei der drohenden Entwicklung von Bindungsstörungen sowie Behandlungsstrategien, falls diese schon eingetreten sind.

Den meisten Verfahren gemeinsam ist *eine Förderung der Feinfühligkeit* im Umgang mit dem Kind, oft videogestützt, unter Berücksichtigung der mütterlichen Beziehungserfahrungen und der bestehenden depressiven Erkrankung. Vor allem im Rahmen der stationären Mutter-Kind-Behandlung werden solche Videotherapien eingesetzt.

Diese Verfahren werden nicht als gesonderte Psychotherapie von den Krankenkassen übernommen, finden aber in spezialisierten Eltern-Kind-Ambulanzen oder den verschiedenen Beratungsstellen Anwendung. Welches Angebot in Ihrer Umgebung verfügbar ist, können Sie unter anderem über die Selbsthilfeorganisation Schatten & Licht e. V. erfahren.

Eltern-Kind-Kurse

Weniger zur Behandlung als vielmehr zur Förderung und Unterstützung guter Eltern-Kind-Beziehungen dienen auch die vielfältigen Eltern-Kind-Angebote von Hebammen, Geburtshäusern, Praxen, Beratungsstellen, Familienzentren, Bildungsstätten und anderen Anbietern. Dazu gehören Baby-Massage, PEKiP (= »Prager Eltern-Kind-Programm«), Baby-Schwimmen und Krabbel-Gruppen.

»Gut genug« ist ausreichend!

Der amerikanische Kinderarzt und Psychoanalytiker Donald Winnicott hat in den 1950er Jahren den Begriff »good enough mother«, also der

»ausreichend guten Mutter« geprägt, um vom Bild der idealisierten Mutter wegzuführen. In die ganz eigene Mutterrolle darf man hineinwachsen, und das Ziel ist nicht, eine Supermutter zu werden.

Nicht nur, um eine »ausreichend gute Mutter« zu werden, sondern auch um eine gute Mutter-Kind-Bindung aufzubauen, braucht man Zeit. Rückschläge gehören dazu. Man muss seine eigenen Erfahrungen machen, aus den guten Ratschlägen anderer das herausfiltern, was für einen selbst und das eigene Kind richtig ist, und seinen eigenen Rhythmus finden. Vor allem sollte man davon ausgehen, dass nicht von Anfang an alles perfekt sein kann und auch nicht sein muss – dass es wahrscheinlich nie perfekt werden wird. Das schon allein deshalb, weil sich die gesellschaftlichen Ansprüche an Mütter bzw. Eltern ständig wandeln, kulturell beeinflusst sind und dem jeweiligen Zeitgeist unterliegen.

Eine gute Mutter wird die Frau, der es gelingt, die *Bedürfnisse des Kindes zu erfüllen*, die aber darüber ihre *eigenen Bedürfnisse nicht vergisst*. Und auch der *Vater des Kindes* braucht seinen Platz in der Dreier-Beziehung.

Eine gute Mutter zeichnet sich *nicht* dadurch aus, dass sie 24 Stunden am Tag, also rund um die Uhr und jederzeit, für ihr Kind da ist und »sofort springt«. Sie braucht kein schlechtes Gewissen zu haben, wenn nicht immer alles funktioniert. Mutter zu sein ist ein Lernprozess. Um dem gewachsen zu sein, braucht man eigene Reserven, und die müssen aufgefüllt werden.

Auch wenn es gerade depressiven Müttern oftmals schwerfällt, das Neugeborene von einer anderen Person betreuen zu lassen – selbst der Partner hat es da manchmal nicht leicht –, ist das genau das Richtige. Endlich einmal richtig zu schlafen oder auch etwas Zeit für sich zu haben, kann sehr zur Entspannung beitragen. Und für die Entwicklung einer stabilen Mutter-Kind-Bindung sind solche kurzen Trennungsphasen ebenfalls wichtig.

7 Was können Angehörige tun?

> **Darum geht es**
>
> Da nach der Geburt eines Kindes eine glückliche Mutter erwartet wird (vor allem, wenn sie ein gewünschtes, gesundes Baby im Arm hat), können Depressionen in dieser Lebensphase viel Hilflosigkeit, oft auch Unverständnis auslösen. Dieses Kapitel richtet sich an Partner und andere Personen im Umfeld, die sich fragen, wie sie der Mutter mit postpartaler Depression helfen können.

Entgegen allen Erwartungen

Die Vorzeichen einer sich entwickelnden Depression nach der Entbindung zu erkennen, ist gar nicht so leicht. Erste Anzeichen von anhaltenden unguten Gefühlen, Selbstzweifeln oder Stimmungstiefs bei der Mutter werden vielleicht übersehen oder als »normale« Anpassung fehlgedeutet. Die Kindsväter selbst sind oftmals ebenfalls in einer Ausnahmesituation, vor allem wenn sie zum ersten Mal Vater werden. Die eigenen Erwartungen an die erste Zeit zuhause mit Baby sind manchmal so stark, dass die »Realität« nicht wahrgenommen wird, nach dem Motto »was nicht sein darf, das kann nicht sein«.

Sätze wie »das haben doch schon Millionen anderer Frauen hinbekommen« hören betroffene Mütter immer wieder. Genau das ist aber nicht hilfreich, denn es verstärkt noch die Selbstzweifel. Dabei wird übersehen, dass auch schon Millionen Frauen zuvor unter postpartalen Depressionen gelitten haben, die nicht immer hilfreich begleitet und oftmals unzureichend behandelt wurden.

Wie schwierig es ist, sich einzugestehen, dass die Partnerin Hilfe braucht, zeigen auch die Schilderungen unserer beiden Väter in den Erfahrungsberichten – und das unabhängig davon, ob zu Beginn eine eher positive oder eine deutlich ablehnende Haltung allen »Psycho-Maßnahmen« gegenüber besteht.

Für Entlastung sorgen

Da bei Depressionen die Umstellung in die neue Situation ebenso wie Überlastungsphänomene (wenig Schlaf, Tag und Nacht zuständig sein, kaum Zeit für eigene Bedürfnisse etc.) mit verantwortlich sind, ist die Entlastung eine der ersten wirkungsvollen Maßnahmen. Doch die Vorstellungen, was entlastet, können sehr unterschiedlich sein. So kann der Rat, »bei Stress doch besser abzustillen«, als übergriffig erlebt werden. Einfach das Kind zu übernehmen, um die Mutter zu entlasten, kann genau die falsche Maßnahme sein, denn sie kann das Kind in der Situation vielleicht niemandem anvertrauen. Die junge Familie mit Essen und sonstiger Unterstützung im Haushalt zu versorgen, ist dann noch am ehesten das, was hilft und geschätzt wird.

An diesen wenigen Beispielen ist erkennbar, dass es nicht *den* einen Rat für jede Mutter, jedes Paar und jede Familienkonstellation gibt. Am hilfreichsten ist es in den meisten Fällen, die Frage offen und ehrlich mit der betroffenen Mutter anzusprechen und die Entlastungsangebote an ihre Bedürfnisse anzupassen.

Es sei aber betont, dass es für Betroffene bei einer ausgeprägten Depression sehr schwierig sein kann, Entscheidungen zu treffen und Hilfe anzunehmen. In diesen Fällen ist es sinnvoll, die Initiative zur Vereinbarung von Arztterminen zu übernehmen und die Mutter zu begleiten.

Vielleicht kann sie die Maßnahmen zur Entlastung besser annehmen, wenn sie ärztlich »verordnet« werden. Auch bei der Organisation von Unterstützung insgesamt sind Aktivitäten der Angehörigen gefragt.

Nähe und emotionale Wärme geben

Nach dem besonderen Erlebnis einer Entbindung und in der (meist neuen) Situation, eine Mutter zu sein, nehmen Frauen häufig eine starke eigene Bedürftigkeit wahr; so etwa nach Versorgung, nach Nähe, nach Verständnis und Unterstützung. In manchen anderen Kulturen ist dies noch regelhaft vorgesehen, nämlich die Mutter mit ihrem Neugeborenen abzuschirmen, sie zu bemuttern und zu pflegen. In unserer Kultur sind die Kleinstfamilien heutzutage häufig auf sich gestellt, die Großfamilie steht kaum noch parat. Auf den Partner kommen vielleicht zusätzliche Belastungen zu, wie das Familieneinkommen eine Zeitlang allein verdienen zu müssen, Geschwisterkinder zu versorgen etc.

Wo immer und wie immer es möglich ist, sollte dennoch dieser Aspekt nicht vergessen werden: Wer sorgt dafür, der Mutter emotionale Wärme zu geben?

Depressionen erkennen

Wie schon erläutert, sind depressive Symptome nach Entbindung oftmals völlig unerwartet und werden daher nicht immer sofort als solche erkannt. Man rechnet allenfalls mit Stimmungsschwankungen oder Überforderung bei gestörten Nächten und Stillproblemen des Babys. Auch deshalb ist es uns so wichtig, in diesem Ratgeber möglichst viele »Gesichter der postpartalen Depression« zu beschreiben. In unseren Schilderungen, aber auch in den Falldarstellungen und Selbsterfahrungsberichten finden sich für die Partner, Angehörige und Freunde Hinweise darauf, wie man Depressivität von Depressionen unterscheidet oder andere krankheitswertige Symptome, so etwa starke Ängste und Zwänge, erkennt. Unser Rat an dieser Stelle: suchen Sie sich in diesem Ratgeber die Symptombeschreibungen, die zu Ihrer Situation passen, und arbeiten Sie darauf hin, dass die Behandlungsvorschläge möglichst umgesetzt werden.

Keinen Druck aufbauen

Angehörige von depressiven Menschen versuchen nicht selten, mit gutgemeinten *Ratschlägen*, was man alles dagegen tun könne, zu helfen. Die depressive Mutter fühlt sich aber keineswegs in der Lage, einen Spaziergang an der frischen Luft zu machen, sich zum Kaffeetrinken mit Freundinnen zu treffen oder ähnliches.

Ganz schlimm wird es, wenn *Vorhaltungen* kommen, wie »Du musst dich nur zusammenreißen, das kann doch nicht so schwer sein …«. Doch, es ist noch viel schwerer, wenn man depressiv ist und wenn schon das Aufstehen aus dem Bett eine große Kraftanstrengung kostet. Und ganz wichtig: Sie dürfen davon ausgehen, dass die depressive Mutter sich selbst den größten Druck macht – sie fühlt sich ja selbst verantwortlich für das, was geschieht. Sie sieht sich als Versagerin und schlechte Mutter. Solche Aufforderungen wie die oben zitierte verstärken diese Überzeugung nur noch. Und sie dürfen ihr Befinden nicht mit Zeiten vergleichen, in denen Sie selbst »vielleicht mal keine Lust haben«. Darum geht es bei Depressionen nicht.

Verständnis statt Ratschlag

Es ist ein bekanntes Phänomen, dass gerade Männer sehr lösungsorientiert an Probleme herangehen, während Frauen eine emotionale Entlastung berichten, wenn Sie sich mit ihren Sorgen und Nöten mitteilen können und vor allem wenn sie sich verstanden fühlen. Praktische Ratschläge dagegen kommen nicht immer gut an.

Insofern ist es in der Situation nach der Entbindung nicht immer leicht für den Kindesvater (oder andere Angehörige), sich richtig zu verhalten, ohne dominant und bestimmend zu wirken.

Die wichtigste Aufgabe ist zunächst der Versuch, sich in die Betroffene hineinzuversetzen, ihr wirklich zuzuhören und ihr emotionale Nähe zu geben. Dann ist es sicherlich erfolgreicher, gemeinsam über Lösungswege nachzudenken.

Verständnis ist übrigens auch dringend gefragt, wenn die Mutter ihre *fehlenden Muttergefühle* beklagt. Einerseits ist es richtig, dem Kind selbst die Nähe und Wärme zu geben, die die Mutter vielleicht nicht bieten kann. Andererseits sollte sie nicht nur das Gefühl haben, dass allen anderen alles so leichtfällt – das macht dann die Sache noch schlimmer. Also ruhig auch über die eigenen Umstellungsschwierigkeiten sprechen.

Professionelle Hilfe organisieren

Problem erkannt, Gefahr gebannt? Manchmal ist es komplizierter. In unserem Kapitel »Unterstützung – angepasst an den Bedarf« (▶ Kap. 6) zeigen wir mehrere Wege auf, die zu professioneller Hilfe führen können. Zunächst geht es aber häufig darum, bei der Betroffenen die *Bereitschaft* zu wecken, professionelle Hilfe zuzulassen. Dafür ist die Formel »je eher – desto besser« sehr entscheidend. Je früher die Hilfe einsetzt, desto leichter ist es, den Weg aus Verzweiflung, Selbstvorwürfen und mangelnden Muttergefühlen zu finden.

Wenn man sich im Hilfesystem nicht so gut auskennt, sollte der erste Weg immer zum Hausarzt führen, der dann selbst Behandlung anbietet oder je nach Problematik auch weitervermittelt. Hausärzte kennen sich in der Regel mit der Behandlung von Depressionen recht gut aus. Die Homepage der Selbsthilfeorganisation Schatten & Licht gibt gute Hinweise zu spezialisierten Expertinnen.

Wichtig ist zu erkennen, wann eine betroffene Mutter nicht mehr in der Lage ist, sich um diese Dinge selbst zu kümmern – z. B. einen Arztbesuch zu organisieren. Da sind dann der Partner bzw. die Angehörigen gefragt, die das »wie selbstverständlich« übernehmen sollten.

Verhaltensauffälligkeiten richtig interpretieren

Veränderungen im Verhalten sind üblicherweise Begleiterscheinungen von allen psychischen Störungen. Bei Depressionen wird es sich um Zurückgezogenheit und Antriebslosigkeit handeln, Hyperaktivität oder ausgeprägte Aggressivität gehören eher nicht dazu. Besonders im Zusammenhang mit *angstauslösenden psychotischen Symptomen* kommt es nicht selten zu Verhaltensauffälligkeiten. Es könnte sein, dass Angehörige beschuldigt werden, weil sie vermeintlich mit einem Verfolger unter einer Decke stecken, oder dass der Partner attackiert wird, weil er für einen Feind gehalten wird. Auch *impulsive Verhaltensweisen* oder *gravierend falsches Verhalten bei der Versorgung des Kindes* sollten die Alarmglocken schrillen lassen; hier geht es wahrscheinlich um mehr als eine »einfache« Depression.

Wann immer deutliche Veränderungen im Verhalten auftreten, die Sie nicht mehr ohne weiteres aus der neuen Situation nach der Geburt des Kindes ableiten können, oder wenn die betroffene Mutter »merkwürdige Erklärungen« für ihr Verhalten gibt, sollten Sie rasch fachkompetente Hilfe suchen. Das kann und muss eventuell auch die Ambulanz einer psychiatrischen Klinik sein, die Tag und Nacht verfügbar ist.

Lebensmüde Gedanken ernstnehmen

Gleiches gilt für lebensmüde Gedanken. Suizide kommen zwar selten vor im Rahmen von postpartalen Depressionen, aber leider gibt es immer wieder tragische Einzelfälle. Dann besteht auch Gefahr für das Kind! Weil die Mutter es nicht allein lassen möchte, denkt sie darüber nach, es mit in den Tod zu nehmen.

Der Weg in die Suizidalität beginnt in der Regel mit lebensmüden Gedanken (»Ich schaffe das alles nicht mehr, ich möchte nicht mehr leben«), führt über erste konkrete Ideen (»Wahrscheinlich würde es meinem Kind und meinem Mann besser gehen, wenn ich nicht mehr lebe«), zu einer konkreten Planung von Methode, Ort und Zeitpunkt und schließlich irgendwann zur Umsetzung. *Insofern ist jede Äußerung von lebensmüden Gedanken ernst zu nehmen.*

Es muss abgeklärt werden, wie ernst die lebensmüden Gedanken sind bzw. in welchem Stadium sie sich befinden und in welchem Gesamtzusammenhang sie auftreten. Das kann nur ein Psychiater! Wenn Sie also nicht sofort einen Termin in einer psychiatrischen Praxis bekommen, sollte die nächste psychiatrische Ambulanz in einer Klinik aufgesucht werden, auch nachts oder am Wochenende. Auch der Notarzt kann alarmiert werden.

Geben Sie sich übrigens nicht der Illusion hin, dass sie als Angehörige durch ständige Begleitung oder »Überwachung« einen Suizid verhindern könnten (davon werden Sie in einem unserer Fallbeispiele lesen). Sie helfen der betroffenen Mutter vielmehr dadurch, dass sie sich möglichst bald fachkompetente Hilfe holen.

Selbstfürsorge nicht vergessen

Auch wenn wir uns für die betroffenen Frauen maximales Verständnis, beste Entlastung und Unterstützung wünschen, sind Partner in der Verantwortung, auch auf sich selbst aufzupassen. An der einen oder anderen Stelle im Ratgeber haben wir darauf hingewiesen, dass auch Väter rund um die Geburt erkranken und depressive oder andere Symptome entwickeln können, vor allem wenn es bereits Probleme in der Vorgeschichte gab.

Unabhängig davon, ob die Symptome bei der Mutter das Ausmaß einer behandlungsbedürftigen Störung erreichen, kann die emotionale wie organisatorische Belastung sehr hoch sein, wenn sie depressiv ist. Das bedeutet aber nicht, dass Sie als Partner die gesamte Verantwortung für emotionale Fürsorge, Behandlung, Begleitung, Babyversorgung, Haushalt, Arbeit und Kommunikation mit dem Umfeld übernehmen können oder müssen. Auch für Sie gilt: Trauen Sie sich und holen Sie sich Hilfe, sowohl professionelle Unterstützung als auch Entlastung im Familienkreis.

Als Helfender brauchen Sie ebenfalls ab und zu Zeit für sich selbst, und Sie müssen deshalb kein schlechtes Gewissen haben – auch wenn das wieder leichter gesagt als getan ist!

8 Selbsthilfestrategien leicht anzuwenden

> **Darum geht es**
>
> In diesem Kapitel haben wir Verhaltensweisen und Übungen zusammengetragen, die Sie bei leichten Symptomen oder ergänzend zu aktuellen Therapien zuhause selbst einsetzen können. Manche kennen Sie vielleicht schon. Die Beschreibungen können Ihnen helfen, sich für bestimmte Symptome und Probleme gezielt Übungen auszusuchen und diese auszuprobieren.

Die im Folgenden dargestellten Strategien können Sie in bestimmten Situationen anwenden, um besser mit leichten Symptomen und Problemen zurecht zu kommen. Diese Selbsthilfestrategien *ersetzen aber nicht* die Behandlung durch eine Ärztin oder einen Psychologen! Und wenn Sie nicht sicher sind, ob eine bestimmte Strategie für Sie geeignet ist, sprechen Sie Ihre Behandlerin an und stellen genau diese Frage.

Geeignet sind diese Strategien vor allem bei *leichteren Symptomen*, bei denen nicht immer sofortige professionelle Hilfe oder längerfristige Psychotherapie erforderlich ist, auch wenn sie als störend wahrgenommen werden – abgesehen davon, dass diese Hilfe ja oftmals nicht kurzfristig verfügbar ist. Es ist uns deshalb wichtig, Ihnen etwas an die Hand zu geben, womit Sie sich rasch besser fühlen und eine vielleicht erforderliche Wartezeit überbrücken können. Die dargestellten Strategien haben sich schon vielfach bewährt. Aber noch einmal: Sind Sie sich nicht sicher, wie bestimmte Symptome einzuordnen sind, warten Sie auf den professionellen Rat.

Die hier gewählten Strategien werden teils auch in Psychotherapien und Beratungssituationen professionell angeleitet und genutzt, so etwa einige Entspannungsmethoden oder die Betrachtung von Modellen der Angstentstehung. Viele sind einfach zu erlernen und brauchen keine langen Kurse oder Anleitungen. Manche Strategien sind vielseitig und nicht nur gegen ein bestimmtes Symptom einsetzbar. Losgelöst von der Grundproblematik können sie deshalb je nach Bedarf individuell zusammengestellt und vor allem ausprobiert werden.

> **Merke**
>
> Wichtig ist es, die Grenzen zu erkennen. Es gibt einige Symptome, die auf jeden Fall der professionellen Einschätzung und meist auch Behandlung bedürfen, das heben wir an den entsprechenden Stellen hervor. Und auch wenn Symptome nicht besser werden, sollten Sie psychiatrische oder psychotherapeutische Hilfe suchen.
>
> Besonders wichtig: Die Selbsthilfestrategien sind für leichtere Symptome gedacht und ersetzen *nicht* die Behandlung durch eine Ärztin oder einen Psychologen.

An den Anfang stellen wir *Entspannungstechniken und Achtsamkeitsübungen*, da sich diese bei fast allen Symptomen und Problemen einsetzen lassen und manchmal sogar die Basis für weitere Strategien darstellen.

Entspannung auch mit Neugeborenem

Strategien zur Entspannung, die man unkompliziert für sich selbst zuhause einüben und praktizieren kann, bieten im besten Fall sofortige Erleichterung bei verschiedenen Symptomen. Hier haben wir Ihnen gängige Verfahren mit Beispielen zusammengestellt.

Entspannung kann das innere Anspannungsniveau herunterregulieren und beruhigt damit Körper und Psyche. Entspannung wird sehr unterschiedlich erzeugt und wahrgenommen. Jeder muss für sich verschiedene Strategien ausprobieren und herausfinden, welche geeignet und wirksam sind.

Möglicherweise denken Sie, dass es bei Ihnen gar keinen Sinn macht, weil Sie überhaupt nicht zur Ruhe kommen. Versuchen Sie es trotzdem einmal mit einer ersten Übung, die Sie mehrmals am Tag zu wiederholen versuchen, z. B. in der Zeit, in der Ihr Partner sich um das Kind kümmert, oder bevor Sie einzuschlafen versuchen. Selbst die Stillsituation könnte eine geeignete Zeit sein, z. B. für eine Atemübung.

Wir zeigen hier die *gängigsten Entspannungsmethoden* auf, ohne einen Anspruch auf Vollständigkeit zu haben. Diese Entspannungsverfahren werden auch als ergänzende Maßnahmen zur medikamentösen und insbesondere psychotherapeutischen Behandlung psychischer Störungen eingesetzt. Im ambulanten Bereich werden diese Verfahren oftmals unter psychotherapeutischer Begleitung eingeübt.

Merke

Entspannungsverfahren sind sehr gut eigenständig einzuüben und zu erlernen, wenn man z. B. zunächst Anleitungen aus dem Internet oder App-Angebote für das Smartphone nutzt.

Progressive Muskelentspannung (PME) nach Jacobson

Die progressive Muskelentspannung nach Edmund Jacobson (dem »Erfinder« der PME) ist in der Regel gut zu erlernen. Im Wechsel von Anspannung und Entspannung bestimmter Muskelgruppen lernt man, aktiv einen entspannten Zustand herbeizuführen, was man dann – besonders bei regelmäßiger Anwendung – als Einschlafhilfe oder zur Beseitigung von Unruhe und Anspannung nutzen kann. Dies ist besonders für Menschen geeignet, die bei dem Wort »Entspannung« sofort verspannen oder eine hohe Grundanspannung mitbringen und sich daher zu Beginn von Entspannungsübungen eher als nervös wahrnehmen.

Nacheinander werden verschiedene Muskelgruppen bewusst angespannt, diese Spannung wird kurz gehalten, dann wird diese Muskelgruppe losgelassen. Für fast alle Anwenderinnen ist sofort ein warmes Strömen oder zumindest eine Veränderung in der Körperpartie spürbar.

Anwendungsbeispiel »Anspannung und Entspannung spüren«

Probieren Sie es einfach einmal mit den Händen aus: Bilden Sie zwei Fäuste, die sie ganz fest zusammenpressen, halten Sie die Spannung für etwa 10–15 Sekunden, öffnen dann beide Fäuste und spüren nach, wie sich die Hände nun anfühlen. Vielleicht stellt sich ein Gefühl der Wärme oder ein leichtes Kribbeln ein. So können auch Arme, Beine, Gesäß, Bauch, Rücken, Schulterpartie, der Kopf und das Gesicht nacheinander an- und wieder entspannt werden.
Den Bauch lässt man kurz nach der Entbindung eher aus!

Dadurch wird das autonome Nervensystem entspannt, und vor allem Ängste lassen sich hiermit gut reduzieren. Im Liegen und mit geschlossenen Augen sind die Übungen am einfachsten durchzuführen. Wenn man schon etwas erfahrener ist, eignet sich PME auch für andere Haltungen, z. B. im Sitzen.

Ausführliche Anleitungen zu PME gibt es im Internet oder in verschiedenen Apps für das Smartphone. Häufig sind die Anleitungen zusätzlich mit entspannender Musik hinterlegt, was den Effekt verstärken kann.

Autogenes Training (AT)

Diese autosuggestive Methode (= Methode zur Selbstbeeinflussung) wurde von Johannes Heinrich Schultz aus der Hypnose heraus entwickelt. Das autogene Training ist wahrscheinlich das bekannteste Entspannungsverfahren, und viele Menschen haben sich daran schon einmal versucht. Allerdings liegt nicht jedem die Tiefe der Körperwahrnehmung, auf die man sich einlassen können muss, um beispielsweise die Schwere der Arme oder der Beine oder die Wärme im sogenannten Sonnengeflecht wahrzunehmen (damit wird das Geflecht von Nervenfasern am Übergang vom Brustkorb zum Bauch bezeichnet).

Besonders bei großer Unruhe und Anspannung ist das nicht einfach und kann sogar anfänglich zur Verstärkung der Symptomatik führen. Am ehesten wird es funktionieren, wenn Sie bereits Erfahrung damit haben.

Geübte können mit zusammengefassten Formeln schnell Ruhe und Wärme im Körper entstehen lassen. Einfacher ist es jedoch, sich diese Formeln zunächst aufsagen zu lassen bzw. vorher selbst eine Audioaufnahme zu machen, um dieser dann mit Konzentration folgen zu können.

Anwendungsbeispiel »Ruheformeln«

Ruheformel: »Ich bin ganz ruhig.«
Schwere- und Wärmeformeln: »Mein rechter Arm ist schwer. Mein rechter Arm ist warm. Mein linker Arm ist schwer. Mein linker Arm ist warm. Meine Arme sind ganz schwer und warm. Mein rechtes Bein ist schwer. Mein rechtes Bein ist warm. Mein linkes Bein ist schwer. Mein linkes Bein ist warm. Meine Beine sind ganz schwer und warm.«
Formel für die Atmung: »Mein Atem strömt leicht und regelmäßig.«
Formel für den Herzschlag: »Mein Herz schlägt ruhig und regelmäßig.«
Formel für den Bauch: »Mein Bauch ist strömend warm.«
Formel für die Stirn: »Meine Stirn ist angenehm kühl.«

Einzelne Formeln können wiederholt werden, bis sich das erwartete Gefühl einstellt. AT wird am einfachsten im Liegen und mit geschlossenen Augen erlernt. Aber auch im Sitzen kann es später angewendet werden.

Auch für das autogene Training gibt es Anleitungen im Internet oder als App.

Imaginationsverfahren, Fantasiereisen

Imaginative Verfahren werden heute in vielfältigen Zusammenhängen angewendet. Die Bezeichnung ist abgeleitet von Imagination (= Vorstellung). Ein typisches Beispiel sind Fantasiereisen. In vielen Yogakursen sowie Geburtsvorbereitungs- und Rückbildungskursen sind Übungen mit entspannender Musik und der Anleitung, dazu eine angenehme Vorstellung zu entwickeln, inzwischen gang und gäbe.

Bei den imaginativen Verfahren wird die positive Macht der Vorstellung bzw. Fantasie gezielt zur Verminderung von Anspannung und auch Ängsten genutzt. Einfacher ist es, diese Übungen anzuwenden, wenn man sie zunächst unter fachlicher Leitung erlernt hat. Da das allerdings nicht immer sofort umzusetzen ist, lohnt sich die Suche nach entsprechenden Audio-Angeboten. Es gibt viele Fantasiereisen, die Sie im Internet oder als App finden.

Sich in Gedanken an einen fantasierten Ort zu begeben oder an einen konkret erinnerbaren Wohlfühl-Ort, kann sich sehr beruhigend auf Körper und Geist auswirken. Erinnern wir uns an eine angenehme Situation, z. B. im Urlaub, erinnert sich auch unser Körper an die Umgebungsfaktoren, wie Wärme, Wind, Entspannung, ruhiges Atmen, und begibt sich zurück in diesen erinnerten Zustand.

Hier eine kleine Fantasiereise zum Ausprobieren. Sie können Sie sich beispielsweise vorlesen lassen und die Augen dabei schließen, dann ist die Verbindung zu den inneren Bildern noch intensiver. Auch einer eigenen Audioaufnahme kann man gut folgen.

Anwendungsbeispiel »Sandstrand«

Stell dir vor, dass du an einem schönen Sandstrand in den Dünen sitzt. Es ist ein herrlicher Sommertag, du spürst den Sand unter deinen Füßen und zwischen deinen Zehen. Du lässt etwas Sand durch die Finger rieseln. Du spürst die Sonne im Gesicht und auf der Haut, ein leichter Windhauch streicht dir durch die Haare. Du lässt den Blick über den Strand und über das Meer gleiten und genießt die Weite sowie die strahlenden Farben. Du riechst diesen typischen leicht salzigen Geruch des Meeres. Du hörst das Anbranden der Wellen und in der Ferne ein paar Möwen. Lass dir einen Moment Zeit, alles auf dich wirken zu lassen: den Sand unter den Füßen, die Sonne auf der Haut, den Wind in den Haaren, den Blick weit über das Meer schweifend, den Salzgeruch in der Nase. Nimm wahr, wie ruhig und tief dein Atem geht, wenn du dir alle diese Eindrücke vergegenwärtigst – das Spüren des Sandes, die Wärme der Sonne, das Wasser und den Wind, den

Geruch und Geschmack der salzigen Luft, die Geräusche ringsherum, den weiten Blick in die Ferne. Genieße es! Nimm ein, zwei tiefe Atemzüge, bevor du dich langsam von den inneren Bildern und dem Strand verabschiedest und dich schrittweise wieder ganz zurück orientierst. Recke und strecke dich gründlich, um wieder ganz hier anzukommen.

Fantasiereisen können auch in die Berge, an einen See, in einen Garten führen oder zu einem Waldspaziergang einladen. Suchen Sie sich Ihren persönlichen Wohlfühl-Ort aus!

Yoga, aktive Entspannung

Yoga steht in der buddhistischen Tradition und vereint körperliche Fitness mit Meditation, gilt somit neben Zen-Buddhismus, Tantra, Kampfkunst, Gehmeditation und Tanz zu den aktiven Meditationsformen. Viele Frauen profitieren sehr von dieser Kombination aus Meditation und Aktivität. Inzwischen werden Yoga-Richtungen von sehr meditativer Ausrichtung bis hin zu extremer körperlicher Betätigung angeboten. Viele Frauen haben Erfahrung mit Yoga, weil sie das als regelmäßiges Training (allein oder in der Gruppe) in ihren Alltag eingebaut haben.

Entspannend wirkt beim Yoga neben der körperlichen Betätigung die achtsam-akzeptierende Grundhaltung. »Alles, was ist« wird mit neugierig liebevollem Interesse wahrgenommen und dabei nicht bewertet. So wird z.B. bei der Atemmeditation achtsam wahrgenommen, wie der Atem einfließt und wieder ausströmt, ohne zu bewerten, ob das gut oder schlecht, schön oder schrecklich ist. Allein die Wahrnehmung, also das sinnliche Erleben, bringt Ruhe und Entspannung. Die Kombination aus Dehnung, Kräftigung, Entspannung, Atemübungen und Meditation kann gegen viele körperliche Beschwerden helfen und psychisch zur Ruhe führen.

Yoga in seiner ruhigen, achtsam-akzeptierenden Art ist auch nach der Geburt zur Rückbildung gut geeignet, selbst wenn man bis dahin keine Erfahrungen damit hat. *Spezielle Rückbildungs-Yogakurse* werden von Elternschulen, Krankenkassen, Volkshochschulen und privaten Yogainstituten vielerorts angeboten. Optimal ist es, wenn Sie bereits Vorerfahrungen haben.

Wichtige Hinweise zu Entspannungsverfahren

Wenn man mit der Anwendung von Entspannungsverfahren beginnt, ist es absolut normal, dass die Konzentration währenddessen auf Abwege gerät. In der Zeit mit dem Neugeborenen wird das ständig so sein. Dadurch sollten Sie sich nicht entmutigen lassen! Wichtig ist es – beispielsweise bei einer Atemübung – darauf zu achten, wo die Aufmerksamkeit hinwandert. Dann kann man sie wieder auf die Entspannungsübung richten. Das Gelingen von Entspannungsübungen ist Trainingssache, hat aber auch ganz viel mit der Situation zu tun, die mit einem Neugeborenen nun einmal unruhig ist.

Zunächst wirkt die Entspannungsübung im Moment der Durchführung. Es ist anzunehmen, dass zu Beginn des Trainings die Anspannung nach Beendigung einer Entspannungsübung mehr oder weniger schnell wieder ansteigt, vor allem wenn bestehende Belastungen nicht grundsätzlich zu beseitigen sind. Aber der erneute Anstieg der Anspannung beginnt von einem niedrigeren Level als ohne Entspannungsübung, und die Seele hatte eine entspannte Pause.

> **Merke**
>
> Bei der Anwendung von Entspannungsübungen gilt: Möglichst häufiges Üben ohne Anspruch auf Perfektion. Dann tritt mit der Zeit auch ein nachhaltiger Effekt ein! Akzeptieren Sie in der unruhigen Situation nach der Geburt, dass die Übungen zu Beginn alles andere als perfekt laufen. Wichtig ist, dass Sie sich die Zeit nehmen und sich auf sich selbst konzentrieren.

Achtsamkeit wirksam einsetzen

Die eigene Aufmerksamkeit gezielt auf sich selbst, die eigene Wahrnehmung und innere Prozesse zu richten, führt zu Achtsamkeit. Die wiederum hilft dabei, die eigenen Bedürfnisse zu erkennen. Es gibt mehrere Zugangs- und Übungswege, um die Achtsamkeit zu erhöhen, die wir hier im Ansatz aufzeigen.

Im Grunde handelt es sich bei den Übungen zur Achtsamkeit ebenfalls um eine Entspannungsmethode. Da diese mittlerweile weite Verbreitung gefunden hat, das Wort Achtsamkeit in aller Munde ist und wir diesem Thema gerade als Bewältigungsmechanismus rund um die Geburt besondere Beachtung zukommen lassen wollen, heben wir die Achtsamkeit mit einem eigenen Abschnitt hervor.

Ende der 1970er Jahre entwickelte der Medizinprofessor Jon Kabat-Zinn aus der Tradition buddhistischer Meditationen ein Programm zur Stressbewältigung, das sogenannte MBSR-Training (**M**indfulness-**B**ased **S**tress **R**eduction = Stressbewältigung durch Achtsamkeit).

Dabei geht es um eine besondere Form der Aufmerksamkeit. Sehr bewusst erlaubt man sich dabei, jede innere und äußere Erfahrung im gegenwärtigen Moment vorurteilsfrei zu registrieren und zuzulassen. Gewohnheitsmäßige, automatisch ablaufende und unbewusste Reaktionen können dadurch reduziert werden. Das Empfinden von Glück und Lebensfreude wird weniger von äußeren Bedingungen abhängig gemacht, die Verbindung zu eigenen inneren Stärken bewusster. Dadurch kommt es insgesamt zu einer Beruhigung und Stabilisierung.

Jon Kabat-Zinn konnte die positiven Auswirkungen dieses Verfahrens an psychisch wie körperlich belasteten Patienten nachweisen. Deshalb eignet es sich unseres Erachtens besonders gut in den hier dargestellten Zusammenhängen mit Sorgen und postpartalen depressiven Symptomen.

So wie Entspannungsübungen kann Achtsamkeit nicht von einem auf den anderen Tag erlernt werden. Es gibt achtwöchige MBSR-Trainings, aber auch einzeln abrufbare Achtsamkeitsmeditationen, z. B. im Internet oder als App. Zur Selbsthilfe können schon *einzelne Übungen* beitragen; zwei davon sind in den folgenden Abschnitten dargestellt.

Body-Scan

Die zum Training der Achtsamkeit gehörende Übung »Body-Scan« lässt sich sehr einfach erlernen:

Anwendungsbeispiel »Den Körper scannen«

Im Liegen oder Sitzen schließen Sie die Augen (oder fixieren einen Punkt vor sich, wenn Sie die Augen zunächst noch nicht schließen möchten), damit sich die Konzentration mehr und mehr nach innen richten kann. Wandern Sie mit Ihrer Aufmerksamkeit zu Ihren Füßen. Nehmen Sie diese genau wahr. Wie fühlen sich die Zehen an, wie die Fußsohlen, welche Stellen berühren evtl. den Boden oder die Schuhe, sind sie warm oder kalt? Gehen Sie mit Ihrem inneren »Scanner« im Körper Stück für Stück nach oben, nehmen Sie Ihre Unterschenkel, Knie, Oberschenkel wahr. Scannen Sie die Empfindungen im Becken-, Wirbelsäulen-, Bauch- und Brustbereich. Betrachten Sie vor dem inneren Auge Ihre Oberarme, Ellbogen, Unterarme, Hände und die einzelnen Finger sowie die Daumen. Wie fühlen sich der Schulterbereich und der Nacken an? Wie geht es dem Kopf, der Kopfhaut, dem Gesicht, den Ohren, den Augen, der Nase, der Mundhöhle, den Lippen?

Nach und nach lassen störende Gedanken nach, und die Konzentration wird immer mehr auf den entspannt daliegenden Körper gelenkt. Deshalb eignet sich diese Übung auch gut zum Einschlafen.

Atem-Meditation

Es gibt die unterschiedlichsten Meditationstechniken, die sich nach ihrer traditionellen, meist religiösen Herkunft unterscheiden.

Meditation kann man ebenfalls unter den Entspannungsmethoden einordnen, hier zeigen wir Ihnen unter den Achtsamkeitsstrategien das Beispiel einer Atem-Meditation. Zu den verschiedenen Meditationstechniken finden sich detaillierte Anleitungen im Internet und über Meditations-Apps.

Falls Sie bereits Erfahrung mit Meditation haben, könnte Ihnen das in der akuten depressiven Stimmung helfen, zur Ruhe zu kommen. Seien Sie aber nicht frustriert, wenn es in der unruhigen Zeit nach der Geburt nicht klappt.

Eine achtsame Atem-Meditation kann folgendermaßen aussehen:

Anwendungsbeispiel »Bewusstes Atmen«

Sie begeben sich in eine angenehme Sitz- oder Liegeposition und schließen die Augen. Sie versuchen, die Konzentration von außen immer mehr nach innen wandern zu lassen. Jeder störende Gedanke, der auftaucht, wird von Ihnen auf eine Wolke gesetzt und von einem leichten Wind davongetragen. So darf jeder Gedanke kommen, und er darf vorbeiziehen, unwichtig werden für den Augenblick. Sie beobachten Ihren Atem, ohne die Atemfrequenz zu beeinflussen. Achten Sie darauf, wie es sich anfühlt, wenn der Atem von Ihrer Nase durch die Luftröhre bis tief in Ihren Bauch gelangt. Sie spüren, wie sich Ihr Brustkorb langsam beim Einatmen hebt und beim Ausatmen wieder senkt. Sie merken, wie mit jedem Atemzug Ihr Körper bis in die Fuß- und Fingerspitzen gut mit Sauerstoff versorgt wird. Beobachten Sie das Ein- und Ausströmen des Atmens noch ca. zehn Mal. Alle störenden Gedanken ziehen auf Wolken vorbei, das Vorbeiziehen der Wolken passt sich vielleicht sogar der Atemfrequenz an. Dann orientieren Sie sich langsam zurück, indem Sie ein bis zwei tiefere, belebende Atemzüge nehmen.

Die Wahrnehmung wird bei dieser Übung immer wieder auf das Hier und Jetzt gelenkt, d. h. weg von den Gedanken an Vergangenheit oder Zukunft. Bei dieser vorbehaltlosen Wahrnehmung geht es darum, alles akzeptierend anzunehmen. Auch Gefühle wie Traurigkeit, Angst, Wut oder Selbstzweifel werden nur betrachtet, ohne sie aktiv loswerden zu müssen. Ein bildhaftes Beispiel, das in diesem Zusammenhang gerne genannt wird, ist der Versuch, einen Ball unter Wasser zu drücken – dieser kommt dann mit Wucht wieder hochgeschossen. Es kann also sinnvoll sein, ihn zu betrachten, wie er auf dem Wasser treibt, und ihn damit wegschwimmen zu lassen. Mit anderen Worten: Negative oder schmerzliche Wahrnehmungen und Gedanken werden wahrgenommen und akzeptiert, ohne sie zu bekämpfen.

Depressivität entgegentreten

Depressivität ist das erste der Einzelsymptome, auf die wir näher eingehen möchten. Eine depressive Stimmung kommt in vielerlei Ausprägung bei verschiedenen Störungen vor – in Ihrer Wahrnehmung vielleicht als Niedergeschlagenheit, Traurigkeit oder Depression.

In depressiver Stimmung neigen die Betroffenen dazu, sich in sich selbst zurückzuziehen, passiv zu sein und zu grübeln. Die Gedanken kreisen mehr um sich selbst, als dass der Blick nach außen gerichtet wird. Selbstabwertende Gedanken und Schuldgefühle (z. B. als Mutter zu versagen) sind typisch. Wenn Energie- und Interesselosigkeit dazukommen, kann sich diese Negativ-Spirale immer weiterdrehen.

Bei Niedergeschlagenheit und leichter depressiver Verstimmung gibt es zahlreiche Strategien, die Ihnen dabei helfen können, sich selbst zu stabilisieren und aus dem gefühlten Tief »herauszuheben«. Hier finden Sie Möglichkeiten, die nach unserer Erfahrung bereits vielen Betroffenen geholfen haben.

Das Bild der Waage

Das Bild der Waage wollen wir hier detailliert ausführen, weil es vielen unserer Patientinnen als Vorstellung, was sie selbst in schwierigen Situationen tun können, geholfen hat (▶ Abb. 8.1).

Anwendungsbeispiel »Die Waage«

Sie stellen sich vor, dass das, was Sie gefühlsmäßig gerade bewegt, in der einen Waagschale liegt. Das können Sorgen, negative Stimmungen, Ängste, aber auch körperliche Beschwerden oder belastende Themen sein. Sie können bestimmt eine Idee dazu entwickeln, wie schwer diese Waagschale sich gerade anfühlt. Manches von dem, was Sie in dieser Waagschale spüren, kann sich möglicherweise nicht einfach auflösen lassen. Dann ist es wichtig, gute Gegengewichte zu finden, damit sich diese Schwere ein Stück weit ausgleichen lässt, ohne das Vorhandensein der Sorgen und Nöte an sich zu leugnen. Was also könnten Sie in die Positiv-Waagschale bringen, um sich etwas besser, leichter, fröhlicher, zuversichtlicher zu fühlen?

Ein Beispiel: Annabel fühlt sich sehr energielos und erschöpft, hat seit der Entbindung ihres ersten Kindes kaum eine Nacht genug Schlaf bekommen. Sie hat die Sorge, ihrem Kind nicht die entspannte, liebevolle Mutter sein zu können, die sie gerne wäre. Zudem schmerzen ihre Brüste und auch noch die Geburtsverletzungen. Das alles liegt in der Negativ-Waagschale. In ihre Positiv-Waagschale legt Annabel: Die Freude über ihr Kind, das trotz einiger Komplikationen in der Schwangerschaft gesund geboren ist; sie hat einen liebevollen Partner; ihre Mutter würde anreisen, wenn sie sie bräuchte; sie hat eine schöne Wohnung und nette Nachbarn, die ihr ebenfalls Hilfe angeboten haben.

Es lohnt sich, die eigenen Ideen und Erfahrungen, was einem guttut, tatsächlich *aufzuschreiben*. Gerade wenn die Stimmung einmal sehr schlecht ist, hat man das Gefühl, sich an nichts Positives erinnern zu können. Man steckt in einem Tunnelblick fest. Dann kann es helfen, sich seine Positiv-Liste vorzunehmen und sich daran erinnern zu lassen, was man selbst darauf geschrieben hat.

Die nachfolgenden Strategien können Ihnen Anregungen geben, was bei Sorgen und Niedergeschlagenheit bis hin zu Depressivität hilfreich sein und ein Gegengewicht zu der zweiten, negativ besetzten Waagschale darstellen könnte.

Abb. 8.1: Das Bild der Waage

Bewegung, Luft und Licht

Wissenschaftlich ist bewiesen, dass sich körperliche Bewegung positiv auf die Stimmung auswirkt. In großen Studien konnte gezeigt werden, dass sportliche Betätigung ähnlich wie ein Antidepressivum wirkt. Frische Luft und Sonnenlicht haben ebenfalls positive Effekte auf die Stimmung. Schon ein Spaziergang bei trübem Wetter ist besser als drinnen sitzen zu bleiben.

Es könnte also helfen, das Kind in den Kinderwagen oder in ein Tragetuch zu packen und möglichst viel draußen spazieren zu gehen. Bestenfalls mit einer Freundin bzw. Bekannten in gleicher Situation oder anderen lieben Menschen. Dann hat man gleichzeitig noch den positiven Effekt des Austauschs und der Begegnung. Aber auch einfach mal ein anregendes Hörbuch, fröhliche Musik oder einen Podcast mit einem positiven Thema zu hören, während das Kind schlummert und man sich selbst draußen bewegen kann, sorgt für eine gute Abwechslung.

Kontakt und Berührung

Einsamkeit verstärkt den inneren Rückzug, weshalb der Kontakt zu anderen Menschen wichtig ist. Sie können sich mitteilen, austauschen oder einfach nur etwas gemeinsam unternehmen.

Vor allem Frauen tauschen sich gerne in *Gesprächen* aus. Eine gute Freundin, die Mutter, Schwester, Cousine oder die Nachbarin – wer auch immer Ihnen gerade guttut, könnte aktiviert werden, Sie mit einem Besuch oder Treffen zu unterstützen. In der Zeit nach der Entbindung hilft der Austausch mit anderen Müttern. Interessanterweise erfährt man dann nicht selten, dass andere Frauen ähnliche Probleme haben wie man selbst.

Zudem tut *Körperkontakt* vielen Menschen sehr gut und kann helfen, Anspannung zu reduzieren. Gerade in längeren Partnerschaften nehmen manchmal die Alltagszärtlichkeiten ab, man küsst sich seltener, nimmt sich kaum noch in den Arm oder berührt sich nur noch flüchtig. Wenn Sie niedergeschlagen sind, fällt es Ihnen vielleicht besonders schwer, Ihrem Partner zärtlich zu begegnen. Wenn Sie jedoch wissen, dass Ihnen Nähe, Berührung und auch Intimität guttun, dann fordern Sie es ruhig von Ihrem Partner ein. Wenn Sie es schaffen, dies ohne vorwurfsvollen Ton als Wunsch zu äußern, gibt er es Ihnen bestimmt gerne. Bedenken Sie bitte immer, dass er vielleicht merkt, dass es Ihnen nicht gut geht, sich aber unsicher ist, womit er Ihnen helfen kann, und dankbar für Ihren Hinweis ist.

Eine Brücke könnte eine gezielte Massage sein, die auf unverkrampfte Weise einen körperlichen Kontakt möglich macht. Das können beispielsweise Massagen der Hände und Füße sein oder auch des Nackens, wenn der Bauch oder die Brüste nach der Entbindung ausgespart werden sollen. Ihren Partner darum zu bitten, sollte nicht schwer sein.

Aktivitäten und Pausen

Aktiv zu sein und die trüben Gedanken für kurze Zeit beiseitezuschieben, ist ein gutes Mittel gegen Niedergeschlagenheit. Sie kommen so aus dem trüben Tunnelblick heraus, nehmen die Umgebung und andere Menschen wieder besser wahr. Manchmal muss man sich zunächst aufraffen,

Dinge zu tun, von denen man eigentlich weiß, dass sie einem gut tun. Wir wissen, wie schwierig es ist, zusätzlich zur Versorgung des Neugeborenen auch noch andere Aktivitäten einzuplanen. Wenn Ihnen das schwerfällt, entscheiden Sie spontan. Allerdings besteht dann die Gefahr, dass Sie es immer weiter vor sich herschieben. Also vielleicht für jeden Tag eine kleine Aktivität konkret vornehmen, wie etwa ein Telefonat mit einer Freundin oder einen Spaziergang mit der Nachbarin. Auch wenn Sie mit anderen verabreden, dass die Sie beispielsweise anrufen (dabei nicht zu unkonkret bleiben), kann das helfen.

Schafft man es, aktiv zu sein, stellt sich die bessere Stimmung meist schnell ein.

Wir wissen alle, dass es bei Überforderung wichtig ist, sich bewusst *Pausen* einzuräumen und für Ruhe zu sorgen. Das tun bzw. erlauben sich viele Frauen nicht, weil es ja noch so viel zu erledigen gibt. Betrachten Sie das Einlegen von Ruhepausen einfach als Aufgabe, um Ihre psychische Stabilität zu erhalten. Auch die beschriebenen Entspannungsmethoden können in Ruhezeiten zum Einsatz kommen. Vielleicht wissen Sie selbst schon, was Sie entspannen und zur Ruhe kommen lässt, und müssen es nur umsetzen.

Aktivitäten und Pausen gehören damit auch zum nächsten Punkt »Selbstfürsorge«.

Selbstfürsorge

Sich um sich selbst zu sorgen und zu kümmern, wenn gerade die ganze Aufmerksamkeit auf ein bedürftiges Baby gerichtet ist, ist gar nicht so leicht. Und auch wenn das Umfeld gerne dazu rät, sich nach der Entbindung auch mal Zeit für sich selbst oder für die Partnerschaft zu nehmen, wissen Mütter und Väter manchmal gar nicht mehr, wie das geht.

Da zur Selbstfürsorge alle Handlungen zählen, die dazu beitragen, das eigene Wohlbefinden zu fördern, könnte die hier zusammengetragene Liste der Selbsthilfestrategien bereits einige Anregungen bieten. Neben dem psychischen Befinden ist ebenfalls das körperliche gemeint. Sich also wieder einer beliebten sportlichen Tätigkeit oder einem Hobby zuwenden, würde ebenfalls in diese Kategorie zählen. Sich in ein gutes Buch vertiefen, mal in Ruhe einen Film schauen, Essen gehen oder mit Freunden ein Gesellschaftsspiel spielen – also alles, was sich gut anfühlt und Freude macht –, sollte nicht völlig vernachlässigt werden.

Das sind Anregungen, die sicher in den ersten Wochen nach der Geburt kaum umzusetzen sind. Behalten Sie sie aber im Auge für die Zeit, wenn etwas Gewöhnung und Ruhe eingekehrt ist. Verpassen Sie nicht den Zeitpunkt, sich auch wieder sich selbst und Ihrem Partner zuzuwenden. Da es ihm ja wahrscheinlich ähnlich geht wie Ihnen, hilft es sehr, sich darüber auszutauschen und auch gemeinsam zu planen.

Akzeptanz

Neben allen Versuchen, unangenehme Gefühle »wegzubekommen«, weil wir sie alle ungern erleben, gehört es dazu zu akzeptieren, dass es sich auch einmal schlecht anfühlen darf. Vor allem, wenn der Auslöser für die schlechte Stimmung, die Niedergeschlagenheit oder die Traurigkeit bekannt ist, geht es nicht immer nur darum, alles ganz schnell wieder fröhlich aussehen zu lassen. Auch nicht darum, »immer nur glücklich zu sein«, weil doch die familiäre und finanzielle Situation »eigentlich nichts zu wünschen übriglässt«. Zu akzeptieren, dass das Leben bisweilen schwierige Situationen und Herausforderungen bereithält, und das zugehörige Gefühl zuzulassen und zu zeigen, ist sehr gesund. Die Fachleute nennen das »affektive Schwingungsfähigkeit«, die Stimmung schwingt mit den Situationen mit. Etwas ist traurig – ich kann weinen; etwas ist ärgerlich – ich kann wütend sein; etwas ist lustig – ich kann lachen.

Akzeptanz der Situation kann den Druck senken, etwas ganz schnell zum Guten wenden zu müssen, und damit auch für eine gewisse Entspannung trotz schwieriger Umstände sorgen. Dies fällt insgesamt optimistischer gestimmten Menschen leichter als pessimistischen. Menschen, die eher an das Schicksal glauben, tun sich häufig leichter damit, ungünstige Lebensumstände zu akzeptieren. Auch wenn Sie nicht zu den optimistischen, schicksalsakzeptierenden Menschen gehören: Wenn Sie sich bewusst damit auseinandersetzen, wird es Ihnen zunehmend besser gelingen!

Es ist aber auch ein zweischneidiges Schwert. Die Akzeptanz, dass die Phase mit einem kleinen Baby sehr anstrengend sein kann und schnell einmal Gereiztheit oder Traurigkeit auftritt, kann entlastend sein. Auf keinen Fall aber sollte man einfach den Gedanken akzeptieren, dass man selbst wohl eine schlechte Mutter ist oder dass andere Mütter es einfach besser können und dass man sich damit abfinden muss. Das wäre kontraproduktiv und würde weiter in die Depression führen.

Da selbstabwertende Gedanken typischerweise schon früh in der Entwicklung einer Depression auftreten können (wie Sie es z. B. in den Erfahrungsberichten sehen), ist es wichtig, bei der Wahrnehmung solcher Gedanken ganz bewusst nach anderen depressiven Symptomen Ausschau zu halten und sich ggf. Unterstützung und Hilfe zu holen.

Sich und anderen das Vorhandensein von psychischen Symptomen einzugestehen, bedeutet übrigens nicht, den Kampf gegen die Symptome aufzugeben. Im Gegenteil. Durch das Annehmen der Problematik kann man die noch vorhandenen Kräfte viel leichter mobilisieren und durch die Kommunikation mit anderen das Ganze auch besser einordnen.

Angstsymptomen begegnen

Sicher kennen Sie wie jeder Mensch Ängste und haben Ihre Umgangsweisen damit. Bei neu auftretenden und vor allem anhaltenden Ängsten nach der Geburt eines Kindes – beispielsweise im Rahmen einer beginnenden postpartalen Depression – helfen diese Strategien vielleicht nicht mehr. Ergänzend zu den vorher beschriebenen Entspannungsübungen finden Sie hier Selbsthilfestrategien zum Umgang mit Angstsymptomen sowie konkrete Anwendungsbeispiele.

Reale Sorgen und leicht ausgeprägte Ängste müssen nicht therapiert werden, aber vielleicht ist die eine oder andere Strategie gegen aufkommende Angstsymptome hilfreich, um normale Sorgen und Befürchtungen im Griff zu behalten, so dass sie nicht zu ernsthaften Problemen führen. Bei ausgeprägten Ängsten (falls Sie beispielsweise schon vor der

Entbindung unter einer Angststörung gelitten haben) sind Sie wahrscheinlich bereits in psychotherapeutischer, evtl. auch psychiatrischer Behandlung. Ist ein Therapieplatz nicht in Sicht, aber auch ergänzend zur Psychotherapie empfehlen sich einige der im Folgenden beschriebenen Übungen.

Den Teufelskreis der Angst verstehen

Ängste können sich einschleichen und sich immer weiter ausbreiten, immer stärker werden; oder ein erster Angstanfall tritt plötzlich und unerwartet auf. Wir sprechen bei echten »Angstanfällen« von Panikattacken, die nicht nur das Kernsymptom einer unabhängigen Angststörung, und zwar einer Panikstörung, sind, sondern auch bei postpartalen Depressionen nicht selten vorkommen (▶ Kap. 2).

Gemeinsam ist allen panikartigen Ängsten, dass sie meist mit furchtsamen Gedanken starten und in der Regel verbunden sind mit einer erhöhten Aufmerksamkeit für körperliche Befindlichkeiten (z. B. Herzklopfen, schnelleres Atmen). Deren Wahrnehmung führt zur Bewertung, dass es sich um gefährliche Symptome handeln könnte (wie etwa die Symptome eines Herzinfarktes) und damit zu einer immer stärkeren Angstreaktion. Dies kann sich weiter hochschaukeln bis zu einer ausgeprägten und als sehr bedrohlich erlebten Panikattacke. Wir sprechen deshalb vom Teufelskreis der Angst, aus dem es keinen Ausweg zu geben scheint (▶ Abb. 8.2).

Der zunächst einfachste Ausweg aus der Angst scheint die Flucht aus der Situation, in der die Angst aufgetaucht ist, bzw. die Vermeidung ähnlicher Situationen. Allerdings hilft das nur sehr kurzfristig. Die Flucht aus der Mutterrolle ist im Übrigen ja nicht möglich und auch von der Versorgung des Babys kann man nicht einfach weglaufen. Gerade diese Unausweichlichkeit schürt weitere Ängste, denen man aber entgegentreten kann.

Sinnvoll ist eine echte *Bewältigung der Angstsymptome*. Dazu gehört es zu lernen, dass der eigene Körper unter Angst bestimmte Signale sendet, die keine Krankheitszeichen sind, sondern *normale Reaktionen* auf unangenehme Situationen bzw. Gedanken. Diese können wahrgenommen und ausgehalten werden, um sie dadurch immer unbedeutender werden zu lassen. Auch wenn das besonders zu Beginn eine große Herausforderung sein kann, hilft es auf Dauer beim Umgang mit der Angst.

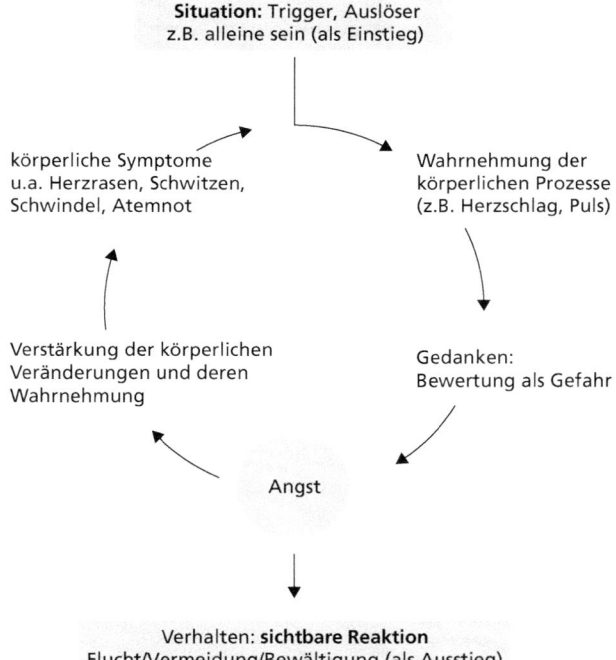

Abb. 8.2: Teufelskreis der Angst

Entschleunigtes Atmen

Wie wir beim Teufelskreis der Angst im vorigen Abschnitt betont haben, sind Flucht und Vermeidung erst einmal natürliche Reaktionen, um weiteren körperlichen Symptomen und einer immer stärker werdenden Angst (= Angstkaskade) zu entkommen. Allerdings hilft Vermeidung überhaupt nicht, im Gegenteil. Es entsteht eine Art Schonhaltung, die alles nur noch schlimmer macht.

Ein bewusstes und entschleunigtes Atmen kann helfen, einen Ausstieg aus dem Teufelskreis zu finden. Es hört sich so simpel an, und doch machen wir es alle viel zu selten – richtig durch- und vor allem ausatmen. Vor allem unter Stress atmen wir viel zu flach. Entspannend ist es, tief einzuatmen und sehr bewusst und lange auszuatmen. Besonders in Stresssituationen und bei aufkommender Angst ist es wichtig, deutlich länger aus- als einzuatmen.

Durch einen ruhigen Atem konnten Effekte auf Herzrhythmus, Blutdruck und Hirnwellen nachgewiesen werden. Bei großem Stress beruhigen sich viele, indem sie sich sagen »ruhig weiter atmen!«. Atmen ja, aber langsam und tief! Atemübungen sind ganz besonders geeignet, sie auch in Situationen wie der Stillzeit anzuwenden.

Vielen Menschen hilft es, beim Atmen zu zählen – das bekommt man auch in Angst- und Anspannungssituationen gut hin. Und der Körper wird gleichzeitig wunderbar mit Sauerstoff versorgt.

Anwendungsbeispiel »Durchatmen mit 4–6–8«

Üben Sie die tiefe Bauchatmung, bei der sich nicht nur der Brustkorb beim Einatmen durch die Nase hebt, sondern die Luft bis in den Bauchraum strömt – und zählen Sie dabei bis 4. Dann halten Sie die Luft an, während Sie bis 6 zählen. Das langsame und längere Ausatmen durch die Nase (zählen Sie bis 8) wirkt beruhigend. Diese Atemzüge wiederholen Sie 5- bis 10-mal.

Alle fünf Sinne einsetzen

Eine effektive Übung gegen starke ängstliche Anspannung ist der Einsatz aller fünf Sinnesorgane. Damit kann man Grübeln, Sorgen, abschweifende Gedanken, aufkommende Unruhe und sogar akute Panik gut unterbrechen.

Anwendungsbeispiel »Mit allen fünf Sinnen«

Nehmen Sie mit allen fünf Sinnen bewusst wahr:
Was sehe ich? (z. B. die grünen Blätter an den Bäumen vor dem Fenster)
Was höre ich? (z. B. leise Musik von den Nachbarn)
Was rieche ich? (z. B. den angenehmen Geruch des Babyöls)
Was schmecke ich? (z. B. das Zitronenbonbon)
Was spüre ich? (z. B. den samtigen Bezug des Sessels, auf dem ich sitze)
  Diese fünf Sinne gehen sie 3- bis 5-mal hintereinander durch: Was sehe, höre, rieche, schmecke, spüre ich sonst noch?

Diese Übung, die Sie ebenfalls auf dem Sofa sitzend und stillend anwenden können, erdet und bringt Ihre Aufmerksamkeit, Ihre Gedanken und Ihre Konzentration in das Hier und Jetzt zurück.

Die Angst hereinbitten

Gerade ängstliche Menschen wünschen sich absolute Angstfreiheit. Sie sind häufig gedanklich damit beschäftigt, wie sie die Angst loswerden oder wie sie aufhören können, sich Katastrophen auszumalen und Schlimmes zu denken, während sie gleichzeitig darüber nachdenken, wie sie sich vergewissern können, dass nichts Schlimmes passiert ist. Man spricht in diesem Fall von »generalisierter Angst«, die auch im Rahmen einer postpartalen Depression auftreten kann oder diese verstärkt.

Die Angst außen vor halten zu wollen, kann sehr viel Energie kosten, auch deshalb, weil es eine komplette Angstfreiheit in gesundem Maße nicht gibt. Ängste gehören zu unserem Leben und haben schützende Wirkung.

Anstatt die ganze Kraft darauf zu verwenden, »keine Angst haben zu wollen«, kann es entlastend sein, »die Angst hereinzubitten«.

Anwendungsbeispiel »Die Angst ist nur zu Gast«

Eine Möglichkeit besteht darin, die Angst wie einen ungebetenen, lästigen Gast zu betrachten, den man nun mal nicht gleich wieder loswird. Man kann den Gast hereinbitten, ihn in eine Ecke des Zimmers setzen und ihn bitten, sich ruhig zu verhalten. Zwischendurch würde man sich schon um ihn kümmern, aber nur, wenn es gerade passt. Ansonsten muss er sich unterordnen, essen was auf den Tisch kommt und nicht ständig rummeckern.

Ja, der Gast (die Angst) ist jetzt da, aber ich selbst bestimme immer noch in meinem Haus, in meinem Körper, in meinem Kopf.

Das ist besser, als krampfhaft die Tür zuzuhalten, um den ungebetenen Gast (die Angst) draußen zu halten, oder sich im eigenen Haus zu verstecken. Ein guter Merksatz hierfür ist: »Die Angst ist nur zu Gast. und ich bestimme!«

Dies sind Gedankenspiele, die sehr gut dabei helfen können, die Perspektive und den Blick bezogen auf die eigenen, vielleicht schon bekannten Ängste zu verändern. Dadurch verändert sich auch die Intensität des Angsterlebens.

Möglicherweise sagen Sie sich jetzt: »Ja, das geht bestimmt mit vielen Ängsten, aber doch nicht mit meinen, z. B. der Angst, dass dem Partner etwas Schlimmes passieren könnte.« Doch, jeder Art von Angst »schaut man besser ins Gesicht« als sie ständig »im Nacken zu spüren«. Die Vorstellung von dem, was da hinter einem vor sich gehen könnte, ist meist viel schlimmer als die Realität. Und wahrscheinlich kann man dann die Symptome besser einordnen.

Vielleicht hilft Ihnen folgende Selbstinstruktion:

Anwendungsbeispiel »Mach mal Pause, Angst«

»Hallo Angst, ich kenne dich inzwischen sehr gut. Du kannst schreckliche Bilder in meinem Kopf hervorrufen, die fast real wirken. Weil ich dich so gut kenne, darfst du dich ab und zu zeigen, aber ich möchte manchmal eine Pause von dir. Ich möchte bestimmen, wann ich mich mit dir beschäftige! Ich gönne mir Zuversicht, ich schenke mir Hoffnung. Ich bleibe mit meinen Gedanken im Hier und Jetzt! Gerade im Augenblick ist alles in Ordnung. Ich kann die Gegenwart ganz bewusst wahrnehmen und spüren, und dieses positive Gefühl werde ich mir erhalten.«

Gedankenstopp (nicht nur bei Ängsten)

Diese Methode dient der Gedankenlenkung und zur bewussten Abgrenzung von unliebsamen Gedanken und Spannungszuständen.

Der Gedankenstopp ist eine klassische verhaltenstherapeutische Methode. Wenn Sie merken, dass sich ängstliche Gedanken immer wieder in Ihrem Kopf drehen, können Sie diese bewusst stoppen. Sie können sich innerlich ein rotes Stopp-Schild vorstellen, Sie können aber auch laut »STOPP« sagen. Dieses bewusste Unterbrechen der wiederkehrenden Gedanken kann noch unterstützt werden durch lautes Händeklatschen. Manchen hilft ein Erinnerungs-Gummibändchen am Handgelenk, das man kurz schnalzen lässt, um damit einen Unterbrechungsimpuls zu setzen.

Der Gedankenstopp ist eine gute Ergänzung zu weiteren Strategien, die z. B. gegen *Niedergeschlagenheit, Traurigkeit und Depressivität* oder *Zwangssymptome* eingesetzt werden können. Denn auch gegen negatives Grübeln und Problemspiralen kann der Gedankenstopp helfen. Ängste und Niedergeschlagenheit können eng beieinander liegen. Sie haben beispielsweise Angst vor einem Verlust und werden direkt traurig bei dem Gedanken, dass Ihnen (wieder) etwas Schlimmes widerfahren könnte? Mit dem Gedankenstopp können Sie sich *zurückholen in das Hier und Jetzt*: »Aktuell ist alles in Ordnung. Ich kriege das hin!«

Innerer Ort der Ruhe

Ähnlich wie bei den Fantasiereisen können Sie auch an einen sogenannten sicheren oder ruhigen »inneren Ort« reisen. Dies kann ein Ort sein, den Sie schon einmal aufgesucht haben, ein Urlaubsort oder eine besonders angenehme Situation, in der Sie sich entspannt, ruhig, kraftvoll und sicher gefühlt haben.

> **Anwendungsbeispiel »Ruheort«**
>
> Um Ihren inneren Ort der Ruhe zu finden und zu festigen, nehmen Sie eine bequeme Stellung im Sitzen oder Liegen ein und schließen Sie die

Augen. Dann rufen Sie diesen Ort vor Ihrem inneren Auge auf und betrachten ihn mit all Ihren Sinnen, wobei Ihnen Ihre Erinnerungen helfen. Wie sieht es dort aus? Was hören Sie? Was riechen Sie? Was schmecken Sie? Was fühlen Sie?

Je häufiger Sie sich diesen Ort vorstellen, umso leichter stellt sich bereits bei einem Wort (z. B. Strand oder Wasserfall oder Berge) der angenehme Zustand wieder ein, den Sie damit verbinden.

Zwangssymptome durch Akzeptanz neutralisieren

Zwangssymptome sind *harmlose*, aber enorm störende Symptome.

Stark ausgeprägt können Zwangsgedanken als Symptome einer postpartalen Depression vorkommen (▶ Kap. 2). Falls bei Ihnen schon in der Vorgeschichte eine Zwangsstörung bestand, kann diese durch Schwangerschaft und Geburt wieder in den Vordergrund treten und sich in manchen Fällen auch deutlich verschlechtern.

Zwangssymptome, die nach einer Geburt auftreten, hängen meist thematisch mit dem Kind zusammen. Nach der Entbindung können beispielsweise Ängste vor möglichen Infektionen in ständigem und übermäßigem Händewaschen oder Desinfizieren von Dingen münden. Der Gedanke, nicht gut genug zu sein als Mutter oder dem Baby sogar Schaden zufügen zu können, kommt bei besonders großem Fürsorglichkeitsanspruch auf. Setzen Sie sich also mit Ihren Ängsten und bereits aufkommenden Zwängen auseinander und wehren Sie den Anfängen.

Nur Sie selbst werden bemerken, wenn sich schon vorhandene Zwangsgedanken langsam verstärken oder neue auftreten. Denn von außen fallen Gedanken viel weniger auf als Handlungen, die jemand oft und lange wiederholt (wie etwa wiederholte Kontrollen von Elektrogeräten oder übermäßiges Waschen). Versuchen Sie nicht, diese Gedanken mit sich allein auszumachen, denn das führt nur zu weiterer Niedergeschlagenheit und Ängstlichkeit. Sicher gibt es eine Vertrauensperson auch außerhalb der fachlichen Behandlung durch Psychiater oder Psychologin, mit der Sie darüber sprechen können. Wenn Sie es nicht über sich bringen können, sich jemandem im Familien- oder Freundeskreis zu öffnen, dann wenden Sie sich an die Selbsthilfeorganisation Schatten & Licht. Dort können Sie mit einer Beraterin sprechen, die diese Problematik kennt und sicher auch einen telefonischen Kontakt zu einer anderen betroffenen Mutter herstellen kann.

Es gibt verschiedene Strategien, zwanghaftem Verhalten oder Denken selbst etwas entgegenzusetzen. Selbst wenn man erfolgreich eine Psychotherapie gegen Zwangssymptome absolviert hat, wird man langfristig daran arbeiten müssen, dass die Zwangssymptome sich nicht langsam wieder einschleichen. Auch dabei helfen die folgenden Übungen.

Zwangsgedanken keine Macht geben

Das Hauptproblem bei Zwangsgedanken ist, dass ihnen von den Betroffenen zu viel Bedeutung beigemessen und zu viel Macht eingeräumt wird. Das Erschrecken über schlechte, bedrohliche, aggressive Gedanken führt zunächst zum Versuch, solche Gedanken wegzudrängen. Das ist in der Regel erfolglos und führt eher dazu, dass sich die Gedanken immer stärker in den Vordergrund drängen.

Die meist sehr negativ geprägten Gedanken werden leicht mit einer *Absicht verwechselt* und führen zu großer Beschämung und der Sorge, dass man das Gedachte tatsächlich tun könnte. Das Denken wird als reale Bedrohung erlebt, anstatt es im Bereich der Fantasien zu belassen.

Die erste Gegenmaßnahme gegen Zwangsgedanken ist daher, *den Gedanken ihre inhaltliche Bedeutung zu entziehen* und sich bewusst zu machen, dass keine Gefahr besteht, dass Handlungen folgen werden. Damit verlieren sie ihre Macht! Unser Verhalten wird von unserem Charakter geprägt und nicht davon, welche Gedanken uns ungewollt in den Kopf kommen! Nur weil man den schlimmen Gedanken hat, jemanden böse zu beschimpfen, tut man es nicht auch.

Achtsamkeit, z. B. mit Hilfe einer Atem-Meditation, kann dabei helfen, Gedanken weniger wichtig zu nehmen. Auch die Übung »Mit allen fünf

Sinnen« oder der beschriebene Gedankenstopp können einen Grübelzwang bzw. Zwangsgedanken aktiv unterbrechen.

Wie »die Angst hereinzubitten« kann man auch »Zwangsgedanken hereinbitten«, sollte sie dann aber bewusst sich selbst überlassen:

Anwendungsbeispiel »Zwangsgedanken sich selbst überlassen«

Sobald man versucht, sich gegen einen Zwangsgedanken zu wehren, drängt er sich immer mehr auf – so als würde er die ganze Zeit gegen die Tür klopfen. Ignoriert man ihn weiter, versucht er, durch die Hintertür einzudringen. Dann bittet man ihn doch lieber gleich herein, setzt den unliebsamen Besucher auf einen Hocker in die Ecke, gibt ihm eine Zeitschrift zum Durchblättern – und widmet ihm darüber hinaus *keinerlei* Aufmerksamkeit mehr, sondern fährt mit den eigenen Tätigkeiten fort. Dem Gedanken wird bestimmt bald langweilig, und er verabschiedet sich.

Anders als bei der Angst geht es *nicht* darum, diesem »Besucher« zu signalisieren: »Ich habe später Zeit für dich und schaue dich dann genau an.« Vielmehr soll der ungebetene Gast merken, dass Sie an ihm überhaupt nicht interessiert sind und dass es Ihnen egal ist, ob er da ist oder nicht. Sie beachten ihn sowieso nicht – so wie Sie auch unangebrachtes Verhalten von Kindern, mit dem diese Sie provozieren wollen, nicht beachten, um es nicht noch zu verstärken.

Anders formuliert: Egal, welchen Inhalt die unangenehmen und ungewollten Zwangsgedanken haben: Man darf ihnen *keine Aufmerksamkeit schenken*, wenn man einmal für sich festgestellt hat, dass sie den eigenen Werten und Absichten nicht entsprechen. Manchmal kann es sehr schwer sein, seine Zwangsgedanken *radikal zu akzeptieren* und auszuhalten. Aber Akzeptanz braucht meist weniger Kraftanstrengung als sich ständig innerlich dagegen zu wehren. Zumal diese ungewollten Gedanken bei Nichtbeachtung tatsächlich immer weniger wichtig werden und schließlich verschwinden oder nur noch ab und zu und ganz im Hintergrund auftauchen. Sie haben ihre Macht verloren!

Zwangshandlungen verhindern

Zwangshandlungen haben die Funktion, Angst und Anspannung zu vermindern. Waschzwänge und Kontrollzwänge kommen am häufigsten vor. Dabei ist der Übergang zwischen normaler Sauberkeit und Waschzwang oder zwischen Sorgfalt und Kontrollzwang fließend. Zu Beginn werden die Hände wegen der Angst vor einer Infektion vielleicht zweimal statt einmal gewaschen, später wird es dann immer mehr, bis es schließlich Stunden dauert. Zu Beginn wirft man noch rasch einen Blick in die Küche, um zu sehen, ob die Kaffeemaschine ausgeschaltet ist; später werden es dann zwei oder noch mehr umfassende Kontrollgänge, wobei jedes einzelne elektrische Gerät überprüft wird. Nur so lässt sich dann noch die Angst bekämpfen.

Gerade in Situationen, in denen einem gefühlt wenig Kontrolle über eine Situation bleibt, wie z. B. mit einem Neugeborenen, das noch keinem äußeren Rhythmus folgt, können sich Zwangshandlungen verstärken, weil sie vermeintlich Kontrolle zurückgeben. Doch das ist eine falsche Sicherheit.

Die praktische Erfahrung zeigt, dass Zwänge die unangenehme Eigenschaft haben, sich *immer mehr auszuweiten*, je mehr Raum man ihnen gewährt. Schließlich bestimmen die Zwangshandlungen den Alltag fast völlig und beziehen auch andere Personen mit ein, die beispielsweise bei der Sorge vor Infektionen immer mehr dazu angehalten werden, bestimmte Reinlichkeitsrituale mitzumachen oder so lange zu warten, bis Licht und Geräte zum dritten Mal kontrolliert sind.

Merke

Zwangsimpulsen darf man *nicht* nachgeben, weil sich dann die Zwangshandlungen immer mehr ausbreiten – bis sie das ganze Leben bestimmen. Das gilt auch für Angehörige: Lassen Sie sich nicht »um des lieben Friedens willen« dazu verleiten, bei den Zwangshandlungen mitzumachen.

Nur durch das Verhindern dieser wiederkehrenden Zwangshandlungen kann man den Kreislauf unterbrechen. Es geht somit darum, andere Methoden zu finden, mit denen die aufkeimende Angst und die innere Anspannung reguliert werden können. Da bieten sich die verschiedenen Methoden zur Entspannung, aber auch Achtsamkeit an.

Ganz speziell: die Angst vor Infektionen

Infektions- oder Krankheitsängste treten nach einer Entbindung umso vehementer auf, je stärker diese bereits vor oder in der Schwangerschaft vorhanden waren – wenn z. B. eine Zwangsstörung bzw. eine Neigung zu Hygiene- und Kontrollritualen bestand.

Die Vorsicht vor Infektionen und Ansteckung kann sich bei ängstlichen oder zwanghaft veranlagten Schwangeren und Müttern schnell ausweiten. Vielleicht wurden in der Schwangerschaft mehr und mehr Lebensmittel aus Angst vor einer Infektion vermieden. Nach der Entbindung dann wieder zu einer anderen Ernährung zurückzukehren, kann für Frauen mit Zwangssymptomen eine echte Herausforderung sein.

Vor allem für stillende Mütter gibt es eine Vielzahl von Ernährungs- und Hygieneempfehlungen bzw. Hinweise auf das, was man unbedingt vermeiden soll. Damit beziehen wir uns jetzt nicht auf die wichtigen Hinweise, wie etwa, dass Stillen und Nikotin- bzw. Alkoholkonsum nicht zueinander passen. Doch bedeutet z. B. die geforderte Hygiene bei der Versorgung des Neugeborenen, dass man sich jedes Mal die Hände desinfizieren muss, bevor man es berührt? Oder dass man am besten Handschuhe tragen sollte? Nein, wie bei den meisten Aspekten gilt auch dabei Ausgewogenheit!

Anwendungsbeispiel »Der Angst standhalten«

Versuchen Sie, für sich herauszufinden, was die Quelle der Angst ist (z. B. Angst vor Ansteckung) und überprüfen Sie, wie real diese Sorge ist. Fragen Sie die Frauenärztin, welche Art von Hygiene nach der Entbindung notwendig ist. Fragen Sie den Kinderarzt, welche Hygienemaßnahmen bei einem Säugling angemessen sind. Schreiben Sie sich diese Dinge auf und hängen Sie eine gut sichtbare Liste mit den Anweisungen über das Waschbecken oder an den Kühlschrank.

Halten Sie sich an die aufgeschriebenen Regeln! Natürlich wird Angst auftauchen und Ihnen suggerieren, es wäre besser, wenn Sie die Hände ein zweites und drittes Mal waschen. Und wahrscheinlich wird die Angst zunächst stärker werden, wenn Sie ihr nicht nachgeben. Halten Sie sie aus! Und machen Sie die Erfahrung, dass die Angst immer weniger wird und irgendwann ganz verschwindet.

Denken Sie immer daran, dass Sie nur die Wahl zwischen zwei unangenehmen Varianten haben: Entweder jetzt die Angst aushalten und irgendwann loswerden. Oder der Angst nachgeben und ihr immer mehr Raum geben, so dass sie größer und größer wird. Ja, das ist sehr schwer. Aber vielleicht können Sie sich von Ihrem Partner unterstützen lassen. Also unbedingt über die Ängste sprechen!

Ganz speziell: die Angst, dem Baby zu schaden

Bei postpartalen Depressionen sind aggressive Zwangsgedanken mit dem Inhalt, *dem Neugeborenen etwas anzutun*, nicht selten; und manchmal entwickelt sich die Depression als Folge dieser Zwangsgedanken. Aber auch ohne begleitende Depression sind solche Gedanken nicht ungewöhnlich bei Frauen, selbst bei psychisch ganz gesunden Frauen und erst recht, wenn es bereits im Vorfeld eine Zwangsstörung gab.

Mit Absicht nennen wir hier an dieser Stelle nur ein Beispiel, an was betroffene Mütter mit aggressiven Zwangsgedanken so denken. Wir wissen nämlich aus der Erfahrung, wie wandlungsfähig Zwangsgedanken sind und wie schnell Betroffene plötzlich unter weiteren Zwangsgedanken leiden. Und wir wollen Ihnen keine neuen Ideen suggerieren.

Wenn Sie selbst betroffen sind, wissen Sie, mit wie viel Schuld- und Schamgefühlen solche aggressiven Gedanken einhergehen – sie sind oftmals so ausgeprägt, dass man niemandem, aber auch wirklich niemandem, davon etwas sagen möchte. Der einzige Weg scheint die Vermeidung entsprechender Gefahren, d. h., alle gefährlichen Gegenstände wegräumen, problematische Situationen vermeiden und beispielsweise möglichst nicht mehr mit dem Baby allein bleiben.

Aber wie schon an anderer Stelle gesagt, finden Zwangsgedanken immer einen Weg, sich auszubreiten. Insofern *hilft Vermeidung nur ganz kurzfristig*. Besser ist es, den unangenehmen Gedanken den Kampf anzusagen. Aber um im Bild zu bleiben: Ein aggressiver Kampf mit Wut und Verzweiflung hilft gerade bei Zwangsgedanken nicht. Vielmehr muss man auf *Gelassenheit*, man könnte auch sagen Diplomatie, setzen.

Dazu ist es hilfreich, sich noch einmal ganz genau zu vergegenwärtigen, was denn die eigenen Vorstellungen sind, ob man es sich jemals vorstellen könnte, dem eigenen Baby zu schaden. Wenn Sie selbst betroffen sind und schon ähnliche Erfahrungen haben, werden Sie wahrscheinlich wissen, dass genau das Gegenteil der Fall ist: Vielleicht gehen Sie Konflikten eher aus dem Weg, neigen zu Kompromissen, hassen aggressive Auseinandersetzungen. Und natürlich haben Sie für Ihr Kind nur das Beste im Sinn, wollen ihm Liebe und Fürsorge schenken und würden sich wie eine Löwin für es einsetzen, wenn es bedroht wird.

Genau das ist es! Genau das ist die *Erklärung für die Zwangsgedanken*: Betroffene Mütter machen sich sehr viele Sorgen um ihr Kind, wollen nur das Beste. Sie sind sicher, dass sie es schützen können – bis die aggressiven Zwangsgedanken auftreten und ihnen suggerieren wollen, dass sie selbst die Gefahr sind, weil sie sich vielleicht nicht kontrollieren können. *Es stecken also Ängste dahinter, dass dem Kind etwas geschehen könnte.* Und damit sind wir dann wieder bei der Vermeidung bestimmter Situationen, von der man glaubt, dass sie helfen würde.

Doch die Hoffnung trügt, denn das menschliche Gehirn ist sehr erfinderisch, und schon bald werden auch andere Gegenstände oder Situationen gefährlich wirken und vermieden werden. Deshalb ist es ausgesprochen wichtig, *bereits ersten Zwangsgedanken bzw. -impulsen etwas entgegenzusetzen*. Das folgende Anwendungsbeispiel, das ganz bewusst die besondere Situation mit einem Neugeborenen beschreibt, zeigt wie.

Anwendungsbeispiel »Keine Vermeidung«

Sie kümmern sich vielleicht gerade liebevoll um Ihr Baby, plötzlich kommt der Gedanke auf, dass Sie es mit dem Messer verletzen könnten, das zufällig auf dem Tisch liegt. Sie erschrecken fürchterlich und schämen sich für diesen Gedanken. Auch bekommen Sie Angst vor sich selbst. »Wer so etwas denkt, tut es vielleicht auch.«

Sie wollen Ihr Baby schützen und sich selbst auch, aber immer, wenn Sie jetzt ein Messer oder eine Schere sehen, müssen Sie an Ihre schrecklichen Gedanken und Bilder im Kopf denken. Am liebsten würden Sie alle scharfen Gegenstände verstecken und mit dem Baby nicht mehr allein bleiben.

Tun Sie genau das Gegenteil! Damit schützen Sie Ihr Baby am besten, weil Sie es nämlich vor den vielen Folgeerscheinungen von Vermeidungsverhalten bewahren!

Machen Sie sich bewusst, dass solche Gedanken gerne plötzlich einschießen, vor allem wenn Sie müde und überlastet sind oder gerade hinterfragen, ob Sie auch wirklich eine gute Mutter sind. Versuchen Sie, über sich selbst zu schmunzeln: »Wie viel bescheuertes Zeug man doch am Tag so denken kann«.

Wenn Sie sich etwas ausgeruht haben, gehen Sie mit Ihrem Baby in die Küche und schnippeln das Gemüse für das Abendessen oder schälen einen Apfel. Vielleicht sprechen Sie währenddessen mit dem Baby, das Sie neben sich haben. Damit beweisen Sie sich, dass Ihre Gedanken nur Gedanken sind, die das Gegenteil von dem ausdrücken, was Sie eigentlich empfinden (nämlich große Liebe und Fürsorge).

Teilen Sie Ihre Gedanken jemandem mit, der diese einzuordnen weiß, behalten Sie sie nicht für sich, machen Sie kein Geheimnis daraus. Das kann eine andere betroffene Frau sein, mit der Sie über die Selbsthilfeorganisation Schatten & Licht e.V. in Kontakt kommen. Weihen Sie auch Ihren Partner ein. Ausgesprochene Gedanken verlieren schnell an Schrecken.

Wenn Sie sich in Psychotherapie befinden oder diese planen, werden sicher die Themen »Selbstsicherheit« und »Vertrauen in das eigene Urteilsvermögen« eine wichtige Rolle spielen und die Ängste, die den Zwangsgedanken zugrunde liegen, vermindern. Auch Ihrer Ärztin sollten Sie von diesen Gedanken berichten, da sich danach eventuell die Auswahl des Antidepressivums richtet.

Traumatische Erinnerungen verblassen lassen

Inzwischen gibt es bewährte Übungen und Empfehlungen, wie traumatisches Erleben bewältigt werden kann und wie Betroffene die Kontrolle über ihre Erinnerungen behalten bzw. zurückerobern können. Wir haben Ihnen einige Strategien, die wir selbst gerne in Therapien anwenden, hier aufgelistet.

Ob ein Erlebnis als traumatisch erlebt wird, hängt von vielen Faktoren ab, die auch mit einem selbst zu tun haben (z. B. der eigenen Vorgeschichte oder der Persönlichkeit). Der Begriff »traumatisch« wird heute für Erlebnisse verwendet, die man früher vielleicht als furchtbar, schrecklich oder lebensbedrohlich bezeichnet hätte. *Rund um die Geburt* können beispielsweise Schwangerschaftsverluste, bestimmte Untersuchungen oder die Entbindungssituation als so schrecklich erlebt werden, dass sich die Erinnerungen daran immer wieder aufdrängen. Auch Erlebnisse aus der Vergangenheit können für eine Schwangerschaft sehr belastend sein.

Wegen des weit verbreiteten Gebrauchs des Wortes traumatisch soll hier nur darauf hingewiesen werden, dass nicht jede dieser Erfahrungen zu einer »posttraumatischen Belastungsstörung« (also einer behandlungsbedürftigen Störung) führt. Trotzdem ist es in Ordnung, den Begriff »traumatisch« zu verwenden, weil damit jeder gleich weiß, was gemeint ist – ein furchtbares, schreckliches Erlebnis.

Fast reflexhaft möchte man unangenehme, erst recht traumatische Ereignisse verdrängen, sie nicht ständig im Kopf haben und immer neu durchdenken müssen. Aber ähnlich wie bei den Zwangsgedanken drängen sich diese Gedanken und Bilder immer wieder von selbst auf. Häufig sind mit traumatischen Erinnerungen auch *Schuldgefühle* verbunden (»Warum habe ich nicht protestiert oder genauer nachgefragt?«, »Warum habe ich die Gefahr nicht erkannt?«, »Warum habe ich nicht besser reagiert?«). Solche Schuldgefühle tragen zusätzlich dazu bei, nicht mehr über die Ereignisse sprechen oder nachdenken zu wollen.

Bei unangenehmen Erinnerungen haben sich einige Strategien bewährt, die man durchaus selbst anwenden kann. Sie haben vielen unserer Patientinnen auch parallel zur Psychotherapie geholfen, die Kontrolle über die inneren Bilder und Gedanken zurückzugewinnen. Sprechen Sie ggf. mit Ihrer Psychotherapeutin, ob diese Übungen für Sie geeignet sind.

Merke

Gibt es Hinweise auf eine posttraumatische Belastungsstörung (PTBS) bei Ihnen, dann sollten Sie *nicht* versuchen, die hier genannten Strategien allein anzuwenden. In einer Psychotherapie werden Sie behutsam und unter guter Anleitung mit Ihrem ganz individuellen Tempo behandelt. Auch Medikamente kommen bei der PTBS bisweilen zum Einsatz.

Reden hilft

Das wiederholte Erzählen der Geschehnisse hilft den Prozessen der Informationsverarbeitung im Gehirn. Jeder kennt das Phänomen, dass Erinnerungen und die damit verbundenen Gefühle mit der Zeit verblassen oder dass z. B. eine als peinlich erlebte Situation später mit Distanz sogar als lustig betrachtet und erzählt werden kann. Bleibt diese automatische Verarbeitung nach traumatischen Erlebnissen quasi stecken, können sich Symptome einer posttraumatischen Belastungsstörung entwickeln. Neue Erfahrungen können dieses Erleben dann nicht relativieren und »überschreiben«. Sind die Erinnerungen zu schmerzhaft und belastend, dann braucht es psychotherapeutische, manchmal sogar medikamentöse Hilfe, damit das Reden, Erzählen und damit die Verarbeitung wieder in Gang kommt. Mit entsprechenden Entspannungsverfahren bzw. speziellen psychotherapeutischen Methoden zur Traumabehandlung wird dieser Prozess dann angeregt.

Heute weiß man, dass diese speziellen therapeutischen Techniken nicht zu früh eingesetzt werden sollten, weil damit der normale Verarbeitungsprozess unterbrochen werden kann. Es ist nämlich so, dass es vielen Menschen gelingt, traumatische Geschehnisse selbst gut zu verarbeiten; vor allem Ereignisse, die nicht lebensbedrohlich waren, die sich nicht wiederholt haben bzw. die nicht über einen langen Zeitraum angehalten haben.

Um diesen normalen Verarbeitungsprozess zu unterstützen, können Sie selbst einiges tun, *vor allem sich mitteilen.*

Berichten Sie anderen von Ihren Erfahrungen und den Bildern, die sich eingeprägt haben, erzählen Sie, legen die Geschehnisse wiederholt dar. Das alles hilft, diese zu sortieren und immer weniger bedrohlich werden zu lassen. Das soll nicht die Bedrohlichkeit in der Situation leugnen oder relativieren, sondern das Gefühl stärken, dass die *Geschehnisse in der Vergangenheit liegen* und im Hier und Jetzt nicht mehr bedrohlich sind.

Geburten sind so herausragende Erlebnisse, selbst wenn sie ausschließlich positiv erlebt werden, dass sie in das bisherige eigene Erleben integriert, also eingeordnet werden müssen. Bei negativen oder traumatischen Erinnerungen ist das doppelt schwer. Einen Autounfall finden alle nachvollziehbar schrecklich. Aber bezüglich Geburten gibt es eine große Erwartungshaltung, dass sie positiv erlebt werden. Mütter, die Negatives berichten, passen da nicht so gut ins Bild und stoßen unter Umständen auf Unverständnis, so dass es manchmal Überwindung kostet, ehrlich von den Erlebnissen zu erzählen.

Auch kann es Mut erfordern, sich nicht zurückzuziehen und soziale Kontakte zuzulassen. Doch besonders Kontakte mit anderen Müttern (z. B. in einer Krabbelgruppe) sind eine gute Übung, um »der Angst ins Gesicht zu sehen« und sie damit immer unwichtiger werden zu lassen – abgesehen von den positiven Auswirkungen sozialer Kontakte und Freundschaften.

Schreiben hilft auch

Von dem Schriftsteller Max Frisch stammt das Zitat »Schreiben ist Kommunikation mit dem Unaussprechlichen«. Jeder, der schon einmal Tagebuch geschrieben oder seine Gefühle und Eindrücke in einem Brief formuliert hat, kennt vielleicht die Wirkung, dass man sich etwas von der Seele schreiben kann. Das Aufschreiben verschafft eine gewollte *Distanz zum Erlebten.*

Zudem kann das Aufschreiben den widerstrebenden Impulsen zwischen dem Wunsch zu vergessen und dem Gefühl, dass manche Details im Nachhinein immer deutlicher in Erinnerung kommen, entgegenwirken.

Wenn man einmal alle Abläufe, Ereignisse, Gespräche, Gedanken und Gefühle aufgeschrieben hat, dann weiß man, dass diese Erinnerungen nicht verloren gehen. Man kann das Heft oder das Buch zuklappen, vielleicht sogar ein Band darumbinden und es in den Schrank stellen. Nur wenn man selbst es will, holt man es wieder hervor. Das Aufschreiben hilft übrigens auch dabei, *positive Erinnerungen* nicht zu vergessen.

Auch in Psychotherapien wird das Therapeutische Schreiben gerne gezielt eingesetzt.

Tresortechnik

Sind die inneren Bilder des Traumas zu heftig, um sich diese anzuschauen, wird in der Psychotherapie die sogenannte Tresortechnik angewendet. Diese können Sie (solange keine ausgeprägte Störung vorliegt) auch im Sinne der Selbsthilfe nutzen. Es handelt sich um eine Art Fantasiereise bzw. Imaginationsübung, mit der Sie die belastenden Inhalte sicher wegschließen.

Anwendungsbeispiel »Tresor«

Stellen Sie sich vor Ihrem inneren Auge vor, dass Sie einen Raum betreten, in dem ein großer Tresor installiert ist. Schauen Sie ihn sich genau an. Wie groß ist er? Welchen Schließmechanismus hat er? Nur Sie haben die Zahlenkombination oder den Schlüssel dazu. Sie öffnen die schwere, sichere Tür und schauen ins Innere. Jetzt legen Sie alle Bilder, Worte, Geräusche, Gerüche und den Geschmack der unangenehmen Erinnerung und vor allem die dazugehörigen negativen Gefühle dort hinein. Überlegen Sie, ob das schon alles war, oder ob noch etwas dazu kommen soll, wie etwa Erinnerungen an unsensible Reaktionen Ihrer Umgebung, als Sie etwas davon erzählt haben.

Dann schließen Sie die schützende Tür und den Schließmechanismus. Nun können Sie sich entspannen und innerlich zurücklehnen. Alles ist dort drinnen sicher aufgehoben, Sie müssen es sich im Moment nicht mehr anschauen.

Nur *Sie* entscheiden, ob und wann Sie den Tresor wieder öffnen.

Wie beim Reden oder Schreiben handelt es sich hierbei um eine Distanzierungstechnik, die in der Hypnotherapie und in der speziellen Traumatherapie Anwendung findet – sie hilft, eine echte *innere Distanz zu dem Geschehen* herzustellen. Der Unterschied zur Verdrängung ist, dass so die Erinnerung nicht gleich hinter der nächsten Ecke wieder lauert und man deshalb in ständiger Alarmbereitschaft ist.

Analog zur Tresor-Übung kann auch ein *sicherer innerer Ort* geschaffen werden. Dies ist die gleiche Übung, die als Anwendungsbeispiel »Ruheort« zur Angstregulation beschrieben ist.

Innere Helfer

Bei einem traumatischen Ereignis waren eventuell nicht genügend reale »äußere Helfer« da (z. B., wenn während einer Geburt nicht durchgehend eine Hebamme anwesend sein konnte), oder sie wechselten ständig, so dass niemand so richtig den Überblick über die Gesamtsituation hatte. Möglicherweise haben es auch die, die helfen sollten, nicht ausreichend gut gemacht (Sie fühlten sich vielleicht bevormundet, überrumpelt, nicht ernst genommen).

Wenn Sie sich in Ihrer Erinnerung alleingelassen fühlen mit den schrecklichen Erlebnissen, kann man sich mit der nachträglichen Vorstellung eines »inneren Helfers« innere Unterstützung holen. Das kann eine imaginäre Figur, eine Person, ein besonderes Wesen sein, das Ihnen Kraft gibt und Ihnen in der Rückerinnerung an die Geschehnisse mit Rat und Tat zur Seite steht. Dies könnte eine weise alte Frau sein, so etwa das eigene alte Ich mit 80 Jahren, das über viel gelassene Lebensweisheit verfügt. Oder eine Person, die Sie kennen bzw. kannten, wie etwa die Großmutter, die früher immer unterstützend und tröstend für Sie da war.

Stellen Sie sich die Situation noch einmal vor, dieses Mal aber mit Unterstützung der gewählten Helferin. Wenn Sie das häufiger tun, kann die Vorstellung die reale schreckliche Erinnerung langsam überschreiben.

Mit Schlafstörungen umgehen

Schlaf ist für alle Menschen eine wichtige Erholungsquelle. Gleichzeitig ist er für bestimmte psychische Störungen ein bedeutsamer Stabilisierungsfaktor. Gerade bei leichten Ein- oder Durchschlafstörungen können bereits kleine Übungen und ein paar einfache Regeln rund ums Schlafen für eine deutliche Verbesserung sorgen. Dies gilt besonders dann, wenn die Nachtruhe absehbar vom Baby gestört wird.

Schlafstörungen gehören zu den ersten Symptomen von Depressionen und verwandten psychischen Störungen. Im einfachsten Fall zeigen Probleme mit dem Ein- oder Durchschlafen nur, dass einen ein Problem beschäftigt. Wenn es sich um wenige Nächte handelt, in denen Sie nicht gut schlafen, brauchen Sie sich noch keine Sorgen zu machen, vor allem nicht in der turbulenten Anfangsphase nach der Entbindung. Wenn es allerdings zum Dauerproblem wird, Sie kaum Schlaf finden und auch tagsüber nicht zu Ruhe kommen, muss man über Anpassungsprobleme an die neue Situation hinausdenken. Sehr ernst nehmen muss man die Schlafstörungen spätestens dann, wenn sie trotz guter äußerer Bedingungen stundenlang anhalten oder wenn Sie regelmäßig ohne äußeren Anlass vorzeitig in den frühen Morgenstunden erwachen und nicht wieder einschlafen können. Z. B. wenn Sie nie in den Schlaf finden, selbst wenn Ihr Baby schläft.

Schon leichte Einschlaf- und Durchschlafschwierigkeiten tragen häufig zu Symptomspiralen bei. Sie können zur Folge haben, dass man sich energielos, lethargisch und interesselos fühlt. Unausgeruhtsein fördert darüber hinaus die Reizbarkeit und das Gefühl des Überfordertseins. Dieses führt wiederum zu höherer innerer Anspannung, die sich dann ebenfalls negativ auf den Schlaf auswirkt, z. B. durch nächtliches Grübeln. Also ein typischer Teufelskreis.

Wird die postpartale Depression behandelt, werden mit dem Abklingen der Symptome auch die Schlafstörungen zurückgehen. In ▶ Kap. 5 gehen wir auf die medikamentösen Möglichkeiten der Schlafförderung ein.

Auch man selbst kann einiges zur Verbesserung des Schlafes beitragen. Nicht jede Strategie ist für jeden Menschen geeignet. Probieren Sie es und wählen Sie aus den Strategien die, die für Sie am besten umsetzbar erscheinen.

Schlafhygiene

Der Begriff Schlafhygiene wird häufig genannt, wenn es um Schlafstörungen geht. Damit werden »gute Verhaltensweisen« rund um das Zubettgehen und den Schlaf bezeichnet. Auch wenn Sie das Gefühl haben, in Ihrer Lebenssituation gerade überhaupt nicht mehr selbst über Ihre Zeit und Ihren Tagesablauf bestimmen zu können, kann es sich lohnen, sich die Gewohnheiten rund um das Schlafen nochmals genauer anzuschauen. Wahrscheinlich kennen Sie die Empfehlungen wie regelmäßige Schlafzeiten einzuhalten, vorher etwas zur Entspannung zu tun etc. Da Ihnen das in der aktuellen Situation wahrscheinlich nicht helfen wird, verzichten wir auf nähere Ausführungen dazu.

Einen Gedanken wert ist es aber vielleicht, sich selbst bewusst zu machen, dass man manchmal den guten Schlaf selbst sabotiert (indem man z. B. kurz vor dem Schlafengehen noch ein kalorienhaltiges Essen zu sich nimmt oder sich auf eine hitzige Diskussion mit dem Partner einlässt). Auch diesbezüglich gilt also die schon gepriesene Achtsamkeit, nämlich sich seiner selbst immer stärker bewusst zu werden und zur Expertin für das eigene Befinden zu werden – auch in Sachen Schlaf.

Für ein bewusstes Wahrnehmen und Körpergefühl kann die Achtsamkeitsübung des bereits beschriebenen *Body-Scans* dienen. Eine andere sehr gute Methode zum Einschlafen, aber auch bei nächtlichem Wachliegen ist die *progressive Muskelentspannung*. Manchmal ist eine Entspannung erst zu spüren, wenn die Anspannung zuvor bewusst hergestellt bzw. gespürt wird. Ebenso können die anderen genannten Entspannungsmethoden vor dem Einschlafen eingesetzt werden (Autogenes Training, Fantasiereisen). Diese funktionieren am besten, wenn man darin schon geübt ist.

Wenn eine Mutter völlig übernächtigt ist, hat dies Auswirkungen auf die Stimmung und auch auf die Beziehung zum Baby. Da kann es sinnvoll sein, sich mit dem Partner bewusst die Nächte mit der Versorgung des Babys aufzuteilen und sich auch mal eine ganze Nacht in einem anderen

Zimmer zu gönnen (auch dem Partner wird das vielleicht guttun). Wenn gestillt wird, ist die Zufütterung von abgepumpter Milch oder Babynahrung in solchen Nächten sinnvoll.

Keine Angst vor Schlaflosigkeit

Je mehr Angst besteht, nicht schlafen zu können bzw. am nächsten Tag nicht fit zu sein, desto mehr verstärken sich Ein- und Durchschlafstörungen. Daher ist es vorteilhaft, wenn man es schafft, Schlaflosigkeit egal werden zu lassen oder zu nutzen. Es gibt Tiere, bei denen aufgrund ihres Fluchtinstinkts nur eine Gehirnhälfte schläft, die andere passt auf mögliche Gefahren auf. Diese Erkenntnis kann man selbst nutzen, indem man sich Folgendes aufzeigt:

Anwendungsbeispiel »Der Kopf ist wach, der Körper schläft«

»Auch wenn mein Kopf wach ist, meine Füße ruhen sich aus und schlafen schon.«
»Auch wenn mein Kopf wach ist, meine Beine ruhen sich aus und schlafen schon.«
»Auch wenn mein Kopf wach ist, meine Arme ruhen sich aus und schlafen schon.«
»Auch wenn mein Kopf wach ist, meine Organe ruhen sich aus – Leber, Niere, Herz, alle sind ganz ruhig.«
»Auch wenn mein Kopf wach ist, mein Körper ruht sich aus, schläft und erholt sich.«

Vielen unserer Patientinnen hat dieses Bild vom halb wachen und halb schlafenden Zustand schon geholfen. Manchen hilft auch das Hören von Hörbüchern (über Kopfhörer und mit Nutzung der Timer-Funktion auf dem Smartphone) oder das Lesen mit einem E-Reader, weil dieser lichtreduziert und lautlos zu bedienen ist. Die innere Einstellung »Dann komme ich endlich mal zum Lesen« ist ein guter Gegenspieler zu »Oh nein, nicht schon wieder diese schreckliche Schlaflosigkeit«.

Angst vor Schlaflosigkeit entsteht auch durch die Befürchtung, dem nächsten Tag mit so wenig Schlaf nicht gewachsen zu sein. Eventuell hilft das Wissen um Strategien, wie man nach einer schlechten Nacht trotzdem seine Konzentration steigern kann, z. B. mit einer erfrischenden Dusche, einem Spaziergang an der frischen Luft oder (in gemäßigten Dosen) koffeinhaltigen Getränken (eingeschränkt beim Stillen).

Und: nutzen Sie jede Gelegenheit, auch während des Tages ein »Nickerchen« zu machen – egal wieviel unerledigte Dinge vielleicht nach Ihnen rufen.

Wut und Aggressionen entgegenwirken

Wenn Eltern an ihre psychischen Grenzen geraten, z. B. wenn ihr Baby sich nicht beruhigen lässt, braucht es gute Strategien, damit sich aufkommende wütende oder sogar aggressive Gefühle und Impulse nicht gegen das Baby richten.

Mütter und Väter können rasch an ihre körperlichen und psychischen Grenzen kommen, wenn ein Baby sich gar nicht beruhigen lässt, sich nicht ablegen lässt oder kaum in den Schlaf findet Schnell entwickelt sich das Gefühl, nichts richtig zu machen. Zudem führt der Schlafmangel zu mehr Reizbarkeit, die »Nerven liegen blank«. Daraus kann sich ein Gefühl großer Hilflosigkeit entwickeln.

Hilflosigkeit ist DER Vorläufer für Wut und auch für Aggressionen. Man weiß nicht, wie man weiter machen soll, was dem Baby noch helfen könnte, alle bereits ausprobierten Strategien scheinen wirkungslos. Mütter und Väter können regelrecht gemeinsam mit ihrem Baby verzweifeln. Wenn das Baby dann als alleiniger Verursacher dieser sehr unschönen Gefühle angesehen wird, wird es vielleicht heftiger abgelegt, ihm wird laut gesagt, dass es sich beruhigen soll und im schlimmsten Falle wird es sogar geschüttelt oder geschlagen. Eine Entwicklung, die keinesfalls sein darf!

Merke

Ein Baby darf NIE geschüttelt werden. Es kommt sehr schnell zu bleibenden Schäden am Gehirn!

Da Unruhe, Ärger und lautes Sprechen natürlich immer das Gegenteil von Beruhigung bewirken, sind andere Strategien gefragt:

Aus der Situation gehen!
Ja, ein Baby soll möglichst nicht schreiend allein gelassen werden. Aber bevor man aggressiv wird, ist es weniger schädlich, für ein bis zwei Minuten (!) vor die Tür zu gehen, um ein paarmal tief durchzuatmen und dann gelassener wieder den Raum zu betreten.

Belastung teilen!
Bevor die Stimmung eskaliert, ist es immer besser, das Baby kurz an eine andere verfügbare Person (Partner, Mutter, Babysitter, Nachbarin o. ä.) abzugeben. Sich mit einer anderen Tätigkeit abzulenken oder einfach mal ein paar Minuten für sich allein zu sein, kann die Situation schon entschärfen. Möglicherweise muss man eine solche Person ansprechen und um Hilfe bitten bzw. darum, dass sie vielleicht für eine gewisse Zeit in die Wohnung kommt, um zu unterstützen – und wenn es nur die Möglichkeit ist, über die eigene Verzweiflung in der Situation zu sprechen.

Achtsamkeitsübungen anwenden!
Sich auf die Situation selbst zu konzentrieren, sie anzunehmen, sie möglichst unbewertet auszuhalten, kann ebenfalls eine sinnvolle Strategie sein.

Sich seiner Rolle bewusstwerden!
Sich selbst deutlich zu sagen, wenn nötig auch ausgesprochen: »Ich bin die Erwachsene – hier ist mein Baby, das mich braucht« kann helfen, nicht das Baby für die Lösung verantwortlich zu machen. »Für das, was ich brauche, ist mein Baby nicht zuständig!«

Auszeiten einplanen!
Kurze, gezielt eingeplante Pausen, in denen jemand anderes das Baby versorgt, können Wunder wirken. Schon nach kurzer Zeit stellt sich Sehnsucht zum Kind her, die nächste Schreiattacke wird schon viel besser aufgefangen.

Hilfe organisieren!
Wenn alle Maßnahmen erfolglos bleiben und auch Hebamme, Kinderarzt oder die Freundin nicht weiterhelfen können: Suchen Sie Hilfe, z. B. bei einer Schreibaby-Ambulanz. Sicherlich kennt Ihre Hebamme eine solche Spezialsprechstunde.

9 Fallbeispiele aus der Praxis

> **Darum geht es**
>
> In diesem Kapitel haben wir aus unserem Erfahrungsschatz einige exemplarische Fallbeispiele zusammengestellt, die die praktischen Auswirkungen postpartaler Depressionen und das breite Spektrum dieser Problematik verdeutlichen.

Diese Reihe von Beispielen, die wir unendlich fortsetzen könnten, zeigt, dass selbst bei ähnlicher Grundproblematik die Geschichte jeder Frau anders ist.

Vielleicht helfen Ihnen die folgenden Schilderungen dabei, die eigenen Probleme besser einzuordnen. Auch für Angehörige und Freunde können sie interessant sein, da damit möglicherweise klarer wird, wie man eine betroffene Frau dabei unterstützen kann, Hilfe zu finden und anzunehmen.

Es handelt sich um wahre Geschichten, die so verändert sind, dass die Anonymität der betroffenen Mütter und Väter (bzw. in einem Fall der Co-Mutter) gewahrt wird.

Achterbahn der Gefühle – Grund zur Sorge? Ein Fall von Babyblues

Anna J., 23 Jahre
Drei Tage nach der Geburt ihres ersten Wunschkindes wird Anna J. unruhig und ängstlich. Immer wieder bricht sie in Tränen aus, was sie sehr beunruhigt und ihr Schuldgefühle verursacht. Da in ihrer Familie Depressionen vorkommen, macht sie sich Sorgen, selbst zu erkranken. Rasche Stimmungswechsel zwischen Glücklichsein und Weinen einerseits und euphorischer Stimmung und Gereiztheit andererseits fallen in erster Linie dem Ehemann auf.

Vorsorglich ließ sich Frau J. bei uns beraten. Die genaue Schilderung der Beschwerden zeigte, dass aktuell außer der Symptomatik eines »Babyblues« (»Heultage«) keine Symptome bestanden und dass zunächst keine weiteren Maßnahmen erforderlich waren. Dadurch war Anna J. beruhigt und entlastet. Wie erwartet war nach zwei Tagen ihre Stimmung wieder ausgeglichen und auch in den folgenden Wochen stabil. Frau J. hatte keine Wochenbettdepression entwickelt, wie sie anfänglich befürchtet hatte. Das Kind und die kleine Familie wirkten rundum zufrieden.

Ich wollte eine so gute Mutter sein – Depression nach der ersten Entbindung

Beate V., 33 Jahre
Beate V. und ihr Mann bekommen nach 5-jähriger glücklicher Ehe ein Wunschkind. Frau V. hat sich gut auf die Entbindung vorbereitet, viele Bücher über Kindererziehung gelesen, und sie genießt die komplikationslose Schwangerschaft. Ein Wermutstropfen ist die Tatsache, dass sich das Kind nicht in die richtige Position dreht und deshalb ein Kaiserschnitt durchgeführt wird. Aber

auch der läuft gut, sie bekommt eine PDA, die es ihr ermöglicht, ihr Kind sofort selbst in Empfang zu nehmen. Der Mann darf dabei sein, die Tochter ist gesund.

Direkt nach der Entbindung wird Frau V. unruhig, führt das aber darauf zurück, dass sie noch nie im Krankenhaus war. Doch auch nach der Entlassung geht es ihr nicht besser, im Gegenteil: Die Unruhe nimmt zu, sie weint viel, macht sich Sorgen um das Kind und um die Zukunft. Vor allen Dingen belastet sie, dass sie ihrem Kind gegenüber nicht die Muttergefühle empfindet, die sie erwartet hat. Später berichtet sie über diese Zeit, dass sie das Kind wie eine Puppe versorgt hat und die Freude von Mann und Familie über den Familienzuwachs gar nicht nachempfinden konnte. In ihr war es leer, sie fühlte sich traurig und immer verzweifelter.

Nachdem die Symptome einer Depression immer stärker wurden (wie etwa Schlafstörungen, Antriebslosigkeit, Grübeln, Entscheidungsschwierigkeiten, Hoffnungslosigkeit) und erste lebensmüde Gedanken auftraten, sprach sie mit ihrer Hebamme darüber. Diese vermittelte sie an eine Spezialsprechstunde, wo sie mit antidepressiv wirkenden Medikamenten und mit begleitenden psychotherapeutischen Gesprächen behandelt wurde. Auch der Partner und die Familie wurden einbezogen. Alle Beteiligten konnten nach Aufklärung über das Störungsbild einer postpartalen Depression sehr viel besser mit der Situation umgehen. Das depressive Bild klang bald ab. Frau V. wurde eine glückliche und aktive Mutter, und auch ihre Tochter entwickelte sich prächtig.

Fehlende Muttergefühle dem Neugeborenen gegenüber stürzen die Mütter meist in starke Schuld- und Versagensgefühle. Dazu muss man wissen, dass diese »Gefühllosigkeit« dem Kind gegenüber Symptom einer Depression sein kann, ebenso wie Schwierigkeiten, andere Gefühle zu empfinden, z. B. Lebensfreude. Darüber hinaus müssen sich die Gefühle dem Kind gegenüber nach der Geburt erst entwickeln, selbst wenn zum Ungeborenen bereits eine intensive innere Bindung bestand. Dies ist ein Prozess, der Wochen dauern kann. Es handelt sich beim Neugeborenen um eine kleine eigenständige Persönlichkeit, deren Bedürfnisse und Reaktionen man erst zu erkennen lernen muss. Das, was in Büchern oder Zeitschriften manchmal suggeriert wird, nämlich dass Mutterliebe vom ersten Augenblick an übergroß da ist, ist eher eine Wunschvorstellung als Realität.

Lange gequält und viel Zeit versäumt – Chronifizierte Depression nach der ersten Entbindung

Christine S., 38 Jahre

Christine S., Krankenschwester in Elternzeit, stellt sich auf Veranlassung ihrer Verhaltenstherapeutin bei uns mit der Frage vor, ob eine zusätzliche antidepressive Medikation sinnvoll sei. Sie ist jetzt etwa ½ Jahr in Psychotherapie, ihre Tochter ist mittlerweile 18 Monate alt.

Frau S. berichtet, dass ihre Tochter ein absolutes Wunschkind ist. Zunächst sei es schwierig gewesen, schwanger zu werden, auch die Schwangerschaft sei von einigen Komplikationen begleitet gewesen. Nach der Entbindung sei dann alles ganz anders als erwartet gewesen. Kurzfristig nach der Geburt habe sie ein richtiges Glücksgefühl erlebt, bald darauf aber habe sie Panik bekommen, ständig geweint. In den folgenden Wochen sei alles immer schlimmer geworden, bis sie sich ihrer Frauenärztin anvertraut habe. Diese habe ihr ein Medikament verschrieben, was auch sehr schnell geholfen habe. Als die Packung nach vier Wochen aufgebraucht war, habe sie sich keine weiteren Tabletten verschreiben lassen – unter anderem deshalb, weil sie von Angehörigen gehört habe, dass sie doch mit Medikamenten ihre Probleme nicht lösen könne. Danach sei es schrittweise wieder schlechter geworden. Schließlich habe sie dann vor einem halben Jahr die Verhaltenstherapie begonnen; auch das habe nur vorübergehend etwas Besserung gebracht. Seit zwei Wochen gehe es ihr wieder ganz schlecht: Sie müsse den ganzen Tag weinen, habe keine Kraft, sei ziemlich nervös. Sie könne sich nicht konzentrieren, grübele ständig. Ihre Stimmung sei schlecht, zeitweise sei sie auch sehr gereizt. Sie habe Schuldgefühle ihrer Tochter gegenüber, weil sie keine gute Mutter sei. Sie fühle sich traurig, hoffnungslos, sie habe Angst, das alles nicht mehr zu schaffen. Morgens gehe es noch einigermaßen, nachmittags werde alles noch schlimmer. Sie habe kaum Antrieb, alles koste viel Energie. Der Appetit sei in Ordnung, aber sie könne das Essen nicht so wie früher genießen. Sie könne schlecht einschlafen, wahrscheinlich weil sie so angespannt sei. Obwohl sie ein sehr inniges Verhältnis zu ihrem Mann habe und der sie auch sehr unterstütze, gebe es seit der Geburt keine sexuellen Kontakte, weil sie dazu

überhaupt keine Lust habe. Ab und zu habe sie lebensmüde Gedanken, allerdings wolle sie ihrer Tochter das nicht antun.
Ihre Persönlichkeit schildert Christine S. als zuverlässig, leistungsbereit, perfektionistisch, mit hohen Ansprüchen an sich selbst.

Bereits wenige Tage nach Beginn der antidepressiven Medikation kam es zu einer Verbesserung der Stimmung bei Frau S. Alle Symptome klangen innerhalb weniger Wochen vollständig ab. Christine S. fand ihr früheres Lebensgefühl wieder, war ist glücklich und zufrieden und konnte die Zeit mit ihrer Tochter erstmals wirklich genießen. In einem abschließenden Gespräch äußerte sie ihre Traurigkeit darüber, dass sie von der Depression um viele Monate des Glücks mit ihrer Tochter gebracht worden sei. Die damit verbundenen Schuldgefühle und die Erfahrung der schweren depressiven Erkrankung waren später Thema in der Psychotherapie, die Frau S. fortführte.

Leider ist das eine Erfahrung, die viele Mütter machen, die depressiv werden: Da die Depression nach der Geburt oft erst sehr spät als solche erkannt oder nicht ausreichend behandelt wird, haben die Frauen nach erfolgreicher Behandlung das Gefühl, dass sie eine wichtige Zeit und viele schöne Erlebnisse mit ihrem Kind versäumt haben. In diesem Fall war es sogar so, dass eine informierte Frauenärztin richtigerweise erkannt hat, dass ein Antidepressivum Frau S. helfen würde, und ihr ein Medikament verschrieben hatte, das gut wirkte. Möglicherweise hatte sie aber nicht dazu gesagt, dass bei Depressionen die Behandlung immer noch mindestens ein halbes Jahr weiter gehen muss, und zwar ab dem Zeitpunkt, zu dem man sich wieder völlig gesund fühlt. So ist es bei Frau S. zu einem Rückfall gekommen, der zunächst nicht zu einer erneuten Behandlung führte. Erst eine kluge Psychotherapeutin, die erkannte, dass sie mit ihren verhaltenstherapeutischen Mitteln allein hier nicht weiterkommt, hat über ein Jahr später die erneute medikamentöse Behandlung in Gang gebracht.

Sieht so eine Mörderin aus? – Depression mit Zwangssymptomen

Diana H., 28 Jahre
Sieht so eine Mörderin aus? Diese Frage stellt sich die 28-jährige Studentin immer wieder vor dem Spiegel, weil sie fünf Wochen nach der Geburt ihres erwünschten zweiten Kindes zunehmend häufiger den Gedanken hat, ihrem Kind etwas anzutun. Eigentlich ging es ihr gut nach der Entbindung, bis sich diese schrecklichen Gedanken immer häufiger aufdrängten – aus allen möglichen Situationen heraus. Wenn sie ihren Sohn badet, sieht sie ihn plötzlich unter Wasser liegen; wenn sie am Fenster steht, stellt sie sich vor, wie er hinunterfällt. Diese und ähnliche Gedanken erschrecken sie so, dass sie entsprechende Situationen zu vermeiden versucht: Sie versteckt die Messer, badet das Kind nicht mehr allein, geht nicht mehr ans Fenster und bleibt am liebsten überhaupt nicht mehr allein mit ihren Kindern. Nach der Geburt des ersten Sohnes gab es ebenfalls eine Zeit mit solchen Gedanken, aber wesentlich schwächer und nur ganz kurz.
Weil sie sich so schrecklich schämt wegen dieser Gedanken, spricht sie mit niemandem darüber. Sie kann sich auch nicht vorstellen, dass es andere Mütter gibt, die solche Gedanken haben.

Erst als die Gedanken immer stärker wurden und schließlich zu einer schweren Depression führten, wurde den Angehörigen deutlich, dass Diana H. Hilfe brauchte. Bei der Erhebung der Informationen zur postpartalen Depression fragte die Psychiaterin ganz gezielt auch nach solchen Gedanken, woraufhin die junge Mutter das erste Mal darüber sprechen konnte.

Unter psychotherapeutischer Behandlung – vorübergehend unterstützt durch ein niedrig dosiertes Antidepressivum – war die Depression rasch rückläufig. Auch die Zwangsgedanken wurden immer weniger und verursachten vor allen Dingen kaum noch Angst und Schuldgefühle bei der Patientin.

Gerade Zwangsgedanken führen bei betroffenen Müttern zu enormen Ängsten, dass sie so etwas umsetzen könnten. Betroffene Frauen leiden unter Schuldgefühlen, sie schämen sich, wissen aber in der Regel nicht, wo sie sich Hilfe holen können. Obwohl sie sicher sind, dass sie ihre Gedanken nicht in die Tat umsetzen wollen, haben sie Angst, die Kontrolle zu verlieren und ihr Baby doch zu verletzen. Die gute Botschaft ist: Solche Zwangsgedanken werden nicht umgesetzt.

Mütter, die ihre Kinder töten, leiden unter ganz anderen Problemen und tun dies dann z. B. unter dem Einfluss von psychotischen Symptomen (wie etwa Wahn oder Halluzinationen). Deshalb ist es ganz wichtig, zwischen Zwangsgedanken und Stimmenhören zu unterscheiden. Diese Beurteilung sollte einem Psychiater überlassen werden, denn das ist nicht immer ganz einfach. Aber wenn Zwangsgedanken diagnostiziert werden, dann kann man beruhigt sein: Zwangsgedanken sind sehr unangenehm, aber ungefährlich!

Kann man sich mit Behinderung anstecken? – Zwangssymptome in der Schwangerschaft

Elisabeth B., 31 Jahre

Die Angestellte Elisabeth B., die bereits einen 2 ½-jährigen Sohn hat, ist in der 19. Woche mit ihrem zweiten Wunschkind schwanger. Sie berichtet, dass sie seit Beginn der Schwangerschaft unter Ängsten vor Schmutz und Ansteckung mit Krankheiten und Behinderungen leidet. Sie fürchtet sich ganz besonders vor Berührung mit behinderten Menschen, wie etwa mit Kindern mit Trisomie 21, weil dadurch vielleicht eine Ansteckung ihres ungeborenen Kindes zustande kommen könnte. Leichte Gedanken dieser Art habe sie auch in der ersten Schwangerschaft gehabt; in dieser Schwangerschaft seien die Befürchtungen aber wesentlich ausgeprägter. Obwohl durch Pränataldiagnostik einschließlich Fruchtwasseruntersuchung keine Auffälligkeiten gefunden wurden und obwohl sie weiß, dass Behinderungen nicht durch Ansteckung übertragbar sind, kann sie sich gegen diese Vorstellungen nicht wehren. Um einen toten Vogel auf ihrem Weg macht sie einen großen Bogen und desinfiziert später den ganzen Kinder-

wagen, um eventuelle Keime abzutöten. Über solche Situationen und Vorkommnisse macht sie sich danach noch sehr lange Gedanken. Überhaupt grübelt sie viel darüber, ob sie alles richtig macht. Bei Berührung mit Schmutz oder vermeintlich verschmutzten Gegenständen muss sie sich bis zu fünfmal die Hände waschen, jedes Mal über mehrere Minuten. Eine Zeitlang hat sie auch verstärkt kontrolliert, ob der Herd ausgeschaltet ist; das ist aber in der letzten Zeit wieder weniger geworden. Obwohl sie selbst wisse, dass ihr Verhalten merkwürdig sei (»Das ist doch nicht mehr normal«), habe eine entsprechende Bemerkung ihres Mannes sie sehr verletzt.

Als Frau B. im Rahmen der ersten Untersuchung hörte, dass es sich bei ihren Gedanken um Zwangsgedanken und Zwangshandlungen handelt, unter denen viele Menschen leiden, war sie bereits deutlich entlastet. Sie konnte sich gut auf die entsprechenden Empfehlungen für Verhaltensänderungen einlassen, zum Beispiel darauf, Situationen, die Angst auslösen, möglichst nicht mehr zu vermeiden. Und nicht gegen die angstauslösenden Gedanken zu kämpfen, sondern sie möglichst »gleichgültig« zu behandeln bzw. zu ignorieren.

In der weiteren Schwangerschaft kam sie mit den nach wie vor auftretenden Zwangsgedanken besser zurecht, geriet vor allen Dingen nicht mehr so schnell in Panik. Einige Wochen nach der unkomplizierten zweiten Geburt stellte sie sich noch einmal vor: Fast alle Gedanken und Ängste waren wie weggeblasen, es ging ihr wieder so gut wie früher. Dass sie eine Neigung zu zwanghaftem Verhalten hatte, fiel ihr jetzt im Alltag stärker auf, sie konnte aber gut gegensteuern.

Dieses Beispiel zeigt, wie irreale und übertriebene Befürchtungen das Leben von Menschen bestimmen können, selbst wenn diese wissen, dass solche Gedanken unsinnig sind. Nicht selten kommt es bei Frauen, die bereits vorher eine Zwangserkrankung oder vielleicht auch nur eine Neigung zu Zwangsgedanken hatten, in der Schwangerschaft zur Verstärkung der Symptome. Ein Zusammenhang mit hormonellen Einflüssen wird diskutiert, kann aber wegen der Kompliziertheit der Zusammenhänge im Einzelfall nicht nachgewiesen werden.

Das Beispiel von Elisabeth B. zeigt weiterhin, dass Techniken der Verhaltenstherapie gerade bei Ängsten und Zwangssymptomen ganz besonders wirksam sind. Nämlich: nicht vermeiden, sondern sich den Ängsten und Zwangsgedanken stellen und ihnen keine besondere Bedeutung beimessen. Und ihnen damit keine Macht geben!

Depressiv oder »ausgesaugt«? – Die Erschöpfung nach mehrmonatigem Stillen

Franziska F., 27 Jahre

Franziska F. stellt sich sechs Monate nach ihrer ersten Entbindung bei uns vor, weil sie vermutet, dass sie an einer Wochenbettdepression leidet. Seit der Entbindung geht es ihr schleichend schlechter, aktuell seien Erschöpfung und Gereiztheit die vorherrschenden Symptome. Das kenne sie sonst von sich gar nicht. Sie leide zunehmend unter Schuldgefühlen, habe das Gefühl, den Ansprüchen der Familie nicht gerecht zu werden. Sie habe Angst zu versagen und Zukunftsängste, wozu auch konkrete Sorgen (z. B. drohende Arbeitslosigkeit des Mannes) beitragen. Ihr Mann unterstützt sie sehr gut, ist verständnisvoll und fürsorglich.

Bei der weiteren Untersuchung zeigten sich einige Symptome, wie sie auch bei einer Depression vorkommen können: Erschöpfung, Kraftlosigkeit und verminderte Belastbarkeit. Wichtige Kernsymptome für eine Depression fehlten aber, wie etwa Freudlosigkeit, Antriebslosigkeit oder typische Schlafstörungen. Dagegen wurde deutlich, dass Frau F. sich durch das nunmehr sechsmonatige Stillen körperlich »ausgelaugt« und »ausgesaugt« fühlte. Sie hatte schon längere Zeit darüber nachgedacht, ob sie abstillen sollte, konnte sich dazu aber nicht entschließen, »weil es ja so gut klappte«. Durch die ständige Bindung an das Kind hatte sie kaum Gelegenheit, etwas für sich selbst zu tun. Sie traf sich zwar manchmal ohne Baby mit Freundinnen, tat dies aber nur mit schlechtem Gewissen.

Nach dem diagnostischen Gespräch konnte Frau F. dahingehend entlastet werden, dass aus psychiatrischer Sicht keine Depression im engeren Sinne besteht, sondern dass es sich am ehesten um die Folge der körperlichen Erschöpfung aufgrund des mehrmonatigen Stillens handelt. Hinweise auf eine andere körperliche Ursache – wie etwa eine Schilddrüsenunterfunktion – fanden sich nicht. Eine spezielle antidepressive Behandlung war nicht erforderlich. Unsere Empfehlung, möglichst bald mit dem Abstillen zu beginnen, entsprach auch dem Bedürfnis von Frau F. Mutter und Kind hatten zunächst Schwierigkeiten mit der Umstellung; nach gewissen Anpassungsproblemen funktionierte dann aber die Ernährung per Fläschchen sehr gut.

Franziska F. fühlte sich in der Folgezeit zwar weiterhin noch müde und erschöpft, konnte aber ihre körperliche Leistungsfähigkeit bald wieder verbessern und vor allen Dingen auch ihre eigenen Interessen mit Freude wieder wahrnehmen.

In ihrem Fall waren die unterstützenden (= supportiven) psychotherapeutischen Gespräche von besonderer Bedeutung. Sie konnte dadurch nämlich erkennen, wie wichtig ihre eigenen Bedürfnisse sind und dass »Stillen um jeden Preis« nicht die richtige Lösung ist.

Im Umgang mit Müttern machen wir immer wieder die Erfahrung, dass sich aus dem Stillen ein erheblicher Druck entwickeln kann, wie auch das nächste Beispiel zeigt. Wie sehr Frauen sich durch die öffentliche Meinung oder Familie, Bekannte, Hebammen und Ärzte unter Druck gesetzt fühlen, lange zu stillen, zeigt die Äußerung einer anderen Patientin in einer ähnlichen Situation: »In meinen Kreisen stillt man«. Für sie bedeutete das: »Es gibt keine Alternative«. Doch, es gibt eine Alternative – das psychische Wohlbefinden von Mutter und Kind ist mindestens genauso wichtig wie der Schutz vor Infektionen oder die Vorbeugung von Neurodermitis. Dazu kann im Übrigen auch schon eine kurze Zeit des Stillens beitragen.

Wenn Stillen zum Stress wird – Depression mit Panikattacken

Gudrun D., 34 Jahre
Die 34-jährige Gudrun D. stellt sich drei Monate nach der ersten Entbindung bei uns vor. Die Probleme nach der Entbindung hätten eigentlich mit Stillproblemen angefangen: sie habe viele Probleme gehabt mit der Brust, die Milch habe nicht gereicht, sie habe zufüttern müssen. Sie sei sich dabei sehr schlecht vorgekommen, weil sie ja wisse, dass das Stillen wegen der Allergievorbeugung für das Kind wichtig sei. Sie habe trotz der Probleme sehr darum gekämpft, weiter zu stillen, obwohl es sehr anstrengend gewesen sei. Sie habe nie gewusst, ob das Kind satt wird. Nach acht Wochen habe sie dann auf Empfehlung des Arztes abgestillt. Nur kurze Zeit sei es ihr psychisch besser gegangen, danach sei es zu einer weiteren Verschlechterung des Befindens gekommen. Sie habe nicht mehr schlafen können, habe ein Kloßgefühl im Hals gehabt und immer wieder Angstattacken bekommen. In solchen Zuständen habe sie riesige Angst gehabt umzufallen, habe hyperventiliert (= sehr schnell und flach geatmet) und sei manchmal vor Angst fast ausgerastet. Ihr Mann sei damit ganz schlecht zurechtgekommen und habe nicht gewusst, was er machen solle. Ihr Hausarzt habe sie zum Psychotherapeuten geschickt, der habe Eheprobleme diagnostiziert und ihr eine Paartherapie empfohlen.

Nach der Untersuchung bei uns wurde eine antidepressive Behandlung begonnen, die bereits innerhalb weniger Tage zu einer Verbesserung der Panikattacken und der übrigen depressiven Symptome führte. Innerhalb von wenigen Wochen war die Patientin völlig symptomfrei. Durch die Aufklärung war es auch für den Ehemann leichter, mit den Problemen seiner Frau umzugehen. Eheprobleme, die einer Paartherapie bedurft hätten, fanden sich danach nicht mehr.

Drei Jahre später entschlossen sich die beiden trotz ihrer Ängste vor einer Wiederholung der Depression und der Angstattacken zu einem zweiten Kind. Die Schwangerschaft und die Zeit nach der Entbindung verliefen erfreulicherweise unkompliziert. Einige Zeit später konnte Gudrun D. wieder in ihren Beruf als Lehrerin zurückkehren.

An diesem Beispiel lassen sich zwei Dinge demonstrieren: einmal, wie das Stillen zum Stress werden kann, wenn die Mutter sich zu sehr unter Druck setzt. Zum anderen – leider auch nicht selten –, wie die Folgeerscheinungen der Depression bzw. der Panikattacken (hier die Eheprobleme) als das vermeintliche Grundproblem wahrgenommen werden. Daraus resultieren dann unter Umständen Therapieempfehlungen, die nicht weiterhelfen. Das eigentliche Problem, hier die nach der Entbindung aufgetretene Depression mit Panikattacken, wird dagegen verkannt. Das ist besonders tragisch, wenn wie in diesem Beispiel Antidepressiva sehr schnell wirken, die psychiatrische Behandlung aber vielleicht erst Monate nach Beginn der Symptome oder sogar noch später beginnt.

Ein Teufelskreis von Erwartungsdruck und Ängsten – Beziehungsprobleme nach der Geburt

Heike G., 34 Jahre
Frau G. kommt gemeinsam mit ihrem Mann und dem vier Monate alten ersten Kind. Bisher hat sie gestillt. Seit einigen Wochen leidet sie vermehrt unter »Heulerei«, Empfindsamkeit und Angstattacken. Sie kann schlecht allein sein, fürchtet besonders den Nachtdienst des Mannes. Es macht ihr sehr zu schaffen, dass sie nicht weiß, ob sie eine gute Mutter ist, ob sie alles richtig macht. In ihrem Kopf hat sie ständig Szenarien, wie es sein könnte, wenn das Kind nicht mehr aufhört zu schreien, wenn sie die Situation nicht bewältigt – dabei beschreibt sie ihr Kind als »sehr brav und unkompliziert«.

Sie selbst und ihr Mann beschreiben ihre Persönlichkeit als immer schon etwas ängstlich, was aber jetzt nach der Entbindung stark zugenommen habe. Es wird deutlich, dass sich Herr G. aus der Beziehung zwischen Frau und Kind ausgeschlossen fühlt. Außerdem belastet das Thema »fehlende Sexualität« die Partnerschaft. Herr G. versucht, keinen Druck aufzubauen. Frau G. traut sich trotzdem nicht einmal mehr, Zärtlichkeiten auszutauschen, weil sie befürchtet, dass es sonst »weitergehen muss«.

Die Untersuchung von Heike G. ergab keine Hinweise auf das Vorliegen einer postpartalen Depression; vielmehr bestand bei ihr eine ausgeprägte Ängstlichkeit, die aus ihrer ängstlichen Persönlichkeit abzuleiten war, aber über das früher Bekannte deutlich hinausging. Frau G. stellte seit der Geburt alles in Frage, traute sich wenig zu.

Bei den folgenden psychotherapeutischen Gesprächen stand zum einen die Veränderung des Anspruchs »Ich muss perfekt sein« im Mittelpunkt. Außerdem ging es um die Partnerschaft und das Thema Sexualität. Ein »Teufelskreis« von Erwartungshaltung, Druck und Zurückweisung wurde deutlich. Das offene Gespräch über dieses Thema gemeinsam mit dem Ehemann brachte bereits sehr viel Entlastung. Beide Partner konnten sich auf eine Veränderung ihres Verhaltens einlassen. Es wurde vereinbart, dass Zärtlichkeit zugelassen werden kann unter der Voraussetzung, dass das eben nicht »automatisch« zu weiterführenden Intimitäten führt. Diese Absprache entlastete Frau G. sehr, und es gab Herrn G. die Möglichkeit, wieder enger mit seiner Frau in körperlichen Kontakt zu kommen.

In den folgenden Wochen führte das unkompliziert auch zur sexuellen Annäherung. Aus einer Zweierbeziehung (Dyade) wurde schließlich eine Dreierbeziehung (Triade); Herr G. fühlte sich nicht mehr ausgeschlossen und entwickelte auch selbst eine engere Bindung an das Kind. Heike G. war durch die positiven Erfahrungen mit den wenigen psychotherapeutischen Gesprächen motiviert, eine längerfristige Therapie in Anspruch zu nehmen, bei der sie ihre hohen Selbstansprüche und ihre Ängstlichkeit weiter bearbeiten wollte.

Dieser Fall zeigt, wie schnell sich aus nicht erfüllten eigenen Ansprüchen und Erwartungen des Partners ein Teufelskreis von Druck und Frustration aufbauen kann. Wichtig ist die möglichst frühzeitige Unterbrechung eines solchen Teufelskreises durch das offene Gespräch. Helfen können dabei auch Paargespräche bei Beratungsstellen oder einer Psychotherapeutin.

Wenn zu viel zusammenkommt – Depression nach der dritten Entbindung

Irina W., 33 Jahre

Frau W. kommt neun Monate nach ihrer dritten Entbindung mit einer deutlichen depressiven Verstimmung in die Sprechstunde. Das dritte Kind der russischstämmigen Familie war ungeplant, aber willkommen. Allerdings hatte die Schwangerschaft einige der Familienpläne durcheinandergebracht: Das Ehepaar W. hatte gerade ein kleines Haus gekauft, Frau W. hatte wieder begonnen zu arbeiten, und sie hatte die Schwangerschaft erst recht spät bemerkt. Vor der Entbindung stand der Umzug in das neue Haus an, wo auch noch sehr viel Arbeit wartete. Schon in dieser Zeit bemerkte Frau W. eine leichte depressive Verstimmung. Bis zur aktuellen Schwangerschaft kannte sie solche Symptome nicht. Nach den ersten beiden Entbindungen hatte es keine postpartale Depression gegeben.

Sowohl die Entbindung als auch die anschließende mehrmonatige Stillphase verlief insgesamt unkompliziert. Stimmungsmäßig ging es ihr wieder etwas besser, obwohl sie sich mit den drei Kindern an der Grenze der Belastbarkeit fühlte. Gerade in der Zeit des Abstillens (etwa fünf Monate nach der Geburt) kamen dann noch zusätzliche Belastungen hinzu (Unfall des Ehemannes, Taufe mit großem Fest etc.). Nach dem Abstillen folgte dann der »vollständige Einbruch«: Frau W., bekam »Heulkrämpfe«, wurde zunehmend depressiv, litt unter Versagensgefühlen, Panikattacken und einer Vielzahl körperlicher Symptome. Der Ehemann unterstützte sie nach Kräften, war aber an seiner neuen Arbeitsstelle sehr eingespannt. Familiäre Entlastungsmöglichkeiten gab es nicht, da die Angehörigen noch in Russland leben. Nachdem sie ihre Menstruation wieder hatte, bemerkte Frau W. außerdem besonders in den Tagen vor der Periode vermehrte Reizbarkeit, Ungeduld und depressive Gedanken.

Aufgrund der Symptomatik wurde die Diagnose einer postpartalen Depression gestellt und eine Behandlung mit dem pflanzlichen Antidepressivum Johanniskraut eingeleitet (mit dem Hinweis darauf, dass Johanniskraut die Wirkung einer Pille abschwächen kann, so dass anders verhütet werden sollte).

In den begleitenden psychotherapeutischen Gesprächen konnte herausgearbeitet werden, dass beide Ehepartner am Rande ihrer Belastbarkeit angekommen waren und kaum noch Zeit für sich hatten. Da keine familiären Unterstützungsmöglichkeiten zur Verfügung standen, bekam Frau W. von der Krankenkasse für einige Wochen eine Haushaltshilfe finanziert. Nicht so dringende Aufgaben (wie etwa Arbeiten am neuen Haus) konnten beide Ehepartner nach Absprache zunächst einmal zurückstellen. Gemeinsames Ziel war, sich etwas mehr Freiraum zu schaffen und die Partnerschaft wieder besser zu pflegen.

Der weitere Verlauf war sehr erfreulich: Frau W. erholte sich sehr rasch, auch ihrem Ehemann tat die »Drosselung des Tempos« gut. Die Erfahrung, nicht nur als Eltern, sondern auch wieder einmal als Paar von Bedeutung zu sein, wurde von beiden sehr positiv aufgenommen.

Ähnliche Geschichten, wie die von Frau W., hören wir immer wieder von Frauen, die das dritte oder vierte Kind bekommen. Bei Betrachtung der gesamten Situation wird meist deutlich, welche Rolle in diesen Fällen äußere Belastungsfaktoren und das Überschreiten der Belastungsgrenzen spielen. Gerade in solchen Fällen ist es enorm wichtig, sich von außen Unterstützung zu holen (zum Beispiel in der Familie oder durch eine Haushaltshilfe).

Zwei andere Dinge kann man an diesem Fall ebenfalls beobachten: nämlich zum einen, dass auch die Zeit des Abstillens mit den hormonellen Umstellungen noch einmal eine schwierige Zeit sein kann, in der es zu psychischer Instabilität kommt. Außerdem machte Irina W. wie viele andere Frauen die Erfahrung, dass nach einer Entbindung plötzlich ein prämenstruelles Syndrom auftritt, was vorher in dieser Weise nicht bekannt war. Dazu gehören Symptome wie Reizbarkeit und Ungeduld, die bei Frau W. in den Tagen vor der Periode verstärkt auftraten. Frau W. wurde über Behandlungsmöglichkeiten eines solchen PMS aufgeklärt.

Wenn die Angst den Tag kontrolliert – Verschlimmerung einer Panikstörung nach der Geburt

Julia G., 32 Jahre

Frau G., Verwaltungsbeamtin, stellt sich in Begleitung ihres Ehemannes bei uns vor. Sie berichtet über eine seit knapp zwei Jahren bestehende Angststörung, weshalb sie auch schon in psychotherapeutischer Behandlung ist. Seit der Geburt ihres Sohnes vor zwei Wochen habe sich ihr Befinden dramatisch verschlechtert. Sie leide unter Schwindel, Übelkeit, Schwitzen, Frieren, Kopfschmerzen. Sie habe Angst vor Menschenansammlungen, Angst allein zu sein und vor allem die Angst umzufallen. Diese Angst behindere sie momentan sehr, da sie sich nicht traue, ihr Kind zu tragen, aus Angst mit ihm umzufallen. Sie sei deshalb auch bisher nicht mit ihrem Kind spazieren gegangen. Das Kind baden und ähnliche Dinge mache sie nur, wenn jemand dabei sei, aus Angst dem Kind könne etwas passieren. Stimmungsmäßig gehe es ihr plötzlich sehr schlecht. Sie weine viel, leide unter Antriebslosigkeit, Schlafstörungen, Müdigkeit, Schuldgefühlen und fühle sich überfordert.

Wegen der deutlichen Ausprägung der Depression mit begleitenden Panikattacken und Vermeidungsverhalten wurde die Möglichkeit besprochen, die psychotherapeutische Behandlung durch eine medikamentöse Therapie zu ergänzen. Dies war auch der Wunsch der Patientin und ihres Ehemannes. Da die Patientin auf jeden Fall weiter stillen wollte, erfolgte nach Nutzen-Risiko-Abwägung (Auswirkungen einer unbehandelten Depression gegen die nicht völlig ausschließbaren Auswirkungen auf das Kind) die Auswahl eines geeigneten Medikaments. Vor Beginn der Behandlung wurde der behandelnde Kinderarzt gefragt, ob aus seiner Sicht irgendwelche Bedenken bestünden.

Kurz nach Beginn der Behandlung ging es Frau G. bereits deutlich besser, die Stimmung hellte sich auf, die Ängste gingen zurück, Panikattacken traten nicht mehr auf. Die antidepressive Therapie wurde noch eine Zeit lang weitergeführt. Der Behandlungsschwerpunkt lag im weiteren Verlauf aber auf der Fortführung der Verhaltenstherapie.

Dieses Beispiel zeigt, wie Ängste bei den betroffenen Frauen manchmal den ganzen Tagesablauf bestimmen. Wenn sie die Befürchtung haben, dass dem Kind etwas passieren könnte, vermeiden sie das Alleinsein. Die Versorgung des Kindes wird möglichst dann durchgeführt, wenn andere Menschen anwesend sind. Manchmal wird gezielt Besuch eingeladen, um nicht allein zu sein. Aber auch diese Maßnahmen reichen nur eine gewisse Zeit zur Bekämpfung der Angst. Ängste haben nämlich die Eigenschaft, ihren »Einfluss« immer mehr auszubreiten und irgendwann das ganze Leben zu bestimmen. Ein weiteres wichtiges Argument für eine baldige Behandlung.

Angst macht unfrei – Beginn einer Angststörung in der Schwangerschaft

Kerstin A., 29 Jahre

Kerstin A., eine glücklich verheiratete Sekretärin, wird am fünften Tag nach der Entbindung von der Wöchnerinnenstation wegen zunehmender Ängstlichkeit zum Gespräch angemeldet. Für den nächsten Tag ist die Entlassung nach Hause geplant. Frau A. hatte in der 40. SSW nach Geburtseinleitung eine gesunde Tochter entbunden. Sie berichtet, die Schwangerschaft sei von starken Ängsten begleitet gewesen, da sie vor zwei Jahren eine frühe Fehlgeburt erlitten habe und zu Beginn dieser Schwangerschaft auch einige Komplikationen aufgetreten seien. Deshalb habe sie von Anfang an »die Meilensteine gezählt, ab wann das Kind überleben könne«. Zusätzlich habe sie sehr belastet, dass eine Kollegin eine Totgeburt hatte. Seit der Geburt habe sie so starke Glücksgefühle, dass sie häufig nicht schlafen könne und vor lauter Freude viel weine. Gleichzeitig habe sie große Angst, dass ihrer Tochter etwas passieren könne, etwa durch Ansteckung, im Straßenverkehr oder durch plötzlichen Kindstod. Sie wasche sich deshalb besonders oft die Hände, sei auf eigenen Wunsch länger in der Klinik geblieben, weil ihr Kind hier sicher sei. Sie wolle mit dem Kind auch nicht Auto fahren. Sie könne sich vorstellen, dass sie zu Hause nachts auf den Atem ihres

Kindes lauern werde. Sie habe zwar bereits eine Matratze gekauft, die Alarm gibt, wenn das Kind aufhöre zu atmen, sie wisse aber nicht, ob sie sich darauf verlassen könne. Die Schwiegereltern, die einen Urlaub im Ausland planen, dürften nach der Rückkehr das Kind wahrscheinlich monatelang nicht sehen, damit es sich nicht mit einer fremden Krankheit infizieren könne. Mittlerweile sei sie sich aber selbst nicht mehr so ganz sicher, ob alle ihre Gefühle nur mit den »Heultagen« zu erklären seien, oder ob sie vielleicht doch Hilfe brauche.

In diesem Fall mischen sich offensichtlich zwei Dinge: zum einen die Symptome eines Babyblues mit Glücksgefühlen, Stimmungsschwankungen und Schlafstörungen, wie sie wenige Tage nach der Geburt eines Kindes ganz normal sind. Richtig erkannt hat die Patientin aber selbst, dass die bestehenden Sorgen und Befürchtungen über das zu erwartende Maß hinausgingen – selbst wenn man die Vorgeschichte mit der Fehlgeburt und ihre ängstliche Persönlichkeit berücksichtigte. Hier handelte es sich um eine Problematik, die auf jeden Fall psychotherapeutisch behandelt werden musste, damit die betroffene Mutter nicht immer mehr in einen Kreislauf von Angst und Unfreiheit hineingeriet.

Im vorliegenden Fall geschah dies auch. Wir konnten Frau A. rasch in eine ambulante Psychotherapie vermitteln, bis dahin konnte sie zu Gesprächen zu uns kommen. Und obwohl Frau A. immer zur Ängstlichkeit neigte, konnte sie in der Folgezeit ihre Sorgen und Befürchtungen deutlich reduzieren. Das war ihr auch wichtig, um diese nicht auf ihre Tochter zu übertragen.

36 Stunden Wehen und Schmerzen umsonst – Eine traumatisch erlebte Entbindung und ihre Folgen

Luisa M., 26 Jahre
   Eine 26-jährige Kunststudentin wird ungeplant zum ersten Mal schwanger. Das Kind ist Luisa M. und ihrem festen Partner willkommen, und die junge Frau genießt ihre unkomplizierte Schwangerschaft. Das Paar bereitet sich mit Hilfe eines Geburtsvorbereitungskurses bei einer Hebamme vor. Frau M. möchte eine möglichst natürliche ambulante Geburt. Jedoch ist zehn Tage nach dem errechneten Entbindungstermin die Geburt noch nicht in Gang gekommen, sie muss eingeleitet werden. Die ausgesuchte Hebamme ist mittlerweile im Urlaub. Auch die Geburtseinleitung klappt nicht wie gewünscht. Im Nachhinein berichtet Frau M. von »36 Stunden unerträglichen Wehen und Schmerzen«. Den fortwährenden Untersuchungen durch Hebammen und Ärzte habe sie sich hilflos ausgeliefert gefühlt, »wie ein Stück Fleisch«. Schließlich wird das Kind wegen eines Geburtsstillstands per Kaiserschnitt unter Vollnarkose entbunden. Das Kind ist gesund.
   Vier Monate nach der Entbindung stellt sich Luisa M. in unserer Ambulanz vor; die Überweisungsdiagnose lautet »Wochenbettdepression«. Es findet sich auch eine schwere Depression, die allerdings vor dem Hintergrund der traumatischen erlebten Geburt entstanden ist. Im Vordergrund stehen das Wiedererleben der Geburt (Flashbacks, immer wiederkehrende Erinnerungen, Albträume, ein inneres Taubheitsgefühl und Gereiztheit). Weil die »Flashbacks« durch den Anblick von Babys und Wahrnehmungen im Zusammenhang mit dem Thema Entbindung verstärkt ausgelöst werden, hat sie versucht, alles zu vermeiden, was sie an die Geburt erinnern könnte. Sie hat bisher keine Still- oder Krabbelgruppe besucht und geht nicht zur Rückbildungsgymnastik.

Die weiteren Berichte der Patientin zeigen, dass neben den eigentlichen Erfahrungen während der Entbindung für sie besonders schlimm ist, dass sie es »nicht geschafft hat«, auf »natürlichem« Wege ihr Kind zur Welt zu bringen. Hätte sie noch etwas länger durchhalten können? Wäre dann vielleicht doch kein Kaiserschnitt nötig gewesen? Gerade solche Grübeleien zeigen, dass nicht nur der äußere Ablauf einer Entbindung ursächlich sein kann für ein traumatisches Geburtserleben, sondern dass auch die eigenen Vorstellungen eine wesentliche Rolle spielen können. Die Erwartungshaltung der werdenden Mutter, aber auch ihr Bedürfnis nach Kontrolle der Situation, die Verletzung des individuellen Schamgefühls und schließlich auch Vorerfahrungen nehmen Einfluss auf die persönliche Wahrnehmung der Geburtsvorgänge und deren gefühlsmäßige Verarbeitung.

Im Fall von Luisa M. erfolgte wegen der ausgeprägten begleitenden Depression eine kombinierte medikamentös-psychotherapeutische Behandlung. Unter dem Antidepressivum war die zunächst im Vordergrund stehende Depression rasch rückläufig, auch die eindringlichen Erinnerungen an die Geburt wurden weniger. Entsprechend dem Bedürfnis der Patientin erfolgte in der Wartezeit auf eine längerfristige Psychotherapie die Besprechung der Geburtserlebnisse bei uns.

Etwa drei Jahre später bekam Frau M. ihren zweiten Sohn. Auf diese Entbindung hat sie sich mit Hilfe ihrer Psychotherapeutin vorbereitet. Sie erlebte es als besonders positiv, dass sie trotz einiger Schwierigkeiten und Verzögerungen letzten Endes wie gewünscht das Kind auf normalen Weg zur Welt bringen konnte.

Ich bekomme nie wieder ein Kind – Die Angst vor einer weiteren Entbindung nach traumatisch erlebter Geburt

Martina K., 34 Jahre

Die 34-jährige Martina K. stellt sich in der 31. Schwangerschaftswoche ihrer zweiten Schwangerschaft bei uns vor. Ihre erste Entbindung vor sieben Jahren lebt in ihrer Erinnerung noch immer als schreckliches Ereignis fort. Obwohl sie die letzten drei Monate wegen vorzeitiger Wehen hatte liegen müssen, sei ihr Befinden in der ersten Schwangerschaft gut gewesen. Allerdings habe sie deshalb den geplanten Geburtsvorbereitungskurs nicht machen können. Sie habe darauf vertraut, dass Ärzte und Hebammen ihr bei der Geburt beistehen würden.

Während des 30-stündigen Geburtsverlaufs habe sie sich sehr allein gelassen gefühlt. Nur selten habe eine Hebamme nach ihr gesehen. Die Untersuchungen habe sie als sehr schmerzhaft erlebt. Sie habe auch den Eindruck gehabt, dass man ihr nicht richtig erkläre, warum bestimmte Dinge notwendig waren. Sie habe zunehmend das Gefühl gehabt, dass sie »das nicht richtig könne«. Nur das Kind habe im Vordergrund gestanden, sie selbst sei überhaupt nicht wichtig gewesen. Vorherrschend in ihrer Erinnerung an die Geburtssituation sind Gefühle der Hilflosigkeit und des Ausgeliefertseins.

Weiter berichtet sie, die Erinnerungen an die Geburt hätten sie im Nachhinein nicht mehr losgelassen. Besonders quälend sei gewesen, dass sie die Geburt immer wieder aufs Neue erlebt habe; wie ein Film liefen die Ereignisse immer wieder vor ihrem inneren Auge ab. Lange litt sie unter Albträumen, Schlafstörungen, Niedergeschlagenheit und Entfremdungsgefühlen. Sie empfand eine »unendliche Enttäuschung« über den Geburtsverlauf, den sie sich ganz anders vorgestellt hatte.

Obwohl die intensiven Erinnerungen nach ca. zwei Jahren weitgehend abgeklungen waren, konnte Frau K. sich zunächst nicht vorstellen, ein weiteres Kind zu bekommen. Nur wegen des starken Kinderwunsches ihres Mannes (»für ihn«) wurde sie schließlich nach sieben Jahren noch einmal schwanger. Etwa zehn Wochen vor dem errechneten Entbindungstermin traten ausgeprägte Geburtsängste auf. Die extremen Schlafstörungen waren wieder da, und das Wiedererleben der ersten Geburt wurde immer intensiver.

Frau K. wurde bei uns in den Wochen bis zur zweiten Geburt psychotherapeutisch begleitet. Während dieser Behandlung konnte sie eine zunehmend positive und gelassene Haltung zur anstehenden Entbindung entwickeln. Wegen der Lage des Kindes war bereits vorher klar, dass ein Kaiserschnitt erforderlich sein würde. Dieser wurde geplant und auf ihren Wunsch hin unter Spinalanästhesie (= Rückenmarksanästhesie) ausgeführt. Die Geburt ihres zweiten Kindes wurde so schließlich eine gute Erfahrung.

Dieser Fall zeigt nicht nur, wie langwierig und schwer die Symptome einer traumatisch erlebten Entbindung und die daraus entstehende Posttraumatische Belastungsstörung (PTBS) sein können und zu welchen

Beeinträchtigungen das führen kann. Die Geschichte von Martina K. erklärt auch, warum manche Frauen nach einer Entbindung so kategorisch sagen »Nie wieder schwanger«; nicht selten verbirgt sich dahinter eine solche Erfahrung. Und kommt es doch zur erneuten Schwangerschaft, dann sind oftmals besonders starke Geburtsängste die Folge, weil plötzlich »alles wieder da ist«. Je näher die Geburt rückt, umso schlimmer werden die Ängste. Manchmal wird deshalb dann auch der Wunsch nach einem Kaiserschnitt geäußert.

Wie das Beispiel zeigt, kann die psychotherapeutische Begleitung sehr viel bewirken. Sie kann helfen, die Geburtsängste zu vermindern und dazu beitragen, die aktuelle Geburt doch zu einem positiven Erlebnis zu machen. Unsere praktischen Erfahrungen zeigen, dass eine solche positive Geburtserfahrung wiederum dabei hilft, mit den schlimmen früheren Erinnerungen abzuschließen.

Die Vergangenheit ist wieder da – Reaktualisierung von traumatischen Erfahrungen

Nicole G., 28 Jahre

Die jetzt 28-jährige Nicole G. hat bereits mehrfach in ihrem Leben Zeiten depressiver Verstimmung erlebt, ohne dass sich richtige depressive Phasen abgrenzen ließen. Die psychischen Probleme stehen im Zusammenhang mit einem sexuellen Missbrauch im Jugendalter sowie vielfältigen Belastungen in der Partnerschaft, im Beruf und im sozialen Umfeld (z. B. schwierige Wohnsituation gemeinsam mit den Schwiegereltern in einem kleinen Dorf).

Nach der zweiten Entbindung vor zwei Monaten treten wieder deutliche depressive Symptome auf. Im Vordergrund steht für Frau G. allerdings das Erleben der Geburt: diese läuft wie ein Film immer wieder ab. In der weiteren Beschreibung dieses Wiedererlebens wird deutlich, dass hier Erfahrungen hoch-

kommen, die im Zusammenhang mit dem früheren sexuellen Missbrauch stehen.

Gerade diese »Reaktualisierung« (das »Wieder-aktuell-werden«) früherer traumatischer Erfahrungen bei sexuellem Missbrauch und auch anderen zurückliegenden Gewalterlebnissen ist in einer Schwangerschaft oder bei einer Entbindung nicht ungewöhnlich. Auch besondere Geburtsängste werden manchmal dadurch verursacht. Deshalb kann es bei solchen Erfahrungen in der Vorgeschichte sinnvoll sein, dies auch bei der Geburtsvorbereitung zu erwähnen. Hilfreich kann das offene Gespräch über negative Erfahrungen sein, ohne dass auf Einzelheiten eingegangen werden muss. Mit der Hebamme und dem Geburtshelfer kann man darüber sprechen, welche besonderen Bedürfnisse bestehen (z. B. möglichst wenig Personalwechsel, oder auch die Vereinbarung, dass nur Frauen im Kreißsaal sein werden). Vielleicht gibt es ja eine (vor)behandelnde Psychotherapeutin, mit deren Hilfe man sich auf die Geburt und dabei auftretende Herausforderungen vorbereiten kann.

In Fällen wie von Frau G. sollte die Behandlung nach der Geburt immer in erster Linie psychotherapeutisch sein. In ihrem Fall waren bereits einige Gespräche über die spezielle Geburtssituation hilfreich, so dass die Geburtserfahrung in den Hintergrund trat. Nicole G. nahm diese positive Erfahrung zum Anlass, sich auch um eine längerfristige Psychotherapie zu bemühen, um sich mit den früheren Erlebnissen, die sie bisher verdrängt hatte, zu beschäftigen und aktuelle Probleme besser lösen zu können.

Die Angst vor der Wiederholung eines Dramas – Depressive Reaktion nach Totgeburt und Wiedererleben in der Folgeschwangerschaft

Olivia C., 29 Jahre

Olivia C., eine junge Ärztin, wird in der zweiten Schwangerschaft zu uns überwiesen. Es handelt sich um eine Wunsch-Schwangerschaft, sie ist in der 18. Schwangerschaftswoche. Vor zwei Jahren wurde ihre Tochter in der 39. Schwangerschaftswoche tot geboren, ohne dass eine Ursache gefunden werden konnte. Seitdem sei es ihr psychisch nicht gut gegangen; die Totgeburt sei immer wieder »wie ein Film« vor ihren Augen abgelaufen. Auch nachdem das etwas weniger geworden sei, habe sie immer noch Schlafstörungen gehabt, habe nicht einschlafen können, an die Geburt gedacht, viel geweint.

Jetzt in der zweiten Schwangerschaft ist das psychische Befinden sehr wechselnd. Es wird deutlich, dass die Trauer um die verstorbene Tochter noch sehr stark ist. Seit sie weiß, dass sie schwanger ist, ist der »Film über die Totgeburt« wieder da. Bei Olivia C. bestehen große Ängste, dass »es wieder schief gehen könnte«, dass sie auch dieses Kind verlieren wird. Direkt nach den Untersuchungen ist sie beruhigt, etwa eine Woche später lässt dieser Effekt dann jeweils nach. Sie bekommt viel Unterstützung vom Ehemann, der kann es nach ihren Aussagen »aber auch langsam nicht mehr hören.«

Durch unsere Vermittlung konnte Frau C. sehr rasch eine psychotherapeutische Behandlung beginnen; die regelmäßigen Gespräche begleiteten sie durch die verbleibende Schwangerschaft. Weil Frau C. diese Ängste schließlich nicht mehr aushalten konnte und das Kind nach gynäkologischer Einschätzung reif genug war, wurde in der 36. Schwangerschaftswoche ein Kaiserschnitt durchgeführt und eine gesunde Tochter geboren.

Diese betroffene Mutter litt offensichtlich nach der Totgeburt ihrer ersten Tochter vor zwei Jahren unter einer ausgeprägten reaktiven Depression. Außerdem berichtet sie über einige Symptome, die man einer posttraumatischen Belastungsstörung zurechnen würde. Es ist typisch, dass so etwas plötzlich in einer neuen Schwangerschaft wieder auftaucht (= reaktualisiert wird). Die früheren Erfahrungen treten in den Vordergrund und sind in voller Stärke wieder da. Die besondere Ängstlichkeit in der aktuellen Schwangerschaft ist vor diesem Hintergrund ganz normal. Wie in diesem Fall kann es sinnvoll sein, schon vor dem natürlichen Ende der Schwangerschaft die Geburt einzuleiten oder einen Kaiserschnitt durchzuführen, um die Mutter aus ihrer unendlichen Angst und Anspannung zu lösen. Dies kann unter sorgfältiger Nutzen-Risiko-Abwägung und in Absprache mit den Geburtshelfern und Kinderärzten bei ausreichendem Reifegrad des Kindes in Erwägung gezogen werden – selbst vor der 37. SSW, die üblicherweise als unterste Grenze für einen geplanten Kaiserschnitt gilt.

Nicht selten kommt es vor, dass nach dem »glücklichen« Ende der Schwangerschaft, die auf eine Totgeburt folgt, die erwartete Freude und das Glück bei der Mutter gar nicht so deutlich werden: Es kann sein, dass sie selbst wieder Symptome einer reaktiven Depression zeigt und gerade aufgrund der Erfahrungen mit dem Neugeborenen noch einmal eine Phase der Trauer um das verstorbene Kind durchmacht. Das ist völlig normal. Auch die Sorge, dass durch das neue Baby das erste Kind in der Erinnerung verdrängt wird und »seinen Platz in der Familie« verliert, gehört dazu. Am hilfreichsten für betroffene Frauen ist es in solchen Fällen, wenn von den Menschen in ihrer Umgebung diese Mischung aus Trauer und Freude akzeptiert und wenn nicht mit Unverständnis reagiert wird. Wichtig zu bedenken: Trauer ist sehr individuell.

Die Suche nach der eigenen Schuld – Depression nach Frühgeburt

Pelin A., 23 Jahre

Pelin A., eine in Deutschland geborene junge Türkin, freut sich während der ganzen Schwangerschaft auf die Geburt ihres ersten Kindes. Unerwartet kommt es in der 33. Schwangerschaftswoche zur Frühgeburt. Wegen Atemschwierigkeiten muss das Kind in die Kinderklinik verlegt werden und wird im Brutkasten überwacht. Die Mutter kommt täglich zu Besuch, wird aber zunehmend bedrückter und stiller, obwohl sich das Kind gut entwickelt. Schließlich zeigt sich eine eindeutige depressive Verstimmung, die Patientin weint nur noch, kann sich kaum noch aufraffen, in die Klinik zu fahren, starrt an die Wand. Die Gedanken kreisen um das Kind und die Frage, ob sie selbst etwas falsch gemacht hat, so dass es zu der Frühgeburt gekommen ist. Als schließlich weitere depressive

Symptome hinzukommen wie Schlafstörungen, Appetitstörungen und Gewichtsverlust, wird sie von der Kinderklinik zur Behandlung überwiesen.

Eine antidepressive Medikation führt rasch zu einer Besserung. Vor allem, nachdem das Kind sich ohne weitere Komplikationen gut entwickelt und die Aussicht auf baldige Entlassung besteht, stabilisiert sich der Zustand von Pelin A. zusehends.

Auch wenn in einem solchen Fall zunächst zu vermuten war, dass es sich um eine verständliche Reaktion auf die unerwartete Frühgeburt handelt, zeigte doch der weitere Verlauf, dass sich eine »typische« postpartale Depression entwickelt hatte. Dazu kann es nach Frühgeburten ebenso kommen wie nach anderen Entbindungen. Die Frühgeburt mit allen Folgen stellt in diesem Fall eine zusätzliche Belastung dar und trägt zum Beginn der Depression bei (Stichwort »Multifaktorielle Verursachung«). Wichtig ist es in solchen Fällen, die Behandlungsnotwendigkeit zu erkennen und nicht alle auftretenden Probleme mit der Belastung durch die Situation des Kindes zu erklären. Wünschenswert gerade für Frauen in solchen Belastungssituationen ist das Angebot einer begleitenden psychologischen Unterstützung während der Behandlung des Kindes in der Neonatologie, aber bei Notwendigkeit auch der antidepressiven Medikation.

Schwanger durch Kinderwunschbehandlung – aber die Drillinge schaffen es nicht

Qwara B., 34 Jahre

Mit dem Ehepaar B. hatten wir etwa drei Wochen nach der Geburt ihrer Kinder das erste Mal Kontakt. Frau B., Tochter einer deutschen Mutter und eines afrikanischen Vaters, war von Beruf Krankengymnastin. Nach mehrjährigem unerfülltem Kinderwunsch war sie direkt mit der ersten künstlichen Befruchtung schwanger geworden. Nach dem anfänglichen Schock darüber, dass es

Drillinge werden würden, hatten sich die werdenden Eltern sehr auf die Kinder gefreut. In der 26. Schwangerschaftswoche war dann allerdings eine Frühgeburt nicht zu verhindern gewesen. Da es sich um sehr unreife Frühgeborene handelte, reichten alle intensiv-medizinischen Möglichkeiten nicht aus, um die Kinder zu retten. Innerhalb von drei Tagen starben die Kinder – jeden Tag eins.

Beide Partner standen auch zwei Wochen nach dem Tod des letzten Sohnes noch deutlich unter Schock. Besonders Frau B. äußerte immer wieder, dass sie mit dem Tod der Kinder nicht fertig werde, sie weinte während des ganzen Gespräches. Ihr Mann dagegen wirkte hilflos und wusste offensichtlich nicht, wie er seiner Frau helfen könnte.

In diesem und weiteren Gesprächen wurden verschiedene Aspekte besprochen, wie etwa der Umgang mit Trauer, Gefühlen von Wut, Hilflosigkeit, Verzweiflung usw. Für die beide Partner besserte sich die Situation in dem Moment, als ihnen deutlich wurde, wie unterschiedlich sie beide mit der Situation umgehen und was die jeweiligen Bedürfnisse des anderen sind: Frau B. hatte das Bedürfnis, ihre Gefühle zu äußern, sie wollte immer wieder darüber sprechen. Herr B. dagegen wollte sich eher zurückziehen, das Ganze mit sich selbst ausmachen und wenig darüber reden.

Im Fall von Qwara B. handelte es sich um eine Trauerreaktion, wie sie nach solchen Erlebnissen zu erwarten ist, und die noch nicht das Ausmaß und die Dauer einer depressiven Reaktion angenommen hatte. Mit dem Ehepaar konnte besprochen werden, dass die Zeit der Trauer wichtig ist und dass vor allen Dingen die unterschiedliche Art des Trauerns völlig in Ordnung ist. Für Frau B. waren die Gespräche als zusätzliche Möglichkeit hilfreich, über ihre Gefühle und über ihre Kinder sprechen zu können, ebenso wie der Kontakt zu anderen betroffenen Eltern über eine Selbsthilfegruppe. Beide Partner konnten bald wieder aufeinander zugehen und die von ihnen gewünschten Schritte (Beerdigung, Traueranzeige etc.) gemeinsam gehen. Im weiteren Verlauf wurde deutlich, dass sich die beiden durch die gemeinsamen Erfahrungen noch näherstanden als vorher und dass die verlorenen Kinder zu einer tieferen gefühlsmäßigen Bindung der Eltern führten.

Gerade bei solchen Verlusterlebnissen ist es wichtig, sich Zeit und Raum zu lassen für Trauer und für die vielfältigen Gefühle. Besonders die

Eltern von früh in der Schwangerschaft verstorbenen Kindern haben manchmal den Eindruck, es seien ja gar keine »richtigen« Kinder gewesen und deshalb stehe ihnen das Trauern nicht zu. Das ist falsch, auch diese Kinder sollten ihren Platz in der Familie haben. Und jeder muss für sich den richtigen Weg finden zu trauern – unabhängig davon, wie lange es dauert und wie intensiv es ist. Das Zulassen der dazugehörigen Gefühle und der Austausch mit anderen Menschen verhindert am besten, dass sich aus Trauer eine längerfristige depressive Reaktion entwickelt, die dann lange Zeit das Leben beherrscht. Hat sich aus einer Trauerreaktion eine langanhaltende reaktive Depression entwickelt, ist psychotherapeutische Hilfe unbedingt erforderlich.

Wenn zusammenreißen nicht mehr hilft – Suizidversuch bei postpartaler Depression

Ruth T., 32 Jahre
Hier treffen wir die Briefschreiberin aus dem Vorwort wieder, die über ihre völlig unerwartet aufgetretene Depression nach der Entbindung und ihren Versuch zu sterben berichtete. Sie schrieb:

»Ich hatte eine wundervolle Schwangerschaft, war stolz auf meinen Bauch, führte eine glückliche Ehe, und dieses Kind, mit dem wir fast schon nicht mehr gerechnet hatten, war ein sogenanntes Wunschkind. Auch die Entbindung war nicht schwer. Deshalb habe ich auch die Welt nicht mehr verstanden, als es mir bereits 36 Stunden nach der Entbindung psychisch sehr schlecht ging. Dies äußerte sich durch innere Unruhe, ich konnte weder schlafen noch essen, fast ständiges Weinen und wenig später durch Äußerungen wie: »Wenn ich nicht so feige wäre, dann würde ich aus dem Fenster springen«.

Ich hatte überhaupt keine Freude an meinem Kind, ganz im Gegenteil, ich hätte mir gewünscht, das Kind zurückgeben zu können, weil ich solche Angst vor ihm hatte und der Meinung war, ich würde es niemals gut und richtig versorgen können. Im Krankenhaus hat man meinen Zustand damit abgetan, dass es vielen Müttern so gehe und dass ich mich zusammenreißen müsse, damit ich mein Kind stillen könne und damit mir mein Mann nicht wegliefe. Ich wollte doch so gern eine perfekte Mutter sein und hatte mir während der Schwangerschaft ausgemalt, wie schön alles werden würde. Daher habe ich mich immer wieder unter Aufbietung meiner letzten Kräfte zusammengerissen, natürlich auch, weil ich enorme Schuldgefühle meinem Kind und meiner Familie gegenüber hatte.

Zwei Tage nach der Entlassung aus dem Krankenhaus ist es dann passiert: in wenigen unbeaufsichtigten Sekunden bin ich in der häuslichen Wohnung aus dem Fenster gesprungen ...«

Bei diesem unbeaufsichtigten Moment handelte es sich um die Zeit, in der die Mutter von Ruth T., die zu ihrer Betreuung anwesend war, dem Briefträger die Tür öffnete. Dieser Fall zeigt, dass es überhaupt kein Schutz vor ernstgemeinten Suizidideen ist, wenn Angehörige in guter Absicht versuchen, eine »rund um die Uhr-Betreuung« zu organisieren, weil sie der betroffenen Frau die psychiatrische Behandlung ersparen wollen. Suizidalität ist ein sehr ernstzunehmendes Symptom, das immer zur Hinzuziehung einer Psychiaterin und in der Regel auch zur stationären Behandlung führen muss, um die Umsetzung der Suizidgefahr zu verhindern. Wenn in der psychiatrischen Untersuchung eine ernstzunehmende Suizidgefahr festgestellt und eine stationäre Behandlung empfohlen wird, dann sollte dieser Empfehlung unbedingt gefolgt werden. »Versprechungen«, »Abmachungen« oder auch »Verträge« mit suizidalen Menschen schützen nicht davor, dass aus deren Sicht die Situation plötzlich doch so hoffnungslos ist, dass der Tod als der einzig sinnvolle Ausweg scheint. Gerade »raptusartige« Suizidversuche (mit Umsetzung »von einer Sekunde auf die andere«) sind nie auszuschließen.

Ruth T. hat zwar überlebt, aber lange mit ihren schweren Verletzungen zu kämpfen gehabt. Sie hat viele Monate in Kliniken verbracht und dauerhafte Behinderungen beim Gehen zurückbehalten. Die nach dem Suizidversuch erfolgte psychiatrische Behandlung führte zum raschen Abklingen der depressiven Symptome. Mehr Mut zum offenen Umgang mit der offensichtlichen Depression und ein direkter Beginn der psychiatrischen Behandlung hätte der Patientin und ihrer Familie vieles erspart.

Das Baby ist unheilbar geschädigt – Wahnhafte Depression und erweiterter Suizid

Auch im folgenden Fall erfolgte trotz vorhandener Warnsignale, wie übersteigerten irrealen Ängsten und ausgeprägter depressiver Verstimmung, leider keine zeitgerechte fachpsychiatrische Behandlung.

Stephanie L., 29 Jahre
Die glücklich verheiratete Stephanie L. erwartet ihr erstes Wunschkind. In der Vorgeschichte gibt es keine psychischen Erkrankungen, auch nicht in der Familie. Berufliche oder finanzielle Sorgen bestehen nicht bei dem Paar. Schwangerschaft und die Geburt des gesunden Kindes verlaufen ohne Komplikationen.
Kurz nach der Entbindung drängen sich der zunehmend depressiv verstimmten jungen Frau erstmals lebensmüde Gedanken auf. Sie ist gefangen von der wahnhaften Überzeugung, ihr Kind nicht richtig versorgen zu können, ihm bereits gesundheitlich geschadet zu haben, indem sie keine richtige Mutter-Kind-Beziehung zu ihm hat aufbauen können. Mehrere Vorstellungen des vermeintlich »schwer geschädigten« Babys beim Kinderarzt enden damit, dass der Kinderarzt sie beruhigt. Das Kind sei gesund, und es sei ganz normal, dass sich junge Mütter solche Sorgen machen. In einem Zeitungsartikel liest sie davon, dass sich eine Mutter mit ihrem Säugling umgebracht hat. Daraufhin wachsen in ihr die Hoffnungslosigkeit und die Gewissheit, dass der Tod für sie und ihr vermeintlich unheilbar geschädigtes Kind die beste Lösung sei. Sie beschließt, sich gemeinsam mit dem Kind umzubringen. Sie selbst überlebt den Suizidversuch schwer verletzt, das Kind leider nicht.

In diesem Fall haben sich die depressiven Ängste so ausgeweitet, dass sie nicht mehr von der Realität getragen wurden. Nach objektiver Untersuchung war das Kind keineswegs geschädigt, doch die Mutter war wahnhaft, d. h. unkorrigierbar, davon überzeugt. Keine weitere Untersuchung, keine »zweite« oder »dritte Meinung« hätte ihr in dem Moment das Gegenteil beweisen können.

Nach ihrem Suizidversuch wurde eine wahnhafte Depression diagnostiziert, die unter medikamentöser Behandlung rasch rückläufig war.

Von »Wahnsymptomen« spricht man, wenn neben der »Unmöglichkeit des Inhalts« auch »absolute Überzeugung« und »Unkorrigierbarkeit« vorliegen. Auch depressive Ängste können sich zu wahnhaften Ängsten entwickeln; das ist dann ein Zeichen für eine immer schwerer werdende Depression.

Wegen der schweren wahnhaften Depression und der daraus folgenden Schuldunfähigkeit (im juristischen Sinne) wurde das Ermittlungsverfahren wegen der Tötung des Kindes eingestellt, Frau L. wurde nicht vor Gericht gestellt. Es folgte eine viele Jahre andauernde Psychotherapie aufgrund der erwartungsgemäß aufgetretenen reaktiven Depression. Es dauert lange, bis sie das Geschehen so weit verarbeitet hatte, dass sie es wagte, noch einmal schwanger zu werden. Unter psychiatrischer Betreuung verlief die Zeit nach der zweiten Entbindung ohne Komplikationen, eine erneute Wochenbettdepression trat nicht auf.

Vielleicht hatte niemand erkannt, dass Frau L. depressiv war; vielleicht wollte sie nicht zu einem Psychiater gehen; wahrscheinlich hätte sie eine stationäre Behandlung abgelehnt – sie war ja der Überzeugung, es sei alles ihr Fehler. Bei sich selbst die Schuld zu suchen, ist auch ein typisches depressives Symptom. Aber gerade in einem solchen Fall sind Angehörige und auch Ärzte gefragt, die Verantwortung für diese Mutter zu übernehmen und ihr die Entscheidung abzunehmen. Das kann auch bedeuten, sie möglicherweise sogar vorübergehend ohne ihr Einverständnis in einer Klinik unterzubringen und zu behandeln.

Bei vielen hunderttausend Geburten pro Jahr in Deutschland kommt es nur in Einzelfällen zu solch dramatischen Auswirkungen. Dieser Fall wurde trotzdem hier dargestellt, um deutlich zu machen, wie wichtig es ist, aufmerksam zu sein. Dass man auch an Hilfe denken sollte, wenn es sich »nur« um unbegründet wirkende Ängste handelt. Und dass man lieber einmal mehr an eine psychische Störung nach der Entbindung denken sollte als einmal zu wenig.

Das Baby ist ausgetauscht – Doppelgängerwahn und psychotische Depression

Mit diesem Fall schildern wir eine andere Facette einer psychotischen Depression, wo nämlich neben wahnhaften Überzeugungen auch Wahrnehmungsveränderungen aufgetreten sind, die fast in die Katastrophe geführt hätten.

Tina R., 26 Jahre

Etwa drei Wochen nach der zweiten, unkomplizierten Entbindung per Kaiserschnitt wird Tina R. zunehmend depressiv. Bereits nach der ersten Entbindung hatte sich eine postpartale Depression entwickelt, die unbehandelt nach einigen Monaten wieder abgeklungen war.

Wie nach der ersten Geburt plagt sich die junge Mutter mit ausgeprägten Versagens- und Schuldgefühlen als Mutter, weil sie ihrem Kind gegenüber keine »richtigen Muttergefühle« entwickeln kann. Schlaf- und Appetitstörungen kommen hinzu und besonders morgens eine ausgeprägte Antriebsminderung. Außerdem leidet sie unter Grübeln, Konzentrationsstörungen und einem Kloßgefühl im Hals. Wie nach der ersten Geburt erfolgt keine psychiatrische Behandlung, da die Angehörigen alle Probleme auf die Belastung mit zwei Kindern zurückführen und Frau R. selbst der Überzeugung ist, dass sie nicht krank ist, sondern »nur« eine Versagerin. Dieses Gefühl verstärkt sich noch, als sie eines Morgens auf dem Weg zum Einkaufen bemerkt, dass die Leute auf der Straße stehen bleiben und über sie sprechen. Aus Mimik und Gestik kann sie deutlich entnehmen, dass es um ihr Versagen als Mutter geht.

Das Grübeln nimmt weiter zu und kreist ausschließlich um ihre Unfähigkeit als Mutter. Eines Mittags schafft sie es gerade noch, die beiden Kinder mit Essen zu versorgen und das ältere zum Mittagsschlaf hinzulegen. Beim Wickeln des Säuglings stutzt sie dann: Wieso sieht das Baby plötzlich irgendwie anders aus? Es sind nur Kleinigkeiten, die sie aber sehr beunruhigen. Die Nase ist etwas dicker und die Ohren sind etwas spitzer. Und auch der Blick aus den blauen Babyaugen ist irgendwie rätselhaft, ja fast bedrohlich. Plötzlich fällt es ihr wie Schuppen von den Augen: Das Baby auf dem Wickeltisch ist nicht ihr Kind, es ist vertauscht. Aber mit wem? Warum?

Nachdem sie das Baby in die Wiege gelegt hat, grübelt sie den ganzen Nachmittag darüber nach, was passiert ist. Schließlich ist sie überzeugt: Ihr Kind ist vertauscht, und zwar mit einem Satan. Sie soll ihn aufziehen, damit er dann die Weltherrschaft übernehmen kann. Ihr wird klar, dass sie etwas unternehmen muss, bevor das »Monstrum« Unheil anrichten kann. Es gibt nur eine Lösung, »der Satan muss weg!«.

Mit einem Kissen in der Hand steht sie neben der Wiege, als ihr Mann nach Hause kommt. Sie will, ja sie muss das Kind ersticken. Sie versucht aufgeregt, fast hysterisch, ihrem Mann klarzumachen, was passiert ist. Sie weiß, was sie tun muss, war aber bisher nicht in der Lage dazu, ihren Entschluss umzusetzen. Der hinzugerufene Hausarzt veranlasst die sofortige Aufnahme in einer psychiatrischen Klinik.

Das Leben des Kindes hing »am seidenen Faden«. Glücklicherweise sind solche dramatischen Verläufe von psychotischen Depressionen, also Depressionen, bei denen auch Wahnsymptome oder Halluzinationen bestehen, ausgesprochen selten. Aber solche Fälle kommen vor. Und weil betroffene Frauen vorher manchmal kaum auffallen oder weil die bestehenden Symptome eher für harmlos gehalten werden, kann es zum tragischen Ausgang kommen. Dieser Fall soll deutlich machen, wie wichtig es ist, jede psychische Veränderung nach der Geburt ernst zu nehmen und die Mutter, die alles auf die eigene Unfähigkeit zurückführt, bei der Inanspruchnahme von Hilfe zu unterstützen.

Euphorie und Depression im schnellen Wechsel – eine bipolare affektive Störung nach der Geburt

Mit der folgenden Fallschilderung kommen wir zu einem anderen Problem, das man im Zusammenhang mit einer Depression kennen und erkennen sollte: Dem Umschwung der depressiven Stimmung ins genaue Gegenteil – in eine euphorische bzw. sogar manische Stimmung.

9 Fallbeispiele aus der Praxis

Ulrike W., 30 Jahre
Die 30 Jahre alte Ulrike W. hatte vor acht Jahren eine Fehlgeburt; jetzt erlebt sie die komplikationslose erste Entbindung. Über den erfüllten Kinderwunsch ist sie überglücklich. Später berichtet sie, dass sie am ersten Tag nach der Geburt noch froh und stolz gewesen sei, ein richtiges Glücksgefühl gehabt habe. Am folgenden Tag sei sie dann unruhig und schlaflos geworden, habe sich große Sorgen gemacht, ob sie das Kind richtig versorgen könne, und habe viel geweint. Nach der Entlassung aus der Frauenklinik kommen Ängste hinzu, dass sie das Kind nicht richtig versorgen kann, dass sie eine schlechte Mutter ist. Sie hat große Sorgen, das Kind könne verhungern. Eine Woche später schlägt die Stimmung dann ganz ins Gegenteil um: Sie fühlt sich »unheimlich stark und voller Tatendrang«, was sich in der Folge zu einer manischen Symptomatik entwickelt.

Die Erfahrungen von Frau W. zeigen, wie rasch krankhafte Stimmungsveränderungen auftreten und auch wieder abklingen bzw. sich ins Gegenteil verändern können. Hier findet sich ein Wechsel zwischen einer euphorischen Stimmung (zunächst noch ableitbar aus der Tatsache, dass diese Schwangerschaft zu einem glücklichen Ende gekommen ist) und einer depressiven Symptomatik; kurze Zeit später bestimmt wieder Euphorie das Verhalten von Frau W.

Eine euphorische bzw. hypomanische oder manische Stimmungslage (sie unterscheiden sich nur durch die Intensität der Veränderungen) kann man sich als das genaue Gegenteil einer Depression vorstellen. Neben Euphorie können auch Aggressivität und Gereiztheit vorkommen. Anders allerdings als bei depressiven Symptomen leiden die Betroffenen nicht oder kaum darunter, im Gegenteil – sie genießen die euphorische Stimmung sowie den damit verbundenen gesteigerten Antrieb, die Kreativität etc.

Die immer stärker werdenden Auffälligkeiten beim Auftreten der manischen Symptome machten bald eine psychiatrische Behandlung auf einer geschützten Station erforderlich, denn Ulrike W. war nicht mehr absprachefähig. Wegen der Notwendigkeit der intensiven medikamentösen Behandlung musste Frau W. abstillen. Nach dem baldigen Abklingen der Akutsymptomatik hatte sie aber die Möglichkeit, noch eine Zeitlang mit ihrem Baby gemeinsam auf einer offenen Station zu verbringen und schrittweise die Versorgung des Kindes zu übernehmen.

Das Baby wird zur Puppe –
Verhaltensauffälligkeiten in der Manie

Auf die mögliche Gefährdung von Mutter und Kind im Rahmen einer Depression wurde schon hingewiesen. Dass dies auch bei einer euphorischen bzw. manischen Stimmung der Fall sein kann, zeigt die folgende Schilderung.

Viola S., 22 Jahre
Die junge Frau fällt bereits wenige Tage nach der ersten Entbindung durch ein verändertes Verhalten gegenüber dem Ehemann auf. Die Stimmung wechselt zwischen euphorisch und gereizt, was sonst gar nicht ihre Art ist. Schließlich wird sie auch gegen ihren Mann auffällig. Sie ist aggressiv, wird immer erregter, wirkt überreizt, spricht schneller. Sie entwickelt vielfältige Pläne und Aktivitäten, wobei sie zunehmend »ungeordnet« wirkt und keine Handlung zu Ende bringt.
Am frühen Abend wirft sie ihre Tochter nach dem Wickeln wie eine Puppe in die Luft, fängt sie auf und drückt sie anschließend fest an sich. Als der Mann ihr das Kind wegnehmen will, wird sie tätlich gegen ihn. Da Viola S. selbst nicht krankheitseinsichtig ist, d. h. kein Krankheitsgefühl hat und vor allem keine psychiatrische Behandlung will, muss der Notarzt hinzugerufen werden. Wegen der vorhandenen Fremdgefährdung (in diesem Fall ist vor allem das Kind in Gefahr) erfolgt gegen ihren Willen. eine vorübergehende Unterbringung und Behandlung in einer psychiatrischen Klinik

Vor allem eine euphorische, gehobene Stimmung und auch gereizt-aggressives Verhalten sind nicht immer von Anfang an als krankhaft erkennbar. Im geschilderten Fall einer Manie wurde die Behandlungsbedürftigkeit schließlich deutlich, als die Patientin beim Umgang mit dem Neugeborenen jede Vorsichtsmaßnahme außer Acht ließ und das Kind damit gefährdete. Zur Behandlung unter stationären Bedingungen gibt es in einem solchen Fall keine Alternative.

Von Himmel und Hölle – »Traumartige Erlebnisse« in der Psychose

In diesem Fall steht wie in den beiden nächsten eine psychotische Symptomatik im Vordergrund. Da sich das aber oft mit depressiven Symptomen mischt oder daraus entsteht, wollen wir diese Fälle trotzdem hier vorstellen.

Waltraud K., 39 Jahre
Die 39-jährige Hausfrau und Mutter Waltraud K., die ihr zweites Kind bekommen hat, ist seit dem vierten Tag nach der Entbindung verändert. Gerade zuhause angekommen, äußert sie die Befürchtung, durch die Ärzte vergiftet worden zu sein. Im Vordergrund stehen aber »traumartige« Erlebnisse, bei denen ihr Himmel und Hölle gezeigt werden und Engelschöre singen. Sie schlussfolgert daraus, dass sie zu wenig religiös gewesen sei, dass sie mehr beten müsse. Als einziges Mittel, um die Seligkeit zu erlangen, bliebe ihr der Weg, als Missionarin Seelen zu bekehren. Insgesamt wirkt sie »entrückt«, nicht ängstlich. Sie betet mit lauter Stimme und hoch erhobenen Händen und spricht davon, dass Gott sie wohl jetzt zu sich nehmen wolle. Am nächsten Tag verändert sich das Bild: es treten Ängste auf, sie wird erregt und unruhig, wirkt von Panik getrieben. Die Ängste und Unruhezustände führen schließlich dazu, dass der Ehemann sie in eine psychiatrische Klinik bringt, wo die Symptome unter Behandlung mit Antipsychotika innerhalb weniger Tage rasch abklingen.

Dieser Fall zeigt, dass psychotische Symptome nicht immer durchgehend quälend und angsterregend sein müssen. Jede Art von Verhaltensauffälligkeiten sollte aufmerksam machen. Auch »positive« Gefühle können klare Anhaltspunkte für eine behandlungsbedürftige psychische Störung sein und sehr rasch umschlagen.

Beobachtet und verfolgt gefühlt – bedeutet das Schizophrenie?

Dass postpartal auftretende psychische Störungen eine breite Palette von Symptomen haben können, wie sie bei den verschiedenen psychischen Erkrankungen auftreten, und dennoch ihre Ursache in einer körperlichen Problematik haben, ist vielleicht nicht jedem bekannt. Einen solchen Fall schildern wir hier:

Xenia O., 37 Jahre
 Drei Monate nach der zweiten Entbindung stellt sich Xenia O. bei uns vor. Sie berichtet über eine Vielzahl verschiedener Symptome, die erstmals nach der Entbindung aufgetreten seien. Schließlich sei sie immer ängstlicher geworden. So habe sie sich beispielsweise verfolgt gefühlt, sei den Eindruck nicht losgeworden, dass die Nachtschwester ihrer Tochter etwas angetan habe. Noch in der Frauenklinik wurde ein Psychiater hinzugezogen, der ein Medikament gegen die festgestellte Psychose verordnete. Dieses Medikament hat Frau O. vor kurzem in Absprache mit dem Psychiater, der sie ambulant weiter behandelt, langsam ausgeschlichen.
 Zu uns kommt Frau O. hauptsächlich mit der Frage, ob sie jetzt die Sorge haben müsse, an einer Schizophrenie zu leiden, nachdem sie diese Wochenbettpsychose gehabt habe, und ob sie ständig befürchten müsse, wieder krank zu werden. Ihr Psychiater habe zwar versucht, sie diesbezüglich zu beruhigen, aber sie wolle gerne eine zweite Meinung hören.

Auch wir konnten Frau O. beruhigen, nachdem wir ihre Krankheitsgeschichte genauer kannten. Sie hatte einige Tage nach der Entbindung im Rahmen einer Infektion hohes Fieber gehabt und war vorübergehend nicht richtig ansprechbar gewesen. Auf dem Höhepunkt des Fiebers hatte sie kurz einmal ihren verstorbenen Vater im Zimmer gesehen, was wir als optische Halluzination einordneten. Die Gesamtsymptomatik wies ebenso wie der Verlauf – Abklingen der psychischen Symptome sehr bald nach Behandlung der Infektion und bereits kurz nach Beginn der Antipsychotika-Gabe – auf eine organische Psychose hin, also auf eine Psychose mit einer körperlich begründbaren Ursache. Solche organischen Psychosen können zwar sehr ähnliche Symptome haben wie eine Depression oder eine Schizophrenie, aber es handelt sich um eine ganz andere Krankheit.

Organische Psychosen sind als besonders »gutartig« einzuordnen. Deshalb ist es in einem solchen Fall auch vertretbar, bereits nach drei Monaten die Medikamente schrittweise abzusetzen. Bei einer Depression oder einer Psychose ohne Verursachung durch eine Infektion o. ä. sollte dagegen die Behandlung immer mindestens sechs Monate dauern, um die Rückfallgefahr zu vermindern.

Nicht wieder krank werden, aber trotzdem ein Baby – Schwanger unter Medikamenten

Yumi P., 28 Jahre
Die 28-jährige Studentin koreanischer Abstammung stellt sich bei uns mit der Frage vor, ob sie unter dem von ihr eingenommenen Medikament, einem Antipsychotikum, schwanger werden darf. In ihrer Vorgeschichte gab es mehrere dicht aufeinander folgende psychotische Krankheitsepisoden, die erste Erkrankung lag etwa fünf Jahre zurück. Zu den Krankheitsphasen war es jeweils in Belastungssituationen gekommen (z. B. während eines Examens), beginnend mit Schlafstörungen und depressiven Ängsten. Nachdem die Behandlung mit einer niedrigen Dosierung des wirksamen Antipsychotikums als Vorbeugung dauerhaft fortgeführt worden war, ist Yumi P. in den letzten zwei Jahren symptomfrei und litt auch nicht unter Nebenwirkungen. Der behandelnde Psychiater befürchtet eine erneute Erkrankung beim Absetzen des Medikaments; auch Frau P. selbst und ihre Angehörigen haben ähnliche Bedenken.

Nach Besprechung der Vorgeschichte war auch aus unserer Sicht die Wiederholungsgefahr der Erkrankung in einer Schwangerschaft und besonders nach der Entbindung hoch einzuschätzen. Nach entsprechender

»Nutzen-Risiko-Abwägung« traf Yumi P. gemeinsam mit ihrem Ehemann die Entscheidung, unter dem Medikament schwanger zu werden. In der bald darauf eingetretenen Schwangerschaft ging es ihr sowohl körperlich als auch psychisch sehr gut. Das Medikament wurde so niedrig wie möglich dosiert; als allerdings Schlafstörungen auftraten, war eine leichte Erhöhung erforderlich. Gerade die Schlafstörungen wurden als Gradmesser für ihr psychisches Befinden gewertet, da sie aus der Vorgeschichte als erstes Krankheitssymptom bekannt waren.

Bis zur Entbindung ging es Yumi P. gut; regelmäßige Kontrolluntersuchungen zeigten das auch vom ungeborenen Kind. Sie schloss in der Schwangerschaft sogar noch ihr Studium ab. Vorübergehend konnte die Dosis des Antipsychotikums wieder gesenkt werden. Einige Wochen vor der Entbindung war das weitere Vorgehen rund um die Entbindung Thema. Es wurde besprochen, worauf zu achten ist und was mögliche Warnsignale nach der Entbindung sein könnten. Es war zu berücksichtigen, dass die Zeit nach der Geburt das höchste Risiko einer Wiedererkrankung in sich trägt. Kurz vor der Entbindung war noch einmal eine leichte Dosiserhöhung des Medikamentes erforderlich, da erneut Schlafstörungen auftraten.

Die Entbindung verlief dann unkompliziert; Yumi P. erlebte sie weniger anstrengend als sie erwartet hatte. Der über 4.000 Gramm schwere Sohn war völlig gesund und brauchte keine besondere kinderärztliche Behandlung. Nach drei Tagen stillte Frau P. ab, da sie das Stillen als belastend erlebte und auch Sorge wegen der nächtlichen Schlafunterbrechungen hatte. Ihr Mann übernahm in den ersten Wochen die nächtliche Versorgung des Babys, um ihr die Einhaltung ihres Schlafrhythmus zu ermöglichen.

Vier Wochen nach der Geburt stellte sich Yumi P. mit Mann und Sohn noch einmal bei uns vor: Es ging ihr nach wie vor gut, sie fühlte sich psychisch stabil und hatte sich körperlich gut erholt. Das Antipsychotikum nahm sie wie vereinbart weiter in der gleichen Dosis wie um die Geburt. Der kleine Sohn entwickelte sich prächtig. Frau P. erlebte ihre Entscheidung, unter Medikamenten schwanger zu werden, auch im Nachhinein als richtig. Und sie fügte hinzu: »Ich weiß schon jetzt, dass ich noch ein zweites Kind haben will.«

Last but not least: Auch Väter können depressiv werden

Zacharias E., 37 Jahre
Zacharias E. stellt sich zwei Wochen nach der Geburt seines ersten Sohnes bei uns vor. Nach langjährigem Kinderwunsch und einigen erfolglosen Behandlungen hatte sich das Ehepaar bereits mit der Kinderlosigkeit abgefunden, als es zu einer natürlichen Schwangerschaft kam.

Obwohl die Geburt des Wunschkindes nicht ohne Komplikationen verlief, erlebte Herr E. intensive Gefühle von Stolz und Glück. Die Tage unmittelbar nach der Geburt verbrachte er mit Frau und Kind im Elternzimmer des Krankenhauses.

Nachdem er mit Ehefrau und Sohn nach Hause zurückgekehrt war, änderte sich jedoch seine Stimmung. Herr E. berichtete, er leide unter starken Weinkrämpfen, obwohl er früher nie geweint habe. Er beschrieb sich selbst als einen starken, eher gefühlskalten Menschen, der nicht über Probleme und Gefühle spreche – ähnlich wie sein Vater. Insgesamt werde in seiner Ursprungsfamilie selten über Probleme, Krankheiten oder Gefühle gesprochen.

Tief beunruhigt zeigte sich Zacharias E. durch die Tatsache, dass er seinem Sohn die Schuld an seinem Zustand gab, dass er eifersüchtig auf ihn reagierte und sich wünschte, die Zeit zurückdrehen zu können. Des Weiteren wurde die depressive Symptomatik verstärkt durch seine Angst, nie ein guter Vater sein zu können. Hinzu kamen starke Selbstvorwürfe; er habe sich im Vorfeld zu wenig mit der Schwangerschaft und seiner Vaterrolle auseinandergesetzt. Nun fühle er sich dadurch überrollt, und alles laufe an ihm vorbei. Zacharias E. beschrieb seine Stimmung als sehr schwankend, mit guten, aber auch sehr schlechten Tagen. Er habe wenig Antrieb, kaum Appetit und große Sorgen vor der Zukunft. Zuhause falle ihm in den vier Wochen Urlaub die Decke auf den Kopf, weil er ansonsten ein sehr aktiver Mensch sei, neben seiner Berufstätigkeit einen Nebenjob habe und jetzt eigentlich nicht wisse, was er den ganzen Tag zuhause tun solle.

Mit depressiven Symptomen war er etwas vertraut, weil seine Frau im Rahmen der erfolglosen Kinderwunschbehandlung darunter gelitten hatte. Deshalb hatte er im Internet nach Informationen über postpartale Depressionen bei Männern gesucht und war schließlich gemeinsam mit seiner Frau in unsere Sprechstunde gekommen.

Wegen der Schwere der depressiven Symptomatik wurde eine antidepressive Medikation eingesetzt; zusätzlich wurde Herr E. an eine Verhaltenstherapeutin vermittelt. Unter dieser kombinierten Behandlung kam es innerhalb weniger Wochen zu einer deutlichen Besserung des Befindens. Herr E. konnte zu seinem Sohn eine innige Beziehung aufbauen. Die Psychotherapeutin zog die Ehefrau in einige Gespräche mit ein, was auch die partnerschaftliche Beziehung wesentlich intensivierte. Mit der Empfehlung, die antidepressive Medikation noch über mindestens sechs Monate fortzusetzen, konnte Herr E. in die weitere Behandlung seines Hausarztes wechseln.

In diesem Fall wird exemplarisch deutlich, dass gerade die Geburt des ersten Kindes die eigenen Beziehungen zu den Eltern unbewusst oder bewusst zum Thema werden lassen können. Die Vaterrolle (oder Mutterrolle) genauso gut oder »auf jeden Fall besser« ausfüllen zu wollen, kann zu Selbstzweifeln und Unsicherheiten führen, ob man den eigenen Ansprüchen auch gerecht wird. Manchmal reichen schon wenige psychotherapeutische Gespräche aus, um eine Entlastung zu spüren, in anderen Fällen kann eine längerfristige und intensive Aufarbeitung der früheren Erfahrungen bzw. der Beziehung zu den eigenen Eltern sinnvoll sein.

10   Erfahrungsberichte betroffener Frauen

> **Darum geht es**
>
> Nachdem wir in den vorigen Kapiteln zunächst eine Vielzahl von ärztlichen und psychologischen Informationen zusammengestellt und dann eine Reihe von Fällen aus unserer täglichen Praxis beschrieben haben, folgen nun einige Erfahrungsberichte von betroffenen Frauen – sozusagen Schilderungen aus erster Hand. Einige der Frauen konnten auch ihren Partner bzw. ihre Partnerin dazu bewegen, die Zeit mit dem Neugeborenen aus der eigenen Perspektive zu schildern.

In den Berichten, die die betroffenen Frauen komplett selbständig und ohne weitere Vorgabe verfasst haben, schildern sie ihre ganz subjektiven Erfahrungen aus der Zeit nach der Geburt ihres Kindes. Sie gehen darauf ein, wie sich die Depression langsam in ihr Denken eingeschlichen hat und wie schwierig es mitunter war, sich einzugestehen, dass man Hilfe braucht, und diese anzunehmen. Die Berichte zeigen eindrucksvoll, wie lange und intensiv die Frauen darum gekämpft haben, alles allein zu bewältigen, weil sie dachten, es sei ihr Versagen und sie müssten es doch ohne Hilfe schaffen. Wie quälend die verschiedenartigen Zwangsgedanken und in manchen Fällen sogar psychotischen Ängste gewesen sind und zu welcher Belastung das Stillen ausarten kann. Die Frauen berichten auch darüber, wie herausfordernd es war, mit den Erwartungen von Familie und Freunden umzugehen und wie sich die zeitweise aufkeimenden Aggressionen und negativen Gefühle gegen den Partner und sogar gegen das Baby gerichtet haben. Es wird deutlich, dass frühere Erfahrungen, vor allem in der Beziehung zur eigenen Mutter, plötzlich wieder da sind und die Bewertung der Situation beeinflussen. Und fast alle Erfahrungsberichte zeigen, wie schwer es ist, sich der Tatsache zu stellen, dass man eine behandlungsbedürftige psychische Problematik hat und die eigenen Vorbehalte Medikamenten und Psychotherapie gegenüber zu überwinden – und wieviel Zeit dabei verloren gehen kann. Last but not least erfahren Sie auch etwas darüber, wie es schließlich gelingen kann, die gemachten Erfahrungen zu verarbeiten, und wie daraus auch so etwas wie »Krise als Chance« entstehen kann.

Vielleicht haben Sie das Empfinden, dass es teils sehr dramatische Schilderungen sind und dass man doch selbst so eine Entwicklung nicht haben würde oder dass so etwas bei Ihrer Partnerin, Tochter oder Freundin nicht besteht. Erlauben Sie mir (A.R.) als damals behandelnder Ärztin den Hinweis, dass man das, was die Frauen hier in aller Offenheit berichten, an der Oberfläche oftmals nur erahnen konnte. Obwohl ich mit allen eine Reihe von diagnostischen und später auch therapeutischen Gesprächen geführt hatte, war selbst ich von der Intensität und dem Ausmaß der belastenden Erlebnisweisen, mit denen die Mütter sich gequält haben, sehr berührt und teils auch überrascht. Wenn Sie also das Gefühl haben sollten, Ihrer Partnerin, Tochter oder Freundin gehe es ganz bestimmt nicht so schlecht: Es kann alles viel schlimmer sein, als wir es uns von außen vorstellen.

Und trotz aller Dramatik enthalten alle diese Geschichten etwas Positives – die Frauen haben es geschafft! Sie haben ihre Depression, Ängste und Zwangsgedanken bewältigt, sie haben ihren lebensmüden Gedanken widerstanden. Und es kam in allen Fällen schließlich doch zu einem guten Ende.

Alle Frauen berichten in bewundernswerter Offenheit über ihre Geschichte, weil sie anderen betroffenen Frauen damit helfen wollen. Der Ausgangspunkt war nämlich meine Bitte gewesen: »Schreiben Sie das auf, was Sie anderen Frauen mitteilen wollen. Und was zu lesen Ihnen selbst vielleicht in der Situation geholfen hätte«. Es ist unter anderem immer wieder die Botschaft: »Lassen Sie sich helfen, haben Sie keine Angst vor Psychiatern, Psychotherapeutinnen und vor allem nicht vor Medikamenten!«

Nicht vergessen wollen wir hier die Partner bzw. die Partnerin, die die Zeit aus ihrer eigenen Perspektive beschreiben, durchaus in selbstkritischer Weise. Auch sie verdienen dafür unseren hohen Respekt und herzlichen Dank!

Warum hat es so lange gedauert, die Depression zu erkennen?

Elena, 43 Jahre

Bei mir wurde die »Postpartale Depression« drei Jahre nach der Geburt meines jüngsten Sohnes diagnostiziert, und ich werde seitdem medikamentös und mit einer Psychotherapie erfolgreich behandelt.

Warum hat das so lange gedauert, habe ich mich gefragt? Wenn ich ehrlich bin: weil ich es nicht wahrhaben wollte und andere Gründe für meinen schlechten Zustand vorgeschoben habe. So was kann doch nicht sein, so etwas passiert doch nicht mir, usw. Außerdem kannte ich nur die extreme Form dieser Depression, in der man sein Kind nicht lieben und anfassen kann. Und das war bei mir absolut nicht der Fall. Also konnte es ja auch nicht sein.

Richtig aufmerksam wurde ich zum ersten Mal, als ich in meiner Mutter-Kind-Kur (für deren Beantragung meine Gynäkologin erstmals die Diagnose »Postpartale Depression« verwendete – worüber ich mich fürchterlich aufgeregt hatte!) über ein Buch zu diesem Thema mit dem Titel »Eigentlich müsste ich doch glücklich sein« stolperte. Und das war genau MEIN Satz – so fühlte ich mich. Es ist doch alles wieder perfekt bei mir, warum bin ich dann nicht glücklich? Ich hatte mein Leben wieder in den Griff bekommen, nachdem mich der Vater meines ersten Sohnes für mich völlig unerwartet verlassen hatte, als Lukas gerade fünfzehn Monate alt war. Ich war durch das tiefste Tal meines Lebens gegangen. Und als ich dann ein Jahr später meinen jetzigen Ehemann kennenlernte, passte alles perfekt: Er wollte immer schon eine Familie und freute sich so über meinen Sohn, dass er ihn bis heute wie einen eigenen Sohn annahm.

Schon nach kurzer Zeit war klar: wir wollen ein Geschwisterchen für Lukas – und schwupps, schon war ich schwanger.

Die Schwangerschaft war fürchterlich – ganz im Gegensatz zur ersten. Ich hatte ab der 4. Schwangerschaftswoche (SSW) mit einer ganz starken Übelkeit zu kämpfen, die bis zur 18. SSW anhielt. In der 28. SSW bekam ich vorzeitige Wehen, verbunden mit zwei Krankenhausaufenthalten. Deshalb musste ich zum ersten Mal Lukas abgeben, was mir außerordentlich schwerfiel. Aber ich wollte genauso das Leben meines ungeborenen Kindes retten – also habe ich mich gefügt. Ich musste mich zweimal einer antibiotischen Behandlung im Krankenhaus unterziehen – das bedeutete dreimal täglich einen Tropf. Auch Cortison bekam ich für die Lungenfunktion gespritzt. Das konnte ich mit mir eigentlich alles nicht vereinbaren: Medikamente während der Schwangerschaft! Hoffentlich bleibt mein Kind gesund – ich hatte solche Angst um mein Baby!

Ab der 36. SSW durfte ich dann aufstehen, und man rechnete stündlich mit der Geburt. Aber der kleine Mann hat sich dann noch fünf Wochen Zeit gelassen, denn in dem Moment, als ich aufstehen durfte, waren die Wehen vorbei. Letztlich kam er dann mit einer Sturzgeburt bei uns zu Haus vor dem Sofa auf die Welt. Eigentlich hätte ich zur Geburt wieder eine antibiotische Behandlung haben müssen, aber das ging ja nicht. Wieder die Angst um das Baby. Dann kam noch dazu, dass meine Hebamme sehr unerfahren war (was ich vorher nicht so genau wusste) und dass dies ihre erste Hausgeburt war. Als Konstantin etwas schlecht Luft bekam, verständigte sie den Kindernotarzt, der meinen frisch geborenen Sohn sofort zur Beobachtung mit in die Kinderklinik nahm. Da ich durch die Geburt einen tiefen Dammriss erlitten hatte, musste ich in ein anderes Krankenhaus zum Nähen. Diese Trennung so kurz nach der Geburt des Kindes, um das ich so viel Angst gehabt hatte, war für mich wirklich traumatisch.

Mein Kind entwickelte sich zum Glück sehr gut – und das Glück war eigentlich perfekt – wenn er nicht das erste Jahr alle 1,5 bis 2 Stunden gestillt hätte werden wollen. Das ging Tag und Nacht so. Und ich hatte noch seinen drei Jahre alten Bruder zu versorgen. Dieser massive Schlafentzug, der leider auch noch im zweiten Lebensjahr von Konstantin nicht wirklich besser wurde, war für mich der Hauptgrund, warum es mir schlecht ging. Ich habe natürlich 100%ig funktioniert. Haushalt, zwei

Kinder und den Ehemann bestens versorgt, wie es sich für eine Mutter und Hausfrau gehört. Nur um mich selbst habe ich mich nicht gekümmert.

Und so kam es, dass ich dann fast drei Jahre nach der Geburt endlich in Mutter-Kind-Kur fuhr und dabei über o. g. Buch stolperte. Dieses Buch erklärte die Erkrankung mit vielen Fallbeispielen. Und siehe da: es gab auch die Form wie bei mir, nicht nur die Extremform, von der ich gehört hatte. Da keimte zum ersten Mal der Gedanke auf, es könnte tatsächlich auch bei mir der Fall sein.

Noch aus der Kur heraus habe ich mir einen Termin bei Frau Prof. Rohde in der Bonner Uniklinik vereinbart. Ich bin heilfroh, dass ich endlich diesen Weg gegangen bin. Therapie bedeutete vorher für mich ein Stigma – ich schaffe es nicht allein, ich bin unfähig. Aber heute weiß ich, dass es Situationen geben kann, da braucht man einfach Hilfe von außen – und es ist so toll, dass es diese Hilfe gibt und dass man dadurch auch so schnell wieder auf die Beine kommt.

Heute fühle ich mich endlich wieder gut und wohl in meiner Haut und kann mein Leben mit den zwei kleinen Jungen gut meistern – ich wünschte nur, ich hätte den Weg früher eingeschlagen!

Zwangsgedanken statt Muttergefühlen – und alle leiden

Manuela, 36 Jahre

Meine Schwangerschaft verlief vollkommen unproblematisch. Die Sorgen, die ich mir zuvor gemacht hatte, ob es mit 35 Jahren vielleicht zu Komplikationen kommen könnte, waren glücklicherweise unbegründet gewesen. Dann war es endlich so weit, und unser Sohn Julius kam zur Welt; nach 10-stündigen Wehen leider doch per Kaiserschnitt.

Wir, die neue kleine Familie, nahmen die Möglichkeit eines Familienzimmers wahr und konnten uns auf gemeinsame Tage freuen. Diese entwickelten sich jedoch anders als geplant, und es sollte erst der Anfang sein. Mein Kaiserschnitt machte es mir die erste Zeit unmöglich, mich aktiv um unser Baby zu kümmern, mein Mann übernahm das. Derweil war ich mit mir, meinem veränderten Körper und der völlig neuen Lebenssituation beschäftigt. Wo blieben die Muttergefühle? Dieses überwältigende Gefühl, von dem alle Mütter berichteten? Stattdessen kamen mir völlig unbegründet die Tränen, und ich weinte täglich mehrere Male. Alle erklärten mir, das seien die Hormone, der so genannte Babyblues, der allerdings nach spätestens ein bis zwei Wochen wieder weg sei.

Nach einer Woche Krankenhausaufenthalt ging ich nachhause. Doch auch in der gewohnten Umgebung weinte ich regelmäßig. Zum Spazierengehen konnte ich mich nur widerwillig aufraffen, lauerte doch an jeder Ecke jemand, der mir und meinem Baby etwas anhaben wollte, so dachte ich. Hinzu kamen merkwürdige Gedanken, ich könne meinem Sohn etwas antun. Sobald ich einen scharfen Gegenstand in der Hand hielt, ging ich in Gedanken damit auf ihn los. Ich band ihm einen Schal um den Hals und stellte mir vor, was wohl passiere, wenn ich zuziehen würde. Beim Spazierengehen hatte ich vor Augen, dass ich den Kinderwagen bergabwärts einfach laufen lassen könne. Es war furchtbar, zermürbend und machte mir Angst. Da ich mit jedem ganz offen darüber sprach, war ich der festen Überzeugung, ich sei stark genug, und es sei nur eine vorübergehende Laune; da würde ich schon selbst herausfinden. Fast unbemerkt schlich sich auch noch eine Ablehnung gegenüber meinem Sohn ein. Ich fühlte mich ungeliebt von ihm, da er sich von mir nicht beruhigen ließ. Wenn er weinte, wurde das Weinen nur noch schlimmer, wenn ich mich um ihn kümmerte. Das führte dazu, dass ich ihn bald gar nicht mehr zu mir nehmen wollte. An Tagen, an denen der Kleine stetig schrie, war ich völlig hilflos, nervös und kopflos. Mein inneres Befinden trug verständlicherweise auch nicht dazu bei, dass er sich beruhigte, und so war es ein ewiger Teufelskreis. Ich dachte sogar daran, mir etwas anzutun, so verzweifelt war ich.

Auch meine Eltern und mein Mann litten sehr unter der Situation. Im Nachhinein betrachtet vermutlich mehr als ich selbst, da mir der Ernst der Lage nicht wirklich bewusst war. Erst etwa ein dreiviertel Jahr nach der Geburt unseres Sohnes begab ich mich auf intensivstes Bemühen und Drängen meiner Mutter in ärztliche und psychotherapeutische Betreuung. Heute bin ich sehr dankbar für ihre Initiative. Erst durch diesen Schritt wurde mir klar, wie schwerwiegend und auch bedrohlich Depressionen und Zwangsgedanken sein können. Rückblickend muss ich sagen, dass ich viel eher ärztliche Hilfe in Anspruch hätte nehmen sollen, denn mit jedem Tag in der Depression geht ein schöner, lebenswerter Tag verloren.

Ich kann jeder Frau nur raten, die sich in meiner Geschichte ganz oder auch nur ein bisschen wieder erkennt, nicht abzuwarten, bis die Probleme »von selbst verschwinden« (denn das tun sie nicht). Sondern sie sollte sich unmittelbar um ärztliche Hilfe bemühen!

Depressionen und Wutausbrüche – und noch mehr Schuldgefühle

Hannah, 34 Jahre
Bereits seit langem leide ich in unregelmäßigen Abständen unter depressiven Schüben. Ich erinnere mich an sehr schlimme Zeiten in meiner Pubertät, in denen ich nicht in der Lage war, überhaupt irgendetwas für die Schule zu tun, was sich auch in meinen Leistungen widerspiegelte. Über längere Phasen verbrachte ich Nachmittage entweder mit Schlafen oder ging alleine mit meinem Hund spazieren. Es war ein Kreislauf: Ich lernte nicht, bekam schlechte Noten, litt darunter, als dumm abgestempelt zu werden und fand dadurch noch weniger Energie, mich aufzuraffen. Zudem wurde ich zeitweilig Ziel von Lästerattacken anderer Mitschüler. Familiäre Probleme taten ihr Übriges. Mein Vater entwickelte eine Alkoholsucht, die zwar nie nach außen drang und eskalierte, aber unsere Familie sehr belastete. Ich bin das einzige Kind meiner Eltern. Meine Mutter war mit der Situation überfordert, mein Vater vermutlich ebenso, und ich stand ebenfalls recht allein da.

Lange erkannten weder ich noch meine Eltern, dass das nicht normal sein konnte. Bereits damals hatte ich einen Hang zu Wutausbrüchen, wenn ich mir nicht weiter zu helfen wusste. Ich knallte Türen, trat dagegen, habe sogar mit einer vollen Wasserflasche ein Loch in meine Zimmertür geschmettert. Ich schrie rum und begann auch, mich selbst zu schlagen, zu kratzen, zu beißen, Haare auszureißen. Nicht ernstlich, aber immer verzweifelt.

Erst spät habe ich erfahren, dass Depressionen in meiner Familie väterlicherseits vorkamen. Meine Großmutter hat nach einem jahrelangen »Nervenleiden« Selbstmord begangen. Und ihre Mutter, meine Urgroßmutter, wurde wegen Depressionen behandelt und lebte in einer Heilanstalt. Zu damaligen Zeiten musste man sicher sehr ausgeprägte Symptome zeigen, um diesbezüglich behandelt zu werden und ein Leben lang in einer Anstalt zu sein.

Dieses Verhaltensmuster zwischen absoluter Energielosigkeit und radikalen Wutausbrüchen habe ich über die Jahre beibehalten. Sie tauchten in unregelmäßigen Abständen auf – sicher immer dann, wenn ich über längere Zeit überfordert war. Aber auch dann, wenn äußerlich scheinbar alles im Lot schien. Auffällig ist mir in Erinnerung geblieben – es ist ein Muster, das ich bis heute beibehalten habe –, dass ich meiner Mutter die Dringlichkeit der Situation um meinen Vater nur mittels heftiger emotionaler Ausbrüche meinerseits klarmachen konnte. Vorher schien sie sich abzuschotten und es schlicht zu negieren. Erst wenn ich sehr heftig zeigte, wie sehr ich darunter litt, räumte sie Handlungsbedarf ein. Am nächsten Tag hatte sie alles scheinbar vergessen, und es ging wieder von vorne los.

Als ich mit meinem Sohn schwanger wurde, hatte ich eine sehr stressige Zeit im Job. Ich war in hohem Maße überfordert und überlastet zugleich. Zudem nahm ich in der Zeit noch ein Antidepressivum, bei dem meine Ärztin nicht wusste, ob es gut für das Kind ist. Die Nachricht über meine Schwangerschaft erfreute meinen Mann und mich sehr. Gleichzeitig hatte ich Befürchtungen, dass ich unser Baby verlieren könnte durch den Stress im Berufsleben und das Medikament. Eigenmächtig reduzierte ich die Tabletten.

Ich war schon immer sehr schlecht darin, mit Stress klarzukommen und beruflichen Stress gedanklich im Büro zu lassen. Irgendwann eskalierte es: Zuerst wurde ich von meinem Frauenarzt eine Woche krankgeschrieben, da er sich ebenfalls Sorgen um das Kind machte. Meine Arbeitsstelle ließ mich allerdings in der Zeit nicht in Ruhe, trotz der

Nachricht, dass ich ein Kind erwartete. Zu dem Zeitpunkt war ich ca. in der sechsten Woche. Als mir wegen des Arbeitsdrucks noch der nahende Sommerurlaub reduziert werden sollte, bin ich schlichtweg ausgerastet – der Urlaub war mein Lichtblick – und dann in unserer Wohnung zusammengeklappt. Ich erinnere mich heute noch, dass der Aufschlag auf den Boden am Kopf recht wehgetan hat. Irgendwann war mein Mann da, hat mit meinem Chef telefoniert, die Lage erklärt und mich völlig aus dem Verkehr gezogen. Ich wurde in eine Klinik eingeliefert. Das war für mich ein großer Schritt, vor dem ich sehr Angst hatte, da ich mir damit eingestehen musste, die Situation nicht mehr unter Kontrolle zu haben. Vorher dachte ich immer, wenn ich mich nur zusammenreiße, mal Urlaub habe etc., habe ich alles wieder im Griff. Offensichtlich nicht.

Der Kontakt zur Außenwelt lief ausschließlich über meinen Mann. Selbst zu meinen Eltern und Freunden hatte ich keinen direkten Kontakt. Ich war für Monate krankgeschrieben. In der Klinik wurde das Medikament dann ein weiteres Mal abgesetzt, diesmal kontrolliert. Ich konnte recht schnell wieder entlassen werden. Die Schwangerschaft verlief problemlos. Ich habe lange Ausritte mit meinem Pony unternommen, die Ruhe genossen. Einige Wochen vor dem Mutterschutz konnte ich für einige Wochen mit reduzierter Stundenzahl sogar wieder arbeiten, was ich sehr schön fand. Sowohl mein Chef als auch die Kollegen haben mich herzlich empfangen.

Während der Schwangerschaft hatte ich auf Anraten meiner Hausärztin einen Termin bei Frau Prof. Rohde gemacht. Mein Mann kam mit. Wir vereinbarten, da alles einigermaßen stabil und ich zudem kaum äußerem Stress ausgesetzt war, die Schwangerschaft ohne Medikamente zu beenden. Bei einem Folgetermin wenige Wochen nach der Geburt wollten wir weitersehen.

Die Geburt verlief ebenso problemlos wie die Schwangerschaft. Sechseinhalb Stunden von den ersten Wehen bis zum ersten Schrei. Mein Sohn ist im Geburtshaus zur Welt gekommen, mitten in der Nacht, und fast eine Wassergeburt geworden. Nach vier Stunden waren wir drei wieder zuhause und haben uns verblüfft angeguckt.

Die erste Zeit war wie verzaubert. Ich konnte in den Nächten kaum abwarten, bis es Morgen ist und mein Sohn wieder wach wird. Er hat offiziell im Bettchen an unserem Bett geschlafen, aber eigentlich ausschließlich in meinem Arm. Mein Mann hat die ersten fünf Wochen Elternzeit genommen und war bei uns.

Irgendwann schlich sich bei mir aber doch Erschöpfung ein. Ich kann gar nicht mehr genau sagen, womit es anfing, doch mir wurde immer bewusster, was es heißt, ein Baby zu haben, für dieses rund um die Uhr da zu sein, sein ganzes Leben darauf auszurichten, welche Stimmung das kleine Wesen gerade hat. Mir wurde es plötzlich zu viel. Wenn mein Sohn schrie – er war recht unkompliziert, hatte aber doch unter den Drei-Monats-Koliken zu leiden – wurde ich erst hilflos, dann wütend. Mehrfach drohte ich meinem Mann damit, die Familie zu verlassen – ich glaube, ich habe sogar einmal wirklich die Koffer gepackt und wollte einfach weg. Nach solchen emotionalen Ausbrüchen umfing mich jedes Mal solch ein schlechtes Gewissen und das Bewusstsein, wie sehr ich doch dieses kleine Wesen liebe und dass ich es nie allein lassen könnte. Dennoch hatte ich große Angst vor dem Tag, an dem mein Mann wieder arbeiten gehen musste und ich mit meinem Sohn tagsüber allein zu Hause sein würde.

Wenige Wochen nach der Geburt hatten wir einen Folgetermin bei Frau Prof. Rohde. Hier zeigte sich die Dringlichkeit der Lage. Ich bekam ein Medikament, welches meinen Antrieb minderte, da ich einen sehr aufgeregten Eindruck machte. Ich war verzweifelt, da ich einerseits wusste, dass ich mein Kind liebe, mir aber alles zu viel wurde, wenn er nach mir verlangte. Ich habe meinen Sohn manchmal angeschrien, wenn er – aus meiner Sicht – keine Ruhe geben wollte, wenn ich doch bloß auch mal essen, mal allein auf die Toilette oder auch nur mal zehn Minuten für mich haben wollte. Mir ist es sogar mal passiert, dass ich ihm in meiner verzweifelten Wut eine Ohrfeige gab. Er hat daraufhin einen noch stärkeren Weinkrampf bekommen, und ich war am Boden zerstört und habe ihn an mich gepresst. Ich hoffe so sehr, dass er sich nie, nie daran wird erinnern können. Mir tut es so sehr leid!

Auf Empfehlung von Frau Prof. Rohde haben wir eine Haushaltshilfe beantragt und bewilligt bekommen. In der Anfangszeit war mir das gar nicht recht, da ich Probleme habe, mich zu entspannen, wenn in unserer Wohnung jemand Fremdes um mich herum ist. Komischerweise hatte ich kaum Probleme, meinen Sohn einer völlig Fremden anzuvertrauen, was heute wesentlich schwieriger ist. Zudem übernahmen meine Schwiegereltern meinen Sohn, so oft es ging. Doch trotz der Hilfe fühlte ich mich eingeengt. Meine Freizeit war wie in ein enges Zeitkorsett gedrängt, und ich konnte mir nicht vorstellen, dass es jemals wieder anders werden würde. All das Gerede »nach einem halben Jahr/einem Jahr/ab Kita wird es besser« verschwand bei mir wie im Nebel. Ich konnte es mir nicht vorstellen.

Nahezu jeden Abend wartete ich bloß darauf, dass mein Mann nach Hause kam und mir unser Baby abnahm. Fast schon reichte ich es ihm auf der Türschwelle. Sehr häufig rief ich wirklich aufgelöst, wie von Sinnen und verzweifelt-wütend im Büro an und »beorderte« ihn nach Hause. Dabei hatte ich so ein schlechtes Gewissen, weil ich doch wusste, dass er ebenfalls einen anstrengenden Tag im Büro hatte und durch die 80 km Berufsweg ebenfalls müde war. Doch ich konnte nicht anders. Und das zu sehen und nicht anders handeln zu können, verursachte eine weitere Wut in mir, die ich wieder an meinem Mann ausließ. Ich ziehe echt den Hut vor ihm, dass er das so mit mir durchgestanden hat. An viele Szenen erinnere ich mich überhaupt nicht mehr oder nur bruchstückhaft bzw. ich vermische die Erinnerungen mit den Erzählungen meines Mannes.

Eine Belastungsprobe war die Zeit, in der mein Mann die Abschlussprüfung für seine Doktorarbeit hatte, vier Monate nach der Geburt unseres Sohnes. Zu der Zeit musste er lernen und konnte mich weniger entlasten. Es war für mich ein Gefühl, wie unter Wasser tauchen und hoffen, dass ich auftauchen darf, bevor mir die Luft ausgeht. Den Tag nach der Prüfung wurde mir wieder einmal alles zu viel, mein Kind schrie mich vom Tragetuch aus an, und ich kam zu nichts.

In der Zeit nach der Doktorarbeit und als es mir sichtbar stetig besser ging, offenbarte sich dann das Übermaß an Belastung, dem mein Mann die Zeit über ausgesetzt war. Er fiel in ein tiefes Loch, war lustlos und unmotiviert, häufiger traurig. Ich machte mir große Sorgen und hoffte, dass ich nun so gut für ihn da sein konnte, wie er zuvor für mich. Durch Inanspruchnahme ärztlicher Hilfe auch für ihn ist diese Phase weitestgehend überstanden. Mit Freude konnte er seinen zweiten Block der Elternzeit angehen.

Mit der Zeit lernte ich zu akzeptieren, dass mein Leben nun anders, mehr fremd- oder sagen wir kindbestimmt ist. Heute möchte ich es größtenteils nicht mehr anders haben, denke über ein zweites Kind nach und lebe mein Leben als glückliche Mutter. Mein Mann hat im hohen Maße dazu beigetragen, dass unser Leben wieder »normal« verläuft.

Im Rückblick bin ich sehr traurig darüber, dass ich das Gefühl habe, in der Anfangszeit wertvolle Zeit mit meinem Sohn verpasst zu haben. Ich hatte eher das Gefühl, die Tage überstehen zu müssen, statt Zeit mit ihm verbringen zu können. Meine Erinnerung an die Anfangszeit ist auch sehr löchrig, was ich unglaublich schade finde. Es hat sich später alles so schön eingependelt, und ich empfinde die Zeit mit ihm als so wertvoll. Das hätte ich gerne schon früher so genossen anstelle dieser blöden Depressionen.

Und die Perspektive des Partners, Konstantin, 35 Jahre

Meine heutige Frau habe ich während der Studienzeit kennengelernt. Neben allen schönen Erlebnissen und Gemeinsamkeiten wunderte ich mich bereits in den ersten Jahren über Wutausbrüche, die mir in einer solchen Heftigkeit fremd waren. Als wir dann zusammengezogen waren, gab es immer wieder wochenlange Phasen, die geprägt waren von Antriebslosigkeit, Wutausbrüchen (mit anschließendem Bedauern und Tränen), Schuldzuweisungen und Aufregen mit anschließenden Endlosdiskussionen über Nichtigkeiten (z. B. Fußgänger auf Fahrradwegen, entgegenkommender Fußgänger weicht nicht aus). Die Muster waren immer gleich. Oft geriet die Stimmung meiner Frau in einen Sog, an dessen Ende entweder der Wutausbruch (mitunter auch mit Herumwerfen von Gegenständen) oder die Flucht (Weglaufen aus der Wohnung und draußen umherirren) standen.

Ab einem bestimmten Punkt war uns beiden klar, dass diese Reaktionen das normale Maß übersteigen und meine Frau ärztliche Hilfe brauchte. Ich selber kannte das Thema Depressionen sehr gut, da meine Mutter auch darunter gelitten hat, und es während meiner Kindheit und Jugend lange, schwierige Phasen gab. Heute weiß ich, was mein Vater in dieser Zeit alles geleistet hat und wie er sich gefühlt haben muss.

Bei der ganzen Hilflosigkeit in diesen Phasen, der ich mich gegenüber sah, war ich meiner Frau sehr dankbar, dass sie den Gang zum Arzt (im ersten Schritt zum Hausarzt) ohne allzu große Gegenwehr mitgemacht hat. Es folgten Medikamente und psychotherapeutische Sitzungen. Leider konnte sich meine Frau damals in diesen Sitzungen noch nicht so richtig öffnen. Gut war, dass zu dieser Zeit das Problem (Depressionen) erkannt und angegangen wurde und in unserer Beziehung zu keinem Zeitpunkt runter gespielt oder negiert wurde. Doch leider blieb es bei den Phasen, die ca. 2–3-mal im Jahr kamen. Auslöser waren Stress (z. B. zu viele Aufgaben ohne klare Verantwortlichkeiten auf zu wenige Kollegen auf ihrer Arbeitsstelle verteilt), Frust (z. B. nach dem Umzug ins Ausland für ein gemeinsames zweijähriges ›Auslandsabenteuer‹ klappte es mit den Bewerbungen am Anfang nicht gut – am Ende stand jedoch die Auswahl zwischen zwei äußerst attraktiven Stellen) oder auch aus unerfindlichen Gründen.

Besonders eindringlich bleibt folgende Szene in meinem Kopf. Nach einem Wochenend-Ski-Trip mit meinem Bruder holte meine Frau mich am Flughafen ab. Schon als ich aus dem Sicherheitsbereich kam, sah ich, dass sie völlig neben sich stand. Als wir aufeinandertrafen, drehte sie sich wort- und grußlos um und ging wie in Trance ins Parkhaus und irrte dort umher, bis wir irgendwann das Auto fanden. Auch die Fahrt nach Hause verlief ohne Worte. Zuhause angekommen, raufte sie sich die Haare, bis welche ausrissen, und kratzte sich blutig. Danach folgten Anschuldigungen und ein Wutausbruch – ohne objektiven Grund. Es war schrecklich für mich, so ohnmächtig dabei zu sein und meiner Frau nicht wirklich helfen zu können. Und es war schrecklich, keinen Raum für eigene Stimmungen und Bedürfnisse zu haben, sondern völlig eingenommen zu sein von der Stimmung meiner Frau – nicht nur in dieser Szene, sondern immer während depressiver Phasen.

Nach dem Auslandsaufenthalt dann wieder zurück in Deutschland, spitzte sich die Lage dramatisch zu. Auf ihrer Arbeit gab es bei schlechten Organisationsstrukturen eine totale Überlastung mit Arbeitsaufgaben. Das führte dazu, dass an Wochenenden zu Hause (in depressiver Stimmung) weitergearbeitet wurde, der Blackberry zum ständigen Begleiter wurde und es zeitlich und gedanklich keine wirklichen Entspannungszeiten mehr gab. Das galt natürlich auch für mich, da – selbst, wenn ich an Wochenenden Entspannungszeiten gehabt hätte – ich immer der Stimmung und dem Arbeitseifer meiner Frau ausgesetzt war. Parallel dazu traf eine ganz wundervolle Nachricht ein. Meine Frau war schwanger. In dieser stressigen Zeit hatten wir absolut nicht damit gerechnet. Doch nun kam dadurch die Sorge hinzu, wie sich die Belastung auf unser Baby auswirkt. Als der Arbeitsdruck trotz zeitweiliger Krankschreibung nicht abnahm und als dann noch die zugesagten drei Wochen Sommerurlaub, die wie ein Rettungsanker für meine Frau waren, in Frage gestellt wurden, kam es zum Zusammenbruch: Meine Frau rief auf meiner Arbeit an, schrie irgendetwas in den Hörer und legte wieder auf. Ich habe sofort das Büro verlassen und bin nach Hause gerast, was immerhin ein Weg von 80 km war, ohne zu wissen, was mich erwartet. Zu Hause lag meine Frau zusammengekrümmt auf dem Boden. Es lagen herumgeschleuderte Gegenstände auf dem Boden, Teekanne und -tasse waren zerschmettert.

Nachdem wir irgendwie miteinander geredet haben und weil diese Heftigkeit uns beide völlig schockiert hat, sind wir zum psychiatrischen Notdienst einer örtlichen Klinik gefahren. Von da aus wurde meine Frau stationär in der Abteilung Psychiatrie und Psychotherapie aufgenommen. Der Aufenthalt dort war dann zwar nicht sehr lange; aber es war ein äußerst wichtiger Schritt, meine Frau vorerst aus dem Verkehr zu ziehen und einen deutlichen Schnitt zu machen. Ab dem Zeitpunkt liefen vorerst alle Kontakte, Familie, Freunde, Arbeitgeber, ausschließlich über mich.

In der Klinik wurden die Medikamente schrittweise abgesetzt, um die Schwangerschaft möglichst ohne Medikamente durchzuführen. Es folgte eine lange Krankschreibung mit enger medizinischer und psychotherapeutischer Begleitung. Während dieser Psychotherapie konnte sich meine Frau den kritischen Themen öffnen. Die Schwangerschaft verlief glücklich und weitestgehend unkompliziert. Depressive Phasen gab es nicht mehr. Die letzten sechs Wochen vor dem Mutterschutz konnte meine Frau sogar mit reduzierter Stundenzahl zurück zu ihrer Arbeitsstelle kehren, was sehr wichtig für ihr Selbstvertrauen war. So wurde die folgende Zeit der Schwangerschaft für uns beide eine glückliche Zeit voller Vorfreude auf unseren Sohn.

Da wir aber von Wochenbettdepressionen gelesen hatten und durch die Vorbelastung große Sorge hatten, dass meine Frau wieder in die Depression rutscht, waren wir sehr froh, einen Termin bei Frau Prof. Rohde vor der Entbindung bekommen zu haben, bei dem wir auch vorbeugend einen Folgetermin für drei Wochen nach der Geburt ausmachten.

Die Geburt verlief problemlos und war ein unfassbarer Moment. Am Ende eines schönen entspannten Sonntages fingen abends gegen 17:30 Uhr die Wehen an und bereits um 23:14 Uhr erblickte unser Sohn im Geburtshaus das Licht der Welt.

Die ersten Tage nach der Geburt waren einfach nur von Staunen, Babypflege und Beisammensein geprägt. Circa eine Woche nach der Geburt veränderte sich jedoch die Stimmungslage meiner Frau schlagartig. Sie reagierte mit sehr großer Ungeduld auf unseren Sohn – schon bei normalem Schreien fühlte sie sich provoziert und machte dies unserem neugeborenen Sohn zum Vorwurf. Oder sie saß völlig teilnahmslos neben unserem Baby. Der Ton ihm gegenüber wurde harscher, und teilweise legte sie unseren Sohn recht unsanft zur Seite. Hinzu kamen die bekannten Wutausbrüche und Anschuldigungen, die immer in Verzweiflung, Scham und Tränen endeten. Glücklicherweise hatte ich meinen ersten Block Elternzeit im ersten Lebensmonat, sodass ich viele Situationen entschärfen konnte. Gut gemeinter Rat, wie mit einem Neugeborenen umzugehen ist, wurde als unverhältnismäßiges Einmischen in unsere Angelegenheiten hochstilisiert und endlos erörtert; eine zu laute Nachbarin regelrecht angeschrien, begleitet von Tritten gegen deren Wohnungstür. Jede Erledigungstour von mir wie Einkaufen, Anmeldung beim Standesamt oder bei der Kindergeldstelle, wurde missbilligend hingenommen – so als ob ich mir eine ganz besondere Freiheit herausnehmen würde.

Es folgte der zweite Termin bei Frau Prof. Rohde, dem ich förmlich entgegengefiebert habe. Nach einem langen Gespräch mit viel Verständnis und Anregungen wurde ein Medikament verschrieben, mit dem meine Frau weiter stillen konnte – etwas, was meiner Frau außerordentlich wichtig war. Antidepressiva brauchen allerdings immer eine gewisse Zeit, bis sie wirken.

Große Angst hatten wir beide – jeder aus seiner Perspektive – vor dem Tag, an dem ich wieder arbeiten gehen würde. Und tatsächlich folgte eine Zeit geprägt von panischen Anrufen meiner Frau und bösen Mails ins Büro, regelrechtes ›nach Hause zitieren‹. Und kaum hatte ich die Schwelle unserer Wohnung abends übertreten, wurde mir unser Sohn vorwurfsvoll »in die Hand gedrückt«. Eine völlig rast- und ruhelose Zeit für mich; gehetzt und unproduktiv während des Arbeitstages. Morgens ging ich aus dem Haus, ohne zu wissen, wie meine Frau den Tag mit unserem Sohn er-/verlebt. Es gab Momente, da hatte ich regelrecht Angst um das Leben meiner Frau und meines Sohnes. Wutausbrüche führten zur Teilverwüstung unserer Wohnung. Einmal hatte meine Frau ihre Tasche gepackt und wollte ausziehen. Sie erklärte mir, warum sie uns nicht mehr brauchen würde.

Es folgten Folgetermine bei Frau Prof. Rohde, in denen die Medikamente neu dosiert wurden. Ein Antrag auf Haushaltshilfe war erfolgreich. Und meine Frau wurde zum zeitweisen Abpumpen der Muttermilch ermutigt, sodass auch ich unseren Sohn mit der Flasche füttern konnte und meine Frau wichtige Freiräume für sich gewann.

Eine weitere Härteprüfung war, dass ich mich auf das bevorstehende Rigorosum meiner externen Promotion vorbereiten musste, das drei Monate nach der Geburt stattfand. Für meine Frau bedeutete das, dass sie in der Vorbereitungszeit schon wieder unseren Sohn übernehmen musste; für mich, dass ich nicht ruhig und befreit in der Uni-Bibliothek lernen konnte. Glücklicherweise haben wir auch das hinter uns gebracht. Es folgte ein schöner Familienurlaub am Meer.

Die Mischung von häuslicher Entlastung durch die Haushaltshilfe, Freiräume für meine Frau durch das Abpumpen der Muttermilch, medikamentöser Behandlung, regelmäßigen Arztterminen, Psychotherapie und die Entlastung von der Arbeitsstelle durch die Krankschreibung ließen meine Frau schrittweise wieder genesen. Seitdem kann sie ihre Zeit mit unserem Sohn als sehr fürsorgliche, engagierte und begeisterte Mama verbringen. Und unser Sohn dankt es ihr mit seiner Frohnatur und seinem bezaubernden Lächeln.

Ein Jahr später: Die Belastung der letzten Jahre (Depressionen meiner Frau, Geburt unseres ersten Kindes, externe Promotion und anspruchsvolle Berufstätigkeit) haben mich sehr viel Kraft gekostet. Nach dem Abschluss meiner Promotion und dem Überstehen der Wochenbettdepressionen meiner Frau fiel ich in ein Loch: traurige, gereizte und humorlose Stimmung, unmotiviert, unproduktiv und ausgelaugt. Nach einigen Monaten mit Medikamenten und psychotherapeutischer Begleitung ist aber auch diese Phase überstanden. Nun habe ich gerade meinen zweiten Block Elternzeit, den wir glücklich und aktiv als kleine Familie zusammen genießen. Mittlerweile arbeitet meine Frau auch wieder mit reduzierten Stunden.

An dieser Stelle möchte ich noch darauf hinweisen, dass während der depressiven Phasen der letzten Jahre die Korrespondenz mit Ärzten, der Krankenkasse, das Erbitten von Terminen, das Ausfüllen von Formularen und Anträgen und weitere organisatorische und alltägliche Dinge maßgeblich über mich laufen mussten. Damit möchte ich deutlich machen, dass eine vertraute Person in dieser Phase für die depressive Person sehr wichtig und hilfreich ist, denn oft gehen ja Antriebslosigkeit und Scheu mit dieser Krankheit einher. Dafür ist es aber entscheidend, mit dem Thema Depressionen offen und ehrlich umzugehen, es zumindest im privaten Umfeld nicht zu leugnen und es anzugehen. Ich bin meiner Frau sehr dankbar, dass dies mit ihr möglich ist.

In den dunklen Zeiten war es für mich äußerst wichtig, bei meinen Eltern, meinem Bruder und den engsten Freunden Halt, ein offenes Ohr und Unterstützung zu erhalten. Des Weiteren gibt meiner Frau und mir Halt, auf ein sehr professionelles und hilfsbereites Netzwerk aus Medizinern und Psychotherapeutin vertrauen zu können.

Befürchtungen, Zweifel, Horrorvisionen – Wenn Ängste das Leben beherrschen

Bettina, 32 Jahre

Bereits vor meiner ersten Schwangerschaft hatte ich an einer generalisierten Angststörung gelitten und immer wieder depressive Phasen durchlitten. Unbekanntes und neue Situationen hatten in meiner gesamten Kindheit, Jugend und nun im Erwachsenenalter Furcht und Panik hervorgerufen. Da ich aber trotzdem »normal« leben wollte, fand ich für mich einen Weg, mit der Angststörung umzugehen. So strukturierte ich beispielsweise meine Tage so durch, dass nichts Überraschendes auftreten konnte, und wenn eine Situation auf mich zukam, die ich noch nicht kannte, ging ich ihr entweder aus dem Weg oder spielte vorher alle möglichen Abläufe durch, so dass ich ihr (vermeintlich) gut »vorbereitet« gegenübertreten konnte. Leider ließ sich das auf Dauer nicht durchhalten, so dass ich mich nach einem schweren Tief, in dem ich mich nicht einmal mehr aus meinem Zimmer traute, in psychiatrische und psychotherapeutische Behandlung begab, wodurch sich die Symptome insoweit besserten, dass ich wieder ein relativ normales Leben führen konnte.

Als es mir gelungen war, mein Studium abzuschließen und eine sichere Arbeitsstelle zu finden, hatte ich mich, wie es schien, wieder gut stabilisiert. Ich war verheiratet, und der Zeitpunkt war günstig, dem schon lange währenden Kinderwunsch nachzugeben. Hierzu setzte ich zunächst das Antidepressivum ab, das ich zuvor jahrelang genommen hatte; mein behandelnder Arzt hatte dagegen nichts einzuwenden. Schon bald wurde ich schwanger und freute mich riesig, als der Test positiv war.

Die ersten drei Monate der Schwangerschaft war ich noch in einem abwartenden Stadium. Ich freute mich zwar, war jedoch auch vorsichtig in meiner Freude, da ich versuchte, sie noch nicht zu sehr zuzulassen, falls es noch »schiefgehen« sollte. Andererseits hatte ich riesige Angst vor einer Fehlgeburt, so dass ich jeden Ausfluss und jedes Ziehen im Bauch genau beobachtete und leicht Panik bekam, sobald etwas Ungewöhnliches auftrat.

Als dann die ersten drei Monate der Schwangerschaft gut überstanden waren und das Risiko sehr viel kleiner war, eine Fehlgeburt zu erleiden, konnte ich es auch endlich glauben, dass ich wirklich schwanger war und bald ein Baby bekommen würde. Auf einen Schlag wurde es wahr – und damit setzten auch die Zweifel ein, die sich erst leise anschlichen und dann sehr schnell lauter wurden. Zunächst war ich mir nicht mehr sicher, aus welchen Beweggründen ich überhaupt ein Kind wollte: War es, weil ich Mutter sein wollte, oder um meinem Job, den ich nicht sonderlich mochte, zu entfliehen? Hatte ich mir eingebildet, Kinder haben zu müssen, da ich selbst aus einer kinderreichen Familie stammte? War ich überhaupt geeignet dazu, Kinder zu haben, mit meiner Vorgeschichte von Angst und Depressionen, war es nicht unverantwortlich von mir, damit Nachwuchs zu bekommen?

Gleichzeitig entwickelte ich plötzlich eine Riesenangst davor, dem Kind in meinem Bauch zu schaden bzw. dass es krank wäre. Zum Beispiel war ich immer wieder davon überzeugt, es würde behindert zur Welt kommen. Ich hatte auf das Ersttrimesterscreening verzichtet, da ich wusste, wenn ich dort Ergebnisse erhalten würde, die auch nur ansatzweise darauf hindeuteten, dass etwas nicht in Ordnung sein könnte, hätte ich für den Rest der Schwangerschaft keinen Moment Ruhe mehr gehabt.

Außerdem wäre eine Abtreibung für mich z. B. bei Trisomie 21 nicht in Frage gekommen, da ich es nicht mit meinem Gewissen hätte vereinbaren können, ein sich entwickelndes Leben auszulöschen. Das Risiko einer Behinderung war verschwindend gering: In unserer Familie gab es keinerlei entsprechenden Vorerkrankungen und ich war noch nicht über 35 Jahre alt. Leider half es in den Momenten der Panik nicht, mir dies nüchtern vor Augen zu halten.

Des Weiteren entwickelte ich plötzlich eine mir völlig unbekannte Angst vor Keimen. Ich war zwar bisher kein »Dreckspatz« gewesen, jedoch hatte es mir nie etwas ausgemacht, etwa rohes Fleisch anzufassen oder im Teig zu wühlen. Plötzlich jedoch entwickelte ich eine derartige Furcht insbesondere vor den Krankheiten Toxoplasmose und Listeriose, dass ich verschiedene neue Gewohnheiten entwickelte. Meine Frauenärztin hatte mir gesagt, ich sollte auf rohes Fleisch (Mett etc.) und Rohmilch-Weichkäse verzichten. In meinem Schwangerschaftsratgeber hatte ich jedoch eine etwas erweiterte Verzichtsliste gelesen, die sich für mich noch weiter ausdehnte. So aß ich überhaupt keine Wurst mehr, nur noch Brot mit Frischkäse oder Gouda, außerdem nur komplett durchgegarte Speisen; in der Kantine z. B. verzichtete ich auf Fleisch, wenn ich mir nicht sicher sein konnte, ob es auch meinen Vorstellungen gemäß durchgebraten war. Wenn ich – was selten genug vorkam – z. B. selbst Hühnerfleisch oder Hackfleisch zubereitete, übergoss ich hinterher die Arbeitsflächen und das benutzte Kochbesteck mehrfach mit kochendem Wasser. Dummerweise fiel auch die EHEC-Aufregung in meine Schwangerschaft (*Anmerkung: eine schwere bakteriell verursache Durchfallerkrankung*), so dass ich dann auch noch komplett auf frisches Gemüse verzichtete, bis ich mich letztendlich nur noch sehr einseitig ernährte.

Meine Angst vor Keimen und Krankheiten weitete sich aber noch aus und blieb nicht nur auf das Essen beschränkt. So wusch ich mir ständig die Hände: Wenn ich anderen Menschen die Hand gegeben hatte, nach dem Busfahren, nachdem ich am Kopierer war oder generell irgendwo, wo viele Menschen etwas angefasst haben könnten. Ich trug ständig eine kleine Flasche Desinfektionsmittel in der Handtasche, und wenn ich auf öffentliche Toiletten gehen musste, desinfizierte ich zunächst die Toilettenschüssel.

Als ich mit meinem Mann ein Wochenende in einem kleinen Urlaubsort in Holland am Meer verbrachte, wurde dieses Wochenende überschattet von einer andauernden Panikattacke, da ich plötzlich fest davon überzeugt war, an Zahnhalskaries erkrankt zu sein und dass dies meinem Kind schaden würde. Selbst ein Anruf bei einer befreundeten Zahnärztin brachte keine Beruhigung. In meinem Schwangerschafts-Buch hatte ich gelesen, dass übermäßige Wärme bei Föten Spina bifida hervorrufen kann; bei mir wurde aus dem »kann« ein »wird«. Und ich wurde panisch, da ich zu Beginn der Schwangerschaft einmal in einer Saunalandschaft gewesen war und einmal eine Wärmflasche auf dem Bauch gehabt hatte. Einmal verbrachte ich sogar eine Nacht im Krankenhaus, da ich mir einen Darminfekt eingefangen hatte, der völlig harmlos war und einen Krankenhausaufenthalt keineswegs rechtfertigte; meine Angst machte daraus jedoch eine unbestimmte, aber riesige Gefahr.

Und so ließe sich die Liste noch sehr viel weiterführen, da sich bei mir ständig neue Ängste entwickelten, die alle die Furcht als Basis hatten, dass meinem Kind etwas passiert. Schließlich beschloss ich, mir doch wieder Hilfe zu holen und suchte die Psychiatrie der Uniklinik Bonn auf. Dort bot man mir an, mich wieder medikamentös zu behandeln und eine stationäre Aufnahme, falls sich meine Symptome nicht bessern sollten. Diese beiden Optionen kamen für mich aber nicht in Frage: Zum einen wollte ich Medikamenteneinnahme um jeden Preis vermeiden, um meinem Kind nicht zu schaden, zum anderen wollte ich nicht stationär behandelt werden, da ich mir hierfür nicht krank genug vorkam; zudem hätte ein stationärer Aufenthalt bedeutet, dass ich Krankenhausessen zu mir hätte nehmen müssen, wovor ich wieder zu große Angst hatte. Da sich mir nach diesem Gespräch nur diese beiden Alternativen boten, beschloss ich, es allein schaffen zu wollen.

Und tatsächlich war das dritte Trimester der Schwangerschaft weniger problematisch. Die Ängste schienen sich ein wenig zu verflüchtigen, und nun rückte die Vorbereitung auf die Geburt in den Vordergrund. Außerdem hatte ich erkannt, dass das Lesen in meinem Schwangerschaftsbuch mir mehr schadete als nutzte bzw. dass ich auch nicht, was ich zunächst öfters getan hatte, um Antworten auf meine Fragen zu erhalten, im Internet surfen durfte. Dort landete ich unweigerlich in Foren, wo andere panische Frauen ihre »halbgaren« Einträge mit zwanzig Ausrufe-

oder Fragezeichen versahen und wodurch meine Ängste nur noch geschürt wurden. Meine Frauenärztin zu diesen mich umtreibenden Themen zu befragen, traute ich mich jedoch nicht, ich hatte Angst, ihr auf die Nerven zu gehen. Und irgendwie wusste ich auch, dass ich mir unnötige Sorgen machte – jedoch konnte ich sie leider nicht abstellen. Es war mir peinlich, anderen Personen außer meinem Mann und meiner Mutter von meinen Ängsten zu erzählen, zumal die Schwangerschaft, abgesehen von typischen, aber keinesfalls schlimmen Beschwerden, absolut unauffällig verlief. Insgesamt ging es aber in der letzten Zeit der Schwangerschaft für mich wieder aufwärts, auch, da das Ende absehbar war.

Als der errechnete Geburtstermin näher rückte, wurde ich immer gespannter. Jede kleinste Bewegung des Kindes, jeder Krampf und jedes Ziehen im Bauch wurde von mir genauestens registriert und gespannt beobachtet. Jedoch tat sich bis zum Termin nichts! Am Tag nach dem errechneten Geburtstermin wachte ich morgens auf und wurde nicht – wie sonst – von einem Treten in den Bauch begrüßt; auch nachts war es sehr ruhig gewesen. Zur Sicherheit rief ich in der Klinik an, wo man mich bat, vorbeizukommen. Der Ultraschall bestätigte, dass das Kind sehr ruhig war, und man riet mir zur Einleitung der Geburt. Dies kam mir sehr zupass, da ich hierdurch genauer wusste, wann es losgehen würde, was meinem Kontrollbedürfnis entgegenkam. Nervös war ich vor der Geburt auch nicht wegen der körperlichen Schmerzen gewesen, die mir blühten, oder wegen der Risiken, die eine Geburt mit sich bringt. Für mich war eher die Uneinschätzbarkeit der Situation und dessen, was vor mir lag, ein Problem. Dies erledigte sich aber teilweise durch die Einleitung.

Die Geburt selbst verlief unproblematisch; die Hormontabletten wirkten recht schnell, die Wehen waren nicht schön, aber auszuhalten, und als es dann doch nicht mehr auszuhalten war, ließ ich mir eine Betäubung geben. Nach zehn Stunden Wehen war dann meine Tochter geboren.

Direkt im Anschluss an die Geburt erlebte ich, was wohl viele Frauen durchmachen: Einen Mix von Gefühlen, Freude, Erschöpfung. Ich konnte nicht glauben, dass da jetzt ein Baby war. Dann wieder die Sorge, ob alles vollständig und gesund war, aber wie sich herausstellte, war auf den ersten Blick alles gut! Die Befürchtung, meine Tochter sei behindert, hatte sich (natürlich) nicht bewahrheitet. Meine Tochter wurde abends gegen halb sieben geboren, gegen 22 Uhr musste mich mein Mann für die Nacht verlassen, und die erste Nacht als Mutter stand mir bevor. Meine Tochter wurde ins Neugeborenenzimmer gebracht, um mir etwas Schlaf zu verschaffen. Daran war aber in dieser Nacht nicht zu denken, da sich vor meinem inneren Auge die Geburt wieder und wieder abspielte.

Leider kam ich in den folgenden Nächten auch nicht zum Schlafen. Am ersten Tag nach der Geburt setzten bereits wieder Ängste ein, diesmal aber noch schlimmer als zuvor. Eine davon war, dass meine Tochter ersticken könnte oder einfach aufhört zu atmen; während sie neben mir seelenruhig schlief, leuchtete ich sie alle paar Minuten mit meinem Handy an, um zu überprüfen, ob sie noch am Leben war. Diese Angst sollte mich auch in den nächsten Monaten noch weiter begleiten und ließ erst nach, als sie ca. vier Monate alt war. Des Weiteren hatte ich große Sorge, dass sie nicht genug trinken würde bzw. dass ich nicht in der Lage sein würde, sie zu versorgen. In den ersten 48 Stunden nach der Geburt wollte sie nichts zu sich nehmen, sie war noch sehr erschöpft und hatte außerdem sehr viel Fruchtwasser geschluckt, das sie nach und nach erbrach. Nach dieser Zeit gaben wir ihr ein wenig Fertignahrung; mit dem Stillen wollte es leider nicht so recht klappen, sie saugte nicht fest genug an der Brust.

Nach ein paar Tagen, wir waren schon aus dem Krankenhaus nach Hause gegangen, folgte dann eine Episode, in der sie 72 Stunden lang schlief, praktisch nicht aufwachte und wir ihr nur mit Mühe wenig abgepumpte Muttermilch einflößen konnten. Wie sich herausstellte, ist dies für Babys in der ersten Lebenswoche nicht ungewöhnlich, und es gab sich dann auch wieder. Dieses Erlebnis hatte sich jedoch bei mir so fest verankert, dass meine Angst, meine Tochter könnte nicht genug versorgt werden, noch potenziert wurde. Danach wuchs sich das Protokollieren der Trinkmenge geradezu zu einer Obsession aus, und wenn meine Tochter sich nach mehreren Stunden ohne Nahrungsaufnahme nicht meldete, wurde ich sehr nervös. Ich hatte Angst, dass sie ihren Hunger »vergessen« könnte.

In der ersten Woche nach der Geburt schlief ich überhaupt nicht. Es gelang mir nicht, Ruhe zu finden, ich war zu aufgewühlt und angespannt. Zudem fiel es mir sehr schwer, »auf Kommando« zu schlafen, d. h. die Pausen zu nutzen, die das Baby mir zugestand, in denen sie gerade keinen Hunger hatte. Erst nach einer Woche, als ich schon sehr erschöpft war, holte sich mein Körper den dringend benötigten Schlaf. Die Erschöpfung hielt aber an, ich wurde immer antriebsloser, weinte ohne Grund, kam aus dem Grübeln nicht mehr heraus, fühlte eine immer größer werdende innere Leere und sah keine Hoffnung am Horizont. Kleine Dinge, wie z. B. Fläschchen spülen, wurden zu riesigen Aufgaben und Hindernissen. Ich vergaß Namen, Worte, Handgriffe, konnte mich kaum noch konzentrieren. Diesen Zustand kannte ich bereits aus meinen depressiven Phasen, so dass ich bald ahnte, dass meine niedergedrückte Stimmung nicht nur mit einem Babyblues zu erklären war. Besonders schlimm für mich waren aber die Gedanken, die damit zu tun hatten, dass meinem Baby etwas zustoßen könnte und dass ich, im schlimmsten Falle unbewusst, daran schuld war. So überfiel mich z. B. eine Riesenpanik, als ich einmal meinte, die Fertigmilch falsch angerührt zu haben, da ich kurz nach dem Mischen nicht mehr wusste, wie viele Löffel Pulver ich in wie viel Wasser aufgelöst hatte – ich war überzeugt davon, die Mischung wäre falsch und meiner Tochter würde dadurch etwas passieren. Ich war auch nicht zu beruhigen – mein Mann, meine Mutter und meine Nachsorgehebamme waren nicht in der Lage, mir diese Sorgen zu nehmen.

Ich befand mich in einem ständigen Zwiespalt. Einerseits wollte ich eine gute Mutter sein und mich voll um meine Tochter kümmern, andererseits war es mir aber oft nicht möglich, da es mir zu schlecht ging. Einerseits war ich total begeistert von diesem kleinen Menschlein und liebte es von ganzem Herzen, konnte andererseits diesen Zustand aber nicht genießen. Nachts lag ich stundenlang wach und grübelte über die Zukunft nach, darüber, wie es würde, wenn meine Tochter älter würde. Und dass der Spruch »kleine Kinder, kleine Sorgen, große Kinder, große Sorgen« möglicherweise wahr sein könnte; ich fühlte mich jedoch von dem winzigen Neugeborenen bereits total überfordert. Zudem war dies die erste Situation in meinem Leben, bei der es keine »Reißleine« gab. Bisher hätte ich immer einen Ausweg gehabt: Falls mein Studium mir nicht gefallen hätte, hätte ich etwas anderes studieren können; wenn es mir in einer Stadt nicht gefällt, ziehe ich eben woanders hin etc. Ein Kind hat man jedoch für immer, und dass es hier keinen Ausweg gab, keinen »Plan B«, bereitete mir plötzlich große Angst. Auch meine Methode, den Tagen zu beggnen, indem ich sie mir genau durchstrukturierte, funktionierte nun nicht mehr. Ich war nicht mehr selbstbestimmt, sondern musste mich dem Rhythmus des Kindes anpassen, was mir ungemein schwerfiel, da alles, was von meiner Vorstellung, wie es sein sollte, abwich, mich ungemein verunsicherte.

Es kamen immer weitere Ängste hinzu, ich fürchtete mich z. B. davor, mit dem Baby das Haus zu verlassen und gar Bus zu fahren, generell davor, mit ihr in die Öffentlichkeit zu gehen. Und selbst wenn ich Erfolgserlebnisse hatte (z. B. klappte die erste Busfahrt super), war es mir nicht möglich, dieses Positive zu sehen, sondern ich suchte mir sofort das nächste »Haar in der Suppe«.

Mir war klar, dass ich Hilfe brauchte, und glücklicherweise war meine Hemmschwelle durch meine Vorgeschichte nicht mehr so hoch, sie auch zu suchen. Ich hatte zwar die Befürchtung, ich würde ausgelacht werden und man würde mir sagen, es ginge allen Müttern so und ich solle mich nicht so anstellen. Jedoch gab mir die Tatsache, dass auch meine Nachsorgehebamme mir dazu riet, Hilfe zu suchen, den letzten Anstoß. Und mittlerweile geht es mir dank Antidepressivum und Psychotherapie wieder besser! Ich habe gelernt, woher meine Unsicherheiten rühren, was schon eine riesige Erkenntnis ist. Sie auszuräumen wird noch eine Weile dauern, aber dies beeinträchtigt zumindest den Umgang mit meiner Tochter nicht mehr in dem Maße wie am Anfang. Und ich kann es tatsächlich genießen, Mutter zu sein!

Wenn das Stillen zur Qual wird

Sabine, 33 Jahre

Das war wohl die schönste Nachricht der Welt. Wir bekommen ein Kind! Nach Monaten des Wartens und vielen Gängen zu einer speziellen Kinderwunschklinik wurde ich doch »spontan« schwanger. Die Schwangerschaft verlief völlig problemlos. Unser Sohn kam schließlich kerngesund und propper auf die Welt. Die Geburt verlief normal, aber die Schmerzen waren für mich schon einmal der erste Auslöser, mich zu fragen: »Wie kann ein Kind mir solche Schmerzen bereiten!?«

Die ersten Tage mit Kind waren sehr anstrengend. Obwohl ich viel gelegen habe, um mich zu entspannen, war es für mich schwierig, diese Situation zu bewältigen. Unser Sohn war von Anfang an ein sehr unruhiges Kind, das spätestens alle eineinhalb bis zwei Stunden an die Brust wollte. Ich kam irgendwann kaum noch zum Essen, weil er immer dann schrie, wenn ich die Gabel zum Essen in die Hand nahm. Schließlich verdammte ich das Stillen und dachte daran, es aufzugeben. Die Kommentare von außen bestätigten mir jedoch immer wieder, wie wichtig das Stillen für das Baby wäre. Also hielt ich tapfer durch! Nach drei Monaten hatte ich 15 Kilogramm Gewicht verloren, stand immer unter Strom, aber dachte mir: »Och, eigentlich ist ja alles gut!« Wir Mütter des Geburtsvorbereitungskurses besuchten zu dieser Zeit ein »Stillcafe«. Ich erzählte den Frauen, dass ich immer noch so müde und wahnsinnig ausgelaugt wäre; ob das noch von der Geburt herrühren könnte? Keine hatte ähnliche Symptome wie ich.

Hinzu kam das extrem starke Schwitzen in der Nacht. Wir hatten tiefsten Winter, und ich lag mit Sommerbekleidung im Bett. Unsere Stillberaterin kam auf mich zu und sagte: »Sabine, ich glaube, du könntest eine postpartale Depression entwickelt haben!«

Zuerst einmal schaute ich sie an und war etwas verdutzt.
Depression? Nein, so fühlte ich mich nicht!
Ich versprach ihr aber, nach dem Wochenende sofort meinen Hausarzt aufzusuchen.

Dann kam die Nacht von Samstag auf Sonntag. Ich wurde wach, war schweißgebadet, aber trotz allem eiskalt. Ich hatte Angst! Angst davor, dass mein Baby jede Minute wach würde, um wieder zu trinken. Angst vor dem nächsten Augenblick, in dem ich das alles nicht mehr schaffen würde! Panisch und mit Herzrasen weckte ich meinen Mann, dem ich berichtete, was mit mir los war. Er tröstete mich und sagte: »Na, der Schlaf fehlt dir wohl. Entspann dich etwas, morgen sieht die Welt wieder besser aus!«

Ich weinte. Was war mit mir geschehen? Ich rollte mich unter meiner Decke ein und wollte nur noch ein »kleines« Mädchen sein. Keinen Ehemann und keinen Säugling haben. Nicht erwachsen sein. Ich wollte bloß in meinem Kinderbett bei meinen Eltern zu Hause liegen, beschützt und behütet.

Die nächsten Stunden vergingen wie im Zeitraffer. Mein Baby brauchte dringend seine Mama, doch ich sah das Kind vor mir liegen und hatte das Gefühl, es ersticken zu müssen. Zwangsgedanken! Wenn unser Sohn mich anlächelte, dachte ich mir: »Du blödes Kind; was lächelst Du mich an!?« Im nächsten Augenblick hätte ich weinen können, weil ich überhaupt solche Gedanken hatte, die ich nie in die Tat umsetzen würde.

Den Montag darauf rief ich völlig aufgelöst bei meiner Hebamme an, die mir dann eine Adresse gab, wo ich mich hinwenden konnte. Das tat ich auch sofort und bekam noch am selben Tag einen Termin bei der Spezialistin. Sie beruhigte mich erst einmal und erklärte mir, was genau mit mir los sei. Im zweiten Schritt legte sie mir nahe, abzustillen, weil ich Medikamente nehmen sollte und diese in die Muttermilch übergingen *(Anmerkung der Autorinnen: es gibt Medikamente, die ein Abstillen nicht erforderlich machen; hier war es aber ein »guter Grund«)*. Noch am selben Abend hat mein Sohn sein erstes Fläschchen bekommen, was er zum Glück sehr gut annahm. Ab diesem Zeitpunkt wusste ich, dass sich in meinem Leben wieder etwas zum Positiven wendet.

Trotz der Medikamente war das erste halbe Jahr nach der Diagnose eine extrem schwere Zeit. Es ging zwar langsam aufwärts, doch die versprochene »vollständige Besserung« trat nicht ein. Ich wusste ja, dass es einige Wochen dauern kann, bis die Medikamente ihre volle Wirkung erzielen würden. Trotzdem:

Was war bloß los mit mir?
Wo war meine anfängliche Euphorie geblieben?
Ich, die immer drei Kinder haben wollte…
Wie konnte mir so etwas passieren!?
Der Schmerz überrollte mich wie eine dunkle Welle.

Monatelang wurde ich von der Spezialistin begleitet, aber es kam der Punkt, an dem ich nicht mehr weiterkam. Auf Anraten einer Bekannten bat ich um einen Termin bei Frau Prof. Dr. Rohde. Ich schilderte ihr meinen bisherigen Krankheitsverlauf. Es war ein absolut gutes und fruchtbares Gespräch, in dessen Verlauf sich mir neue Perspektiven eröffneten. In den nächsten Wochen ging es mir stetig besser. Ich bekam meinen Haushalt wieder in den Griff und fühlte mich nach langer Zeit mal wieder richtig gut! Und zwar trotz einiger sehr belastender Ereignisse in der Familie.

Als unser Sohn kurz vor seinem dritten Lebensjahr in den Kindergarten ging, erhielt ich die Chance, dort in der Küche sechs Wochen die Köchin zu vertreten, als diese kurzfristig ausfiel. Ich kochte mit »Liebe und Leidenschaft« für sehr viele Kinder und Betreuerinnen das Mittagessen. In dieser Zeit »blühte« ich richtig auf. Zusätzlich zu meinem »Job« besuchte ich in dieser Zeit regelmäßig einen Fitnessclub und nahm innerhalb einiger Wochen fast 14 Kilo ab.

Jetzt fühlte ich mich bereit für ein zweites Kind!

Verhütet hatten wir bis dahin sowieso nicht, aber nun wollten wir es wirklich angehen. Mit einem Hormonpräparat zur Auslösung des Eisprungs klappte es endlich wieder mit der Schwangerschaft. Wir waren selig, aber das Glück hielt nur wenige Wochen an. Wir verloren unser Kind. Ein erneuter Tiefschlag!

Ich dachte, dass ich es soweit gut verkraftet hätte, aber dann kam einige Monate später der »große Knall«. Ich war daheim, als ich eine so massive Panikattacke erlebte, dass mein Mann den Notarzt rufen musste. Auf Anraten von Frau Prof. Rohde suchte ich mir eine Psychiaterin und habe auch eine ganz tolle gefunden. Sie besprach mit mir die Dosierung der Medikamente, die wohl erhöht werden mussten.

Das Ganze ist nun ein halbes Jahr her, und es geht mir jetzt wieder sehr gut. Trotz vieler unglücklicher Umstände, die sich immer noch durch unser Leben ziehen, genieße ich nun jeden Tag. Meine kleine Familie gibt mir Halt und die notwendige Kraft, den Alltag zu meistern. Unser »Kleiner« besucht zwischenzeitlich, nachdem in dem alten, anfänglich »tollen« Kindergarten leider nichts mehr so ist, wie es war, einen neuen Kindergarten. Es ist für alle ein kleiner Neuanfang. Und zum Neuanfang darf eines nicht fehlen: Es hat mich gerade in den Bauch geboxt! Weihnachten werden wir zu viert sein!

Und NEIN, ich habe keine Angst, dass sich die Depressionen wiederholen werden! Ich habe Gottvertrauen und sehe positiv in die Zukunft. Ich bin mittlerweile stark genug, alles zu schaffen, was das Leben mir noch an Aufgaben stellt. Auch wenn man denkt, »*nun ist alles aus*«, gibt es IMMER einen Ausweg. Man darf nicht immer nur drauf hoffen, dass sich die geschlossene Tür endlich öffnet: Denn dann sieht man vielleicht nicht, dass es die Tür nebenan ist, die aufgeht, und einem zwar eine andere, aber doch wundervolle Alternative bietet.

Von der traumhaften Schwangerschaft zum Albtraum mit Baby

Katarina, 36 Jahre

Es war an einem Oktobermorgen, als meine Wehen einsetzten. Eine traumhafte Schwangerschaft wie aus dem Bilderbuch lag hinter mir, und ich freute mich, dass es endlich losging. Als wir auf den Klinikparkplatz fuhren, bekam ich den ersten Anflug einer leichten Panik. Ich dachte »Mein Gott, wenn Du hier reingehst, dann ist dein Leben vorbei«. Diese Panik wuchs mit jedem Schritt in Richtung Kreißsaal. Die Freude war verschwunden. Ich hatte unsägliche Schmerzen, die zu diesem Zeitpunkt die Panik in den Hintergrund rückten.

Nach der Aufnahme im Kreißsaal ging alles sehr schnell. Die Wehen wurden immer stärker, und mir wurde aus Sicht der Ärzte dringend zu einer PDA geraten. In der Austreibungsphase stieg die Aktivität der Ärzte auf einmal drastisch, und mir wurde gesagt, ich solle keine Panik bekommen, man würde mein Kind jetzt mit der Saugglocke holen. Ab diesem Zeitpunkt betrachtete ich die ganze Szene wie einen Film. Irgendwann wurde unser Sohn geholt, und man legte ihn auf meinen Bauch. Ich fühlte nichts mehr, nur noch eine unsagbare Leere. Ich dachte »Nehmt dieses Kind da weg. Ich will das nicht!«.

Wo war die Freude, die einem prognostiziert wird? Jeder sagt im Vorfeld, nach der Geburt sei alles vergessen. Bei mir war es nicht so! Im Krankenzimmer fragte ich das erste Mal vorsichtig eine Hebamme. Ich sagte »Entschuldigen Sie, aber wann kommt genau das Mutterglück? Wann kommt diese Freude? Ich spüre nichts«. Die Antwort lautete: »Keine Mutter spürt Mutterglück sofort. Das gibt es nur im Märchen. Das dauert ein paar Tage«.

Ich hatte mit der Geburt meine Freude und Antriebskraft verloren. Ich hatte keine Lust, Freunde und Familie über die Geburt zu informieren, wollte keinen Besuch, und ich wollte nicht allein sein. Mein Mann blieb auch die Nächte über im Krankenhaus. Jeden Morgen, wenn ich die Augen öffnete, fragte ich mich, ob ich endlich Mutterglück spüren würde. Tat ich aber nicht, die Leere breitete sich noch weiter aus.

Am Tag meiner Entlassung fragte ich noch einmal vorsichtig bei der Hebamme im Krankenhaus nach, ob es normal sei, dass ich kein Mutterglück spüre. Sie erwiderte mir, »Ach das dauert immer etwas. Aber glauben Sie mir, ich sehe, dass Sie glücklich sind«.

Ich fragte mich wirklich, ob es das gewesen ist. War das Mutterglück, diese Leere, oder war bei mir etwas anders als bei anderen Müttern? Hatte ich mir da etwas vorgestellt, was es so gar nicht gab? Wir wurden entlassen. Ich fühlte mich elend, leer und verlassen. In den vier Tagen Krankenhaus hatte ich bis auf drei Kilo mein Gewicht von vor der Schwangerschaft wieder erreicht. Ich war müde. Ich akzeptierte, dass anscheinend diese Leere irgendwie normal sei, und erzählte niemandem mehr, wie ich mich fühlte. Meine Hebamme, die mich zu Hause betreute, erzählte mir bei jedem Besuch von ihren Problemen und sagte mir jedes Mal, wie perfekt bei mir doch alles sei.

Wenn ich meinen Sohn stillte, starrte ich mit leeren Augen an die Wohnzimmerwand und fragte mich, was so toll am Stillen sein soll. Ich ging stundenlang mit dem Kinderwagen durch den Wald. Wenn unser Sohn abends in seinem Bett lag und schlief, war dies der einzige Augenblick am Tag, an dem ich eine wirklich tiefe Liebe empfand und mich wieder als Mensch fühlte. Dieses Gefühl verflog aber sofort, wenn er wach wurde.

Die Nächte wurden immer kürzer, da das Stillen besonders nachts zur Tortur wurde. Der Kleine kam im Stundenrhythmus, und ich bekam überhaupt keinen Schlaf mehr. Ich bat meine Hebamme darum, mir beim Abstillen zu helfen. Zunächst diskutierte sie stundenlang mit mir, dass Stillen aber das Beste für das Kind sei und ich doch versuchen sollte, mindestens die drei Monate zu komplettieren. Mein Mann besorgte mir eine Milchpumpe in der Apotheke. Nun saß ich laufend auf dem Sofa, um die Muttermilch abzupumpen, und fühlte mich noch erniedrigter und erbärmlicher als zuvor. Nach sieben Tagen sprach ich erneut mit meiner Hebamme und sagte ihr, ich könne nicht mehr. Sie schrieb mir einen Plan zum Abstillen, der in einer starken Brustentzündung endete. Nachdem mein Mann bei ihr angerufen hatte, kam sie vorbei und sagte, sie sei bei Kollegen im Krankenhaus gewesen und habe mir ein Medikament mitgebracht, Bromocriptin. Sie sagte, ich solle mit einer viertel Tablette beginnen und mal schauen, wie ich reagiere. Ich nahm die Tablette kurz bevor ich abends zu Bett gehen wollte.

Ich erinnere mich dann nur noch daran, dass ich in meinem Bett wieder aufwachte. Mein Kreislauf war im Badezimmer zusammengebrochen, und mein Mann hatte mich gerade noch aufgefangen. Diese Nacht wurde zu einem Albtraum. Ich wachte in der Nacht auf und sah einen schwarzen Mann neben meinem Bett stehen. Ich hatte panische Angst und konnte nichts tun. Ich konnte mich nicht bewegen, ich konnte nicht schreien – ich lag nur da und schaute ihn an und er mich. Immer wieder schlief ich kurz ein und erwachte bald darauf wieder. Als ich morgens wach wurde, war ich heilfroh, dass es hell war und der Mann verschwunden war. Ich musste die Tabletten weiter regelmäßig nehmen, damit die Milchproduktion gestoppt wurde. Immer wieder ein Viertel der Tablette. Ich nahm die Tabletten sitzend im Bett, da mein Kreislauf regelmäßig versagte. Der Alptraum der ersten Nacht wiederholte sich jede Nacht, und ich hatte Angst vor dem Einschlafen. Ich sagte meinem Mann, er solle in meiner Nähe bleiben, weil ich Angst hatte, ich würde mich aus dem Fenster stürzen. Neben den nächtlichen Halluzinationen hatte ich tagsüber mit einer schweren Übelkeit zu kämpfen. Nach drei Tagen brachte mich mein Mann zu meiner Frauenärztin, die mir sagte, dass viele Frauen sehr schlecht auf Bromocriptin reagieren würden. Es gebe aber leider keine Alternative. Nach einer Woche hatte ich keine Muttermilch mehr und konnte das Medikament absetzten. Ich war allerdings nur noch ein Schatten meiner selbst. Die Bindung zu meinem Sohn hatte sich nicht verbessert, aber ich ging davon aus, dass das normal sei. Ich stand jeden Morgen auf und freute mich schon auf den Abend, damit ich mich in meinem Bett verkriechen konnte.

Ich stürzte mich wieder in meine Arbeit als Führungskraft in einem Unternehmen. Für mich war es leichter, 50 oder 60 Stunden die Woche zu arbeiten, als zu Hause zu sein. Ich flüchtete regelrecht in die Arbeit. Um unseren Sohn kümmerte sich tagsüber ein Kindermädchen. Mir schien das »normal« zu sein, da ich selbst auch mit einem großgeworden war.

Ich ging davon aus, dass mit der Zeit meine Lebensfreude irgendwie wieder zurückkommen würde. Nach ein paar Monaten bemerkte ich aber meine stetig wachsende Erschöpfung, ich hatte täglich mit Durchfall und Übelkeit zu kämpfen. Nach ein paar Monaten traten die ersten Panikattacken auf. Ich brach an Flughäfen erschöpft zusammen, verlor an Gewicht und verbrachte die Wochenenden kraftlos und müde auf dem Sofa oder im Bett. Tränen konnte ich in der gesamten Zeit nicht vergießen. Meine Gefühle waren einfach weg. Ich war immer weniger in der Lage, mich vernünftig um meinen Sohn zu kümmern. Mein Mann kümmerte sich aufopferungsvoll um uns beide. Ich stand jeden Morgen wieder auf und versuchte es aufs Neue. Ich war mir sicher, dass irgendwann diese Erschöpfung und auch Leere aufhören würden.

Wenn ich mal mit meinem Sohn auf den Spielplatz ging, beobachtete ich immer voller Neid die anderen Mütter. Sie schienen so gelöst, so glücklich. Es schien ihnen allen so leicht zu fallen, sich um ihre Kinder zu kümmern. Warum war es nur für mich so anstrengend?

Meine Erschöpfung wurde immer schlimmer, und es häuften sich auch die körperlichen Symptome. Heiligabend brach ich bei meinen Eltern zu Hause völlig zusammen. Ich hatte keinen Hunger mehr und konnte nur noch mit größter Mühe trinken. Ich wollte und konnte nicht mehr. So kam es, dass ich am ersten Weihnachtstag in eine psychosomatische Klinik kam. Mein Mann hatte mir dort notfallmäßig einen Platz besorgt, und ich war überglücklich. Endlich kümmerte sich jemand um mich!

Die erste Diagnose lautete »Akuter Burnout«. Nach einigen Wochen in der Klinik und intensiven Gesprächen stellte sich heraus, dass ich seit der Geburt meines Sohnes unter einer sehr starken postpartalen Depression litt, die bis dahin völlig unentdeckt geblieben war.

Mit dieser Diagnose änderte sich mein Leben. Denn alles, was ich bis dahin erlebt hatte, bekam endlich einen Namen, ein Gesicht. Ich setzte mich zum ersten Mal mit mir und meinem bisherigen Leben auseinander und lernte, dass ein Leben mit Baby nicht planbar und nicht vorhersehbar ist. Zudem lernte ich, auf mich Acht zu geben und mich um mich zu kümmern sowie auf die Signale meines Körpers zu hören.

Nach dreieinhalbmonatigem Klinikaufenthalt wurde ich entlassen und ambulant von Ärzten und einer Psychotherapeutin zweimal wöchentlich betreut. Ich wurde auf ein Antidepressivum eingestellt und strukturierte mein Leben neu. Unser Sohn kam vormittags zu einer Tagesmutter, damit ich mich an den Vormittagen ausruhen und mich um mich kümmern konnte. Nach dem Mittagsschlaf holte ich unseren Sohn ab und verbrachte die Nachmittage mit ihm zusammen. Es ging stetig bergauf. Auch meine Gefühle für ihn wurden immer intensiver. Natürlich gab es immer mal wieder ein paar kleine Rückschläge oder mir ging es nicht so gut, aber es war kein Vergleich mehr zu vorher.

Mein Arbeitgeber und ich trennten uns, und ich konzentrierte mich auf meine Genesung und meine Familie. Gemeinsam trafen mein Mann und ich etwa zwei Jahre nach meinem Zusammenbruch die Entscheidung, in eine andere Stadt zu ziehen. Seitdem genießen wir das Leben und unsere kleine Familie. Mein Sohn ist das Wundervollste, was mir je passiert ist, und ich liebe ihn mehr als alles andere auf der Welt. Mittlerweile planen wir ein Geschwisterchen für ihn…

Auch körperliche Beschwerden stehen manchmal im Vordergrund

Verena, 35 Jahre

Nach der Geburt war ich völlig am Ende, die Dammnarbe schmerzte total, ich konnte durch den Eingriff (Zange) kaum gehen, und das Kind schrie ständig. Zur gleichen Zeit zogen wir in unser Eigenheim um, was auch enorm stressig war. Ich wusste gar nicht, mit meinen Gefühlen umzugehen, denn ich liebte dieses Kind mehr als alles andere. Aber das Schreien machte mich wahnsinnig. Ich konnte mich nicht mehr verstehen: Ich hatte einen Mann, der mich liebte, unser Wunschkind war auf der Welt, und ein schönes Haus hatten wir auch. Hinzu kam, dass man von jungen Müttern erwartet, sie müssten ständig und immer nur so vor Glück strahlen! Aber genau das konnte ich nicht, das Gegenteil war der Fall. Ich hatte das Gefühl, nichts richtig machen zu können. Ich fand keinen Schlaf und fühlte mich immer traurig. Sah ich in das Gesicht meines Sohnes, schämte ich mich dafür, dass ich nicht glücklich war. Aber ich liebte ihn doch so!

Nach einiger Zeit fing es an, im Genitalbereich zu jucken. Ich dachte zuerst an einen Pilz und wurde auch dagegen behandelt. Nur wurde es nicht besser. Ich lief von einem Arzt zum anderen, aber es wurde und wurde nicht besser. Ich weiß gar nicht, bei wie vielen Ärzten ich war. Schließlich hatte ich eine riesige Kiste voller Salben und Cremes, die alle nichts bewirkten. Von außen kamen Bemerkungen, wie: »Das bildest du dir ein, ihr habt doch alles, wieso kannst du nicht mit dem, was du hast, zufrieden sein…«. Meine Verzweiflung wurde immer größer. Ich hatte ständig Kopfschmerzen, einen Hörsturz, vereiterte Nebenhöhlen….Kurz gesagt, ich war immer krank!

Nach drei Jahren ständiger Lauferei war ich es satt und so am Ende, dass ich beschloss, in die Uniklinik zu fahren. Entweder würden sie mir dort auch sagen, ich bilde mir das ein, oder ich würde endlich Hilfe bekommen. Es war sozusagen mein letzter Versuch. Ich ging in die Gynäkologie und wurde dort eingehend untersucht. Die Ärztin fragte mich nach der Geburt und deren Verlauf und wollte mich daraufhin zur Gynäkologischen Psychosomatik im selben Haus schicken: Ich war total entsetzt und dachte erst »Da gehe ich nicht hin«. Wahrscheinlich sah mir das die Ärztin an und meinte: »Gehen Sie bitte sofort hoch und vereinbaren dort einen Termin.« Ich war hin- und her gerissen. Aber letztendlich dachte ich »Schlimmer kann es eh nicht mehr werden«.

Endlich wurde mir geholfen! Ich hatte mehrere Gespräche und wurde auf Antidepressiva eingestellt. Schon nach kurzer Zeit verschwand der Juckreiz. Ich fühlte mich endlich wieder normal, obwohl ich der Einnahme von Antidepressiva sehr skeptisch gegenüberstand. Doch bald war ich wieder leistungsfähig, konnte den Alltag mit meinem autistischen Sohn (die Diagnose kam etwa zur gleichen Zeit) viel leichter bewältigen. Ich zweifelte nicht mehr so stark an mir. Ich ging wieder arbeiten und war voller Motivation. Sogar eine Selbsthilfegruppe für Familien mit autistischen Kindern gründete ich nach einiger Zeit mit einer Freundin.

Mittlerweile, 10 Jahre später, habe ich meinen zweiten Sohn zur Welt gebracht! Ob er autistisch ist, kann man noch nicht wissen, und diese Angst wird wohl erst einmal bleiben. Aber ich habe mir schon in der Schwangerschaft Hilfe bei Frau Prof. Rohde geholt.

Die Ängste vor der Geburt und einer Wochenbettdepression waren sehr stark. Die Geburt lief besser als erwartet. Dadurch, dass ich schon während der Schwangerschaft auf ein Medikament eingestellt wurde, mit dem ich sogar stillen konnte, ging es mir gut. Wenn manchmal die Angst vor der Depression siegte, konnte ich mit Frau Prof. Rohde in Kontakt treten. Sie erklärte mir, dass gewisse Stimmungsschwankungen im Wochenbett normal sind. Als es wieder etwas schlimmer wurde, haben wir die Medikamente angepasst, und es ging mir bald besser. Jeden Tag wartete ich auf den Juckreiz, aber er blieb aus!

Ich bin so glücklich, dass ich Hilfe bekommen habe, denn sonst hätte ich weder meinen zweiten Sohn, der übrigens total entzückend ist, noch hätte ich das Vertrauen in meine Gefühle und Empfindungen zurückerlangt.

Und die Sicht des Partners, Holger, 38 Jahre

Schon während der Schwangerschaft bemerkte ich, dass Verena oft schlecht gelaunt war. Sie weinte öfters, zweifelte an sich selbst und wollte immer überall dabei sein, obwohl sie eigentlich Ruhe gebraucht hätte.

Während der Geburt war alles sehr extrem, sie lag lange in den Wehen, und die Geburt an sich dauerte viel länger als man es sich vorgestellt hatte. Das Baby wurde mit der Zange geholt. Dadurch, dass sich die Sonde von seinem Köpfchen löste, dachten wir aufgrund der fehlenden Herztöne, das Kind sei tot. Dann wollten die Ärzte auch noch, dass ich die Nabelschnur durchtrennte. Gott sei Dank ging es dem Kind gut, und die Ärzte meinten, dass alles in Ordnung wäre!

Nach der Geburt hatten wir äußerst viel Stress, da wir in unser Eigenheim umgezogen sind. In dieser Zeit ging gar nichts mehr. Stillen war unmöglich, das Kind schrie nur, und am Haus war noch so viel zu tun. Verena war total am Ende. Irgendwann erzählte mir sie mir, dass es sie im Genitalbereich jucke. Dies habe ich als vollkommen normal abgetan (wegen Binde, Wochenfluss usw....). Verena hörte einfach nicht auf, mir davon zu erzählen. Sie wollte unbedingt zum Arzt, obwohl ich es für Quatsch hielt. Und siehe da, wie ich gesagt hatte, meinten alle Ärzte, die sie aufsuchte, es sei ein Pilz. Verena war aber der Überzeugung, es sei kein Pilz, sondern etwas anderes. Ihre Stimmung wurde immer schlechter! Dadurch, dass sie mit sich und dem Kleinen nicht klarkam, habe ich mir des Öfteren Urlaub genommen. Nach einiger Zeit fragte mein Chef mich schon, warum meine Frau das nicht selbst hinbekommen würde. Zwischendurch gab es mal einen älteren Arzt, der Verena den Rat gab, sie sollte eventuell mal einen Psychologen aufsuchen. Aber da Verena an manchen Tagen ganz gut drauf war, dachte ich, solche Menschen wie sie »gehören nicht in eine Anstalt«.

Irgendwann nach langer Zeit, sehr vielen Tränen und einer Fast-Trennung fuhren wir (immer noch Juckreiz im Genitalbereich) nach langer Verzweiflung zur Unifrauenklinik Bonn. Hier schickte man Verena in die Gynäkologische Psychosomatik. Es wurde nach einem eingehenden Gespräch festgestellt, dass Verena nicht »irre« ist und sich den Juckreiz einbildet, sondern dass sie nach der Geburt an einer Wochenbettdepression litt und die Symptome in diesem Zusammenhang aufgetreten sind. Zusätzlich wurde ein ausgeprägtes Prämenstruelles Syndrom festgestellt. Frau Prof. Rohde empfahl Verena die Einnahme eines Antidepressivums. Ich habe bei diesem Wort sofort an Psychopathen gedacht und meiner Frau davon strikt abgeraten. Aber da Verena echt am Ende war und an einer Panikattacke bald kaputt gegangen wäre, blieb uns meines Erachtens nichts anderes übrig.

Fazit: Wäre ich noch einmal in so einer Situation, würde ich dieses Mal keine drei Jahre warten, sondern mir sofort Hilfe holen. Heutzutage empfinde ich es nicht mehr als schlimm, wenn Menschen auf solche doch einfachen Medikamente zurückgreifen.

Zehn Jahre später ging es Verena so gut, dass wir uns entschlossen haben, ein zweites Kind zu bekommen. Dadurch, dass die erste Geburt eine reine Tortur gewesen war, hatten wir beide sehr große Angst, dass auch die zweite Geburt wieder so ablaufen würde. Diesmal holten wir uns schon während der Schwangerschaft Hilfe bei Frau Prof. Rohde. Diese hat uns dann erklärt, dass es auch unter Antidepressiva möglich sei, eine normale Schwangerschaft und Geburt zu erleben. Das war, wie wir feststellen konnten, auch der Fall. Danach waren natürlich Ängste vor einer Wochenbettdepression vorhanden. Und tatsächlich gab es nach der Geburt einige Stimmungsschwankungen und depressive Momente. Aber lange nicht mehr so schlimm wie beim ersten Kind. Nun wissen wir, dass es professionelle Hilfe gibt und dass wir diese jederzeit in Anspruch nehmen können und werden. Es ist wirklich schade, dass es Menschen gibt, die genauso unwissend sind, wie ich es war.

Mutter-Kind-Behandlung: Die Rettung bei Suizidgedanken

Vanessa., 31 Jahre

Monatelang ging es mir schlecht, und ich wusste nicht warum. Ich versuchte, Hilfe zu finden – wendete mich an eine Beratungsstelle, an meine Frauenärztin, versuchte es mit Homöopathie, Akupunktur und widerlichen chinesischen Tees und Sport. Aber es wurde von Tag zu Tag schlimmer.

Die ersten drei Monate nach der Geburt meines Sohnes waren schön gewesen. Wir genossen die Viersamkeit und die Elternzeit, auch wenn natürlich der Schlafmangel und die jahrelange Stillerei (ich stillte nämlich meine damals zweijährige Tochter auch noch…) an mir zehrte.

Ich weiß nicht genau, wann sie sich einschlich, die postpartale Depression, aber es hatte mit Sicherheit auch damit zu tun, dass das Verhältnis zu meinen Eltern immer angespannter wurde und viele Dinge aus meiner Kindheit und Jugend wieder hochkamen. In meiner Jugend hatte ich bereits mit einer »psychischen Krankheit« zu kämpfen gehabt, und so gestand ich mir nicht ein, dass ich therapeutische Hilfe dringend nötig hatte, und verzichtete auf einen Tagesklinikplatz in einer Psychosomatischen Klinik. Denn nach einer Geburt hatte man ja glücklich zu sein – ich war es aber nicht! Auf den Spielplätzen lächelte ich weiterhin. Meinen Freundinnen jaulte ich die immer gleiche Leier vor, dass ich völlig am Ende sei und nicht mehr wisse, was ich tun solle. Trotzdem schleppte ich mich zur Uni, versuchte meinen Alltag zu bewältigen und quälte mich monatelang, bis Jasper fast neun Monate alt war. Die Beziehung zu meinem Mann litt extrem, ich schrie ihn häufig an, war nur noch aggressiv und gemein. Meine kleine Tochter litt ebenfalls unter der Situation.

Irgendwann riet mir eine Bekannte, mich an die Uniklinik in Bonn bzw. an Frau Prof. Rohde zu wenden, und das tat ich dann auch. Denn ich konnte mittlerweile nachts nur noch zwei Stunden schlafen; dann lag ich hellwach neben meinem Mann und meinen Kindern und wartete, dass es hell wurde, um wieder einen Tag voller Aggressionen, Grübeleien, Heulattacken und Zwangsgedanken zu überstehen. Neben dem Gefühl, die schlechteste Mutter auf Erden zu sein, kamen irgendwann dann auch die lebensmüden Gedanken hinzu. Antidepressiva wollte ich auf gar keinen Fall nehmen, denn ich hatte Angst, dass sie abhängig oder dick machen würden, und bisher hatte ich doch alles alleine geschafft. So versuchte ich es weitere eineinhalb Monate mit Johanniskraut und ambulanten Gesprächen in der Uniklinik.

In dieser Zeit kam es dann aber zu einem großen Streit mit meiner Mutter, die das erste Mal unseren Sohn zu Gesicht bekam. Bezüglich der postpartalen Depression meinte sie nur, ich solle mich zusammenreißen, denn es würde jedem doch mal so gehen. Zum ersten Mal in meinem Leben wehrte ich mich gegen die Worte meiner Mutter, die schon viel in mir angerichtet hatten, und sagte ihr, sie könne mich ab sofort nicht mehr so behandeln. Die Antwort war eine heftige Ohrfeige in mein Gesicht.

Diese körperliche Gewalt konnte ich nicht mehr allein verarbeiten, und alles wurde noch schlimmer. Dann stand ich plötzlich auf dem Fenstersims und wollte nur noch springen – meine Ruhe haben, keine Verantwortung mehr, und vor allem keine Gedanken mehr haben – einfach nur Ruhe…

Der Gedanke an meine Kinder hat mich gerettet. Ich liebte sie doch so sehr. Ich konnte sie doch nicht alleinlassen…

Es musste etwas geschehen. Nach einem Krisengespräch in der Uniklinik war ich nun bereit, in eine Klinik zu gehen – aber nur mit Jasper zusammen! Gott sei Dank konnte schnell ein Platz im St. Marien-Hospital in Herne gefunden werden. Ich schaute mir die Klinik an, und die Ärztin riet mir, nur nicht allzu lange darüber nachzudenken, denn es sei ein Symptom der Depression, dass man Entscheidungen nicht gut treffen kann. Ich vertraute ihr, und drei Tage später saß ich mit Jasper da – in einem wunderschönen Einzelzimmer, mit Gitterbettchen, Wickelkommode und einem schönen Blick auf den Kirchturm, von dem es in jeder Viertelstunde beruhigend läutete.

Und endlich konnte ich entspannen – das erst Mal seit Monaten. Hier würde man aufpassen, dass mir nichts passiert und auch, dass meinem Säugling nichts passiert. Ich war in guten Händen.

Klar ist es nicht schön, sich selbst in die Psychiatrie einzuweisen, aber es war der beste Schritt, den ich je gegangen bin! Das Antidepressivum, das ich zuvor nur wider Willen genommen hatte und das auch Nebenwirkungen gehabt hatte, wurde abgesetzt, und ich bekam ein anderes. Es fiel mir auch bei diesem Präparat schwer, es zu akzeptieren, aber ich vertraute einfach auf die Fachkompetenz der Ärzte dort. Immer wenn ich mich ausruhen wollte, passte eine Praktikantin oder eine der total netten Schwestern auf unseren Sohn auf. Ich stillte dann nach drei Jahren ab, was ich zu Hause niemals geschafft hätte, denn selbst dafür hatte ich keine Kraft mehr gehabt. Jasper ging für die Zeit des Abstillens nach Hause zu seinem Papa und seiner großen Schwester, und ich war das erste Mal seit drei Jahren wieder allein. Ich konnte mein »Ich«, das so verschwunden war, erahnen und wieder MICH fühlen – das war wichtig und tat so gut.

Den Therapieplan konnte ich maßgeblich mitbestimmen, und so vergingen die Tage mit schönen Sachen wie Filzwerkstatt, Töpfern, offenem Atelier und sportlichen Aktivitäten, wie Nordic Walking, Fitness für Frauen oder Fahrradfahren. Klar gab es auch Gruppentherapien, die manchmal sehr anstrengend waren, aber mir war es freigestellt, daran teilzunehmen oder einfach einen Spaziergang mit Jasper zu machen.

Am Anfang fiel es mir schwer, mich darauf einzulassen. Aber dann kamen sie plötzlich immer mehr, diese schönen Momente – das Lachen beim gemeinsamen Kochen mit einigen Mitpatienten; dieses Glücksgefühl beim Fitness für Frauen, weil die Trainerin einfach so komisch war; plötzlich das Lächeln meines Kindes zu sehen und wieder etwas zu spüren oder das Geburtstagsständchen, das meine Mitpatienten mir zu meinem dreißigsten Geburtstag sangen.

Ja, ich hätte gerne meinen dreißigsten Geburtstag woanders als in der Psychiatrie gefeiert. Auch hätte ich mir einen besseren Ort für die ersten Schritte von Jasper vorstellen können. Aber im Grunde ist es nur das schlechte Image, was immer noch in unserer Gesellschaft grassiert, dass in der Psychiatrie nur »Gestörte« rumlaufen. Die meisten Menschen, die ich dort kennengelernt habe, waren wunderbare Menschen, denen man nicht ansehen würde, dass sie »an etwas zu arbeiten haben«.

Für mich war es ein sehr wichtiger Schritt. Wegen der Magersucht hatten mich meine Eltern 14 Jahre zuvor in die Kinder- und Jugendpsychiatrie gebracht, wo ich dann sechs Monate »eingesperrt« war und überwacht wurde. Das hatte Spuren hinterlassen. Diesmal habe ich selbst die Verantwortung übernommen und bin den Schritt aus eigenen Stücken

– wenn auch mit viel Unterstützung – gegangen und wurde für mein Vertrauen belohnt.

Ich nehme immer noch meine Antidepressiva, bin glücklich, dass es sie gibt. Ich kann wieder durchschlafen, Jasper auch. Die Beziehung zu meinem Mann ist ruhiger und inniger geworden, weil wir diese heftige Zeit gemeinsam durchgestanden haben. Ich habe Pläne, was meine Diplomarbeit angeht, ich möchte einen Nähkurs machen, und ich lasse auch mal die Wäsche liegen und ärgere mich nicht mehr über den Dreck in der Wohnung. Ich mache Psychotherapie bei einer Verhaltenstherapeutin und fühle mich jeden Tag stabiler und zufriedener. Ich genieße meine Kinder nun wirklich und nicht nur, weil es von mir erwartet wird. Klar bin ich auch mal angespannt und schlecht gelaunt, aber nicht mehr lebensmüde!

Und irgendwie wächst ganz leise der Wunsch, doch irgendwann noch einmal schwanger zu werden. Obwohl diese Zeit nach der Geburt die Hölle war und eine gewisse Angst mitschwingt. Aber ich weiß ja jetzt, wo ich Hilfe finde und wo ich mich beraten lassen kann.

Ich bin sehr dankbar, dass es Menschen gibt, die sich mit postpartalen Depressionen auskennen und dass es Therapien und Medikamente dagegen gibt. Und ich würde jederzeit wieder in eine Klinik gehen.

In der postpartalen Depression ganz weit unten – und doch etwas Positives

Svenja, 37 Jahre

Glücklicherweise wurde ich zügig schwanger, nachdem sich der Wunsch nach einem Kind bei meinem Mann und mir bemerkbar machte. Voller Freude und mit unendlicher Begeisterung betrachtete ich den positiven Test. Den ganzen Vormittag wurde ich von sehr starken Glücksgefühlen überschwemmt.

Es folgten Wochen mit den üblichen Wehwehchen, wie starker Übelkeit und Müdigkeit. Im zweiten Drittel der Schwangerschaft ging es mir zumeist ausgezeichnet, und ich war voller Vorfreude auf mein Kind. Lange dachte ich, es würde ein Mädchen, dann stellte sich heraus, dass es ein Junge wird. Ich war für etwa eine Woche enttäuscht. Fragen drängten sich mir auf: Wie geht das mit einem Jungen, kann ich das überhaupt?

Im letzten Drittel fing ich dann an, Achterbahn zu fahren.

Die äußeren Belastungen waren groß. Am Arbeitsplatz wurde keine Rücksicht auf meinen Zustand genommen, so dass ich mir in der 32. Woche von meiner Frauenärztin eine Arbeitsunfähigkeit geben ließ. Dann stand der Umzug in eine andere Stadt an. Mein Bauch wurde unheimlich groß, und meine Schilddrüsenwerte waren schwer einzustellen. Ich bekam Fressattacken, Panikattacken und hatte zunehmend das Gefühl, keine Luft mehr zu bekommen. Zudem fehlten mir nach dem Umzug meine privaten und beruflichen Kontakte. Morgens wachte ich in den letzten Wochen vor der Geburt immer häufiger mit Herzrasen und Angst auf, jedoch traten keine Wehen auf. Ich zweifelte an meiner Fähigkeit, das Kind normal entbinden zu können, da auch ich selbst ein Kaiserschnittkind war. Nach 41 Wochen zeigten sich beim Frauenarzt schlechte Herztöne meines Kindes, und ich wurde direkt ins Krankenhaus geschickt. Tränen stiegen mir in die Augen, und Angst machte sich breit.

Stundenlang wurden im Kreißsaal die Wehentätigkeit, die bei mir leider nicht vorhanden war, sowie die Herztöne meines Kindes beobachtet. Es wurde beschlossen, dass am nächsten Morgen die Geburt eingeleitet werden soll. Für mich begann nun ein, wie sich nachher in der Therapie herausstellte, traumatischer Geburtsprozess von 25 Stunden, der in einem Kaiserschnitt endete.

Ich war nach der Geburt vollkommen erschöpft und verspürte nicht die leiseste Freude. In den folgenden Nächten kam ich nicht zur Ruhe, da mein Kind ständig angelegt wurde. Auch das Stillen klappte nicht sonderlich gut, wobei ich viel zu viel Milch hatte. Eigentlich drehte sich ab diesem Zeitpunkt alles nur noch um das Baby und meine Brust. Mein Schlafbedürfnis, die Erschöpfung und mein seelischer Zustand waren nicht wichtig und wurden leider auch nicht wahrgenommen.

Zwei Tage nach Geburt drehte ich im Krankenhaus durch und lehnte mein Kind komplett ab. Es wurde ein EKG geschrieben, und ich erhielt Beruhigungsmittel. Endlich konnte ich schlafen.

Immer wieder sollte ich mein Kind auch nachts auf meiner Brust liegen haben, jedoch fühlte ich mich vollkommen eingeengt. Sobald es jedoch im Neugeborenenzimmer war, hatte ich ein schlechtes Gewissen und kam nicht zur Ruhe. Zudem reagierte ich auf das Schreien eines jeden Kindes und konnte meinen Sohn nicht heraushören. Im Grunde fühlte ich mich als Versagerin, die weder die Geburt hingekriegt hat noch in der Lage war, ihr Kind adäquat zu versorgen. Glücklicherweise war mein Mann von früh bis spät bei mir und der Kleine lag immer auf seiner Brust.

Von Tag drei bis fünf hatte ich dann einen schweren Babyblues, ich habe von morgens bis abends nur geweint. Als ich nach einer Woche entlassen wurde, war ich ganz erleichtert.

In der mir eigentlich noch fremden Wohnung war alles seltsam und unendlich einsam. Es traten zusätzliche schwere Belastungsfaktoren auf, die ich nicht verarbeiten konnte.

Dann vergingen die Wochen mit Stillen, Windelwechseln und wenig Schlaf. Häufig konnte ich nachts nicht wieder einschlafen, und der schwere Schlafmangel setzte mir sehr zu. Oft wachte ich nach einer Stunde Schlaf auf, oder ich hatte schwere Alpträume. Insbesondere habe ich immer wieder geträumt, mein Kind sei noch im Bauch, und es müsse noch geboren werden.

Meinem noch sehr mageren Umfeld in der neuen Stadt gegenüber tat ich so, als wäre alles in Ordnung. Mein Kind entwickelte sich gut, meine Hebamme dachte auch, dass es mir gut geht. Mein Mann begann wieder zu arbeiten.

In mir breiteten sich zunehmend Einsamkeit und schwere Unfähigkeitsgefühle aus. Es war mir kaum möglich, meinen Tag zu strukturieren, und ich war permanent durch mein Kind fremdbestimmt. Ich versuchte, mit dem Erarbeiten von Schlafplänen mein Kind zu strukturieren, was – wie mir heute klar ist – völliger Quatsch war.

Die Schlafstörungen setzten mir weiter massiv zu, ebenso Panikattacken. Dann fing ich abends an zu schreien. Tagsüber war alles in mir leer, jede Minute kam mir vor wie ein Tag. Ich merkte, dass es so nicht mehr weiter geht und bat Frauenarzt und Hebamme um Hilfe. Ich rief bei

Therapeuten und Psychiatern an, telefonierte Kliniken ab. In einer Klinik sagte man mir, ich müsse mein Baby zu Hause lassen. Das wollte ich auf keinen Fall. Mein Kind war zu dem Zeitpunkt 5 ½ Wochen. Nein, er gehörte zu mir. Also legte ich den Hörer auf. Dann fand ich eine Klinik, die mich unverzüglich mit Baby aufnehmen konnte. Ich lag auf der Wöchnerinnenstation, im gleichen Haus war aber auch eine psychosomatische Abteilung. Insgesamt war ich sechs Wochen dort, durchlief alle Therapien der psychosomatischen Abteilung und versorgte nebenbei mein Kind weitestgehend selbst, außer nachts.

Im Nachhinein stellte sich heraus, dass ich hier schon psychotische Züge entwickelt habe. Da ich immer noch die »Starke« sein wollte, hat man möglicherweise den Schweregrad meiner Erkrankung unterschätzt. Leider habe ich keine langfristige medikamentöse Therapie erhalten, sondern wurde nur kurzzeitig ruhiggestellt.

Jeden Morgen nach dem Aufwachen habe ich erst einmal ganz lange und laut geschrien. Ich befürchtete, meine Persönlichkeit würde zerfallen und ich hätte kein »Ich« mehr. Ich bin auch einmal vor die Wand gelaufen und nachts im Nachthemd über die Flure gewandert. Nachts hatte ich »Explosionen« im Kopf und »brennende Kügelchen«. Außerdem quälten mich ständig Alpträume, in denen meine Kindheit und die schweren Streitereien zwischen mir und meiner Mutter die Hauptrolle spielten. Panisch wachte ich einmal auf, weil ich geträumt hatte, dass wir uns gegenseitig erstechen.

Mein Sohn wurde gut betreut, und so konnte ich nachts wenigstens schlafen. Zudem stillte ich in der Klinik ohne Medikamente ab. Das Abstillen erleichterte mich einerseits, ich freute mich auf meinen geregelten Zyklus. Andererseits fühlte ich mich wieder als schlechte Mutter und plagte mich mit Schuldgefühlen. Diese wurden mir glücklicherweise von einer lieben Hebamme in langen und einfühlsamen Gesprächen genommen.

Nach sechs Wochen wollte ich endlich nach Hause.

Die Depression hatte sich verändert, eine leichte körperliche Erholung konnte ich beobachten. Leider war ich nicht fähig, mein Kind zu Hause allein zu versorgen, und ich hatte unendliche Angst davor, dass es meinem Kind nicht gut geht. Ich bekam ganz liebe Kinderkrankenschwestern über viele Wochen nach Hause, die mein Kind mitversorgten, mir im Haushalt halfen und mit mir spazieren gingen. Auch eine Gesprächstherapie wurde ambulant fortgesetzt.

Es wurde Winter, die Depression war noch immer da, aber meine Leistungsfähigkeit nahm etwas zu. Langsam kamen jedoch in mir Suizidgedanken auf. Teilweise konnte ich sie noch zur Seite schieben. Ich schämte mich für diese Gedanken. Ich stellte mich notfallmäßig in der Klinik vor, in der ich die sechs Wochen verbracht hatte.

Leider bekam ich nur eine niedrige Dosis eines leichten Antidepressivums. Wieder sollte ich in erster Linie nur entspannen und anders denken. Ich fühlte mich noch unfähiger, denn ich konnte nicht nur mein Kind nicht versorgen, es nicht normal gebären, nicht lange stillen trotz der Veranlagung zu Allergien. Zudem konnte ich nicht so denken, wie man denken sollte, um wieder gesund zu werden.

Weitere Wochen zogen ins Land. Ich schrieb Abschiedsbriefe, die ich wieder zerriss. Zunehmend kam ich zu der Überzeugung, dass es besser sei, wenn es mich nicht mehr gäbe, da ich mein Kind sonst in seiner Persönlichkeit zerstöre. Außerdem war alles einfach nur quälend leer. Jede andere Frau war in meiner Vorstellung eine bessere Mutter als ich und wäre auch für meinen Sohn eine bessere Mutter. Zwischendurch überlegte ich, ob es besser sei, wir gingen zusammen, da ich ihn ja nicht allein lassen konnte. Dann fing ich an zu überlegen, wie ich eine neue Frau für meinen Mann finde, die auch noch eine gute Mutter für meinen Sohn sein würde. Dann könnte ich meinem Leben ein Ende bereiten. Ich wollte mich meinem Sohn nicht mehr zumuten und konnte die Depression nicht mehr ertragen.

Es kamen weitere private Belastungen schwerster Art auf mich zu. Ich flüchtete zu meinen Schwiegereltern. Sie versorgten mein Kind und mich. Inzwischen war mein Sohn sechs Monate alt.

Von meinen Freundinnen hatte ich mich in all der Zeit zurückgezogen, hatte Kontakte abgewehrt. Dann traf ich zwei, die meinen Zustand erkannten und mich umgehend in eine psychiatrische Uniklinik brachten.

Ich bekam starke Medikamente. Man versuchte mich erst weiter in der Nähe meines Kindes zu halten und das ambulant zu schaffen. Ich vertrug die Medikamente überhaupt nicht und bat um Aufnahme auch ohne Kind. Die Depression war nicht mehr auszuhalten. Zu dem Weinen, der morgendlichen starken Antriebsschwäche und dem langen Schlafen von mehr als zwölf Stunden täglich gesellten sich abartige Bilder in meinem Kopf von Säbeln, die angeflogen kamen und mir den Hals durchschnitten.

In der Universitätsklinik wurde mir mein Leben gerettet. Mit einem Bein stand ich in der geschlossenen Abteilung, aufgrund meiner noch glaubhaften antisuizidalen Vertragsfähigkeit durfte ich auf der offenen Station bleiben. Nach weiteren Anläufen in der medikamentösen Therapie wurden nun endlich die richtigen Medikamente für mich gefunden. Ich wurde mit drei verschiedenen Psychopharmaka parallel behandelt.

Es ging mir schlagartig besser. Die bohrenden und nicht zu unterbrechenden Grübelkreisläufe konnte ich wenigstens für wenige Minuten unterbrechen; es war zunehmend möglich, in einem Buch einige Zeilen zu lesen. Ich konnte meinen Gedanken ein bisschen eine Richtung geben und ihr Unwesen ein wenig begrenzen. Die körperlichen Symptome wurden sehr langsam besser; das Zittern und Schwitzen, die Schlafstörungen, die vollkommene innere Erschöpfung und Kraftlosigkeit sowie das stundenlange Weinen wichen langsam. Für mich war diese Behandlung die Rettung. Die Nebenwirkungen der Medikamente waren für mich im Vergleich zu den Qualen der Depression nur noch Peanuts. Die Ärzte waren hervorragend, und ich fühlte mich endlich in meiner Erkrankung erkannt und angenommen. Aber ich verstand einfach nicht, warum ich mich vorher nicht hatte gesund denken können. Aus diesen Selbstvorwürfen befreite mich die Stationsärztin mit einer einfachen Frage, die mir bis heute hilft: Wie soll ein krankes Gehirn sich selbst behandeln?

Nachdem ich noch weitere Wochen in einer ortsnahen Psychiatrie verbracht hatte, in der ich dann täglich mein Kind sehen konnte, ging es mit mir beständig bergauf. Auch in dieser Klinik war das Personal unheimlich kompetent und hilfsbereit. Hier trat ich zum ersten Mal mit Mitpatienten in einen austauschenden und gewinnbringenden Kontakt.

Die Entlassung erfolgte dann auf meinen Wunsch, und ich kam zurück in die Stadt, in der ich meinen Sohn geboren hatte und in der ich mittlerweile mit meinem Mann lebte. Hier strukturierte ich mir mein Leben neu und fand den Weg in ein neues Leben mit Hilfe von Tagesplänen, etlichen Krabbelgruppen, Fitnessstudio und der Fortsetzung meiner Gesprächstherapie. Zu diesem Zeitpunkt lag der Schwerpunkt der Psychotherapie im Bereich der Verhaltenstherapie mit dem Ziel der weiteren

Stabilisierung meiner Persönlichkeit und Aktivierung meiner Ressourcen. Ab sofort wollte ich das Positive in mir und meinem Leben vermehren und das Negative meiden. Dies bedingt leider den Abbruch der Beziehung zu meiner psychisch schwer kranken und zudem suchtkranken Mutter.

Auf einmal wuchsen in mir umwerfende Muttergefühle und eine unendliche Liebe zu meinem Sohn. Die Depression wich in Wellen über einen weiteren langen Zeitraum von etwa neun Monaten. Zur Genesung zusätzlich beigetragen hat der Austausch mit anderen betroffenen Frauen der Selbsthilfeorganisation Schatten & Licht e. V. Es gab auch in den folgenden Monaten noch viele Tiefen, aber diese wurden immer flacher.

Mein Zustand wurde immer stabiler, und ich bewarb mich um einen Arbeitsplatz. Die Arbeit tat mir gut, und ich habe ein Gleichgewicht gefunden zwischen Muttersein, Berufstätigkeit, Familie und Freizeit.

Nachdem die schlimmste Zeit vorbei war, wurde mir schmerzlich bewusst, wie schwer krank ich gewesen war, und vor allem, wie viele Monate ich in der Entwicklung meines Babys verpasst hatte. Auch nahm ich erst jetzt wahr, wie sehr ich meinen Kleinen gemästet hatte. Ohne es selbst zu bemerken, hatte ich ihm Nahrung gegeben als Ersatz für die in mir nicht fühlbaren Muttergefühle.

So schwer diese Erkrankung auch war, möchte ich diese Zeit meines Lebens nicht mehr missen. Ich glaube, ich habe erst dadurch mein wahres Ich gefunden und zulassen können. Seelisch empfinde ich mich aufgrund dieser langen Krankheit sehr vorgealtert, jedoch macht sich in mir eine unheimliche innere Gelassenheit, Ruhe und Souveränität breit. In akuten Stresssituationen ist meine seelische Belastbarkeit leider sehr gesunken.

Sprechen kann ich bis heute nur mit meinen wahren Freunden über diese schwere Zeit. Auch das Niederschreiben meiner Erinnerungen ist mir trotz der mich seit Jahren begleitenden Psychotherapie besonders in den Abschnitten »Geburt« und »Aufenthalt in der Psychiatrie« sehr schwergefallen. Ich musste mehrfach aufgrund von Erschöpfungsgefühlen meine Erinnerungen unterbrechen.

Obwohl eine Depression für Nichtbetroffene kaum zu verstehen ist, bin ich unheimlich dankbar, dass die Menschen, die mir viel bedeuten, zu mir standen und mich unterstützt haben. Die größte Dankbarkeit empfinde ich meinem Sohn gegenüber. Er war bei mir, hat alles miterlebt und ist mit mir durch diese schwere Zeit gegangen. Ihm gegenüber empfinde ich nahezu täglich eine Liebe, die ich nie zuvor kennengelernt habe. Oft stehe ich abends an seinem Bett und bestaune dieses kleine Wunder. Er bringt eine unbeschreibliche Fülle in mein Leben. Zudem fühle ich mich von ihm bedingungslos angenommen. Seine Entwicklung zeigt mir, dass ich doch nicht so eine schlechte Mutter bin. Ich bin stetig im Austausch mit anderen und lasse mir bei Erziehungsfragen gern helfen. Zudem bemühe ich mich, möglichst viel erfüllende Zeit mit meinem Kind zu verbringen.

Ein zweites Kind? Der Wunsch nach einem zweiten Kind regte sich in mir schon vor über einem Jahr, also etwa zwei Jahre nach Geburt meines Sohnes. Die »Reset-Taste« hat bei mir aber nicht mehr so funktioniert wie bei all den anderen gesunden Müttern. Offensichtlich war die Erkrankung viel zu schwer, als dass ich sie einfach hätte herunterspielen können. Zudem bin ich bis heute nicht frei von Antidepressiva. Von anfänglich zwei verschiedenen Antidepressiva und einem Beruhigungsmittel täglich konnte ich Schritt für Schritt mit viel Geduld bis auf eine einzige niedrige Dosis eines Antidepressivums herunterreduzieren. Zirka zwölf Monate habe ich nun jedes Für und Wider unter anderem auch mit Hilfe fachlicher Meinungen abgewogen. Ich habe das Antidepressivum umgestellt, und mir geht es trotz erneuter massiver seelischer Belastungen im letzten Sommer mit einer kurzen erneuten depressiven Episode recht gut.

Da ich nur mit Antidepressivum schwanger werden kann, habe ich große Sorge vor möglichen Schäden am ungeborenen Kind sowie vor Anpassungsstörungen des Babys nach der Geburt. Ich frage mich, ob ich es seelisch verkraften würde, wenn mein Kind nach der Geburt intensivmedizinisch betreut werden müsste und ich mich wieder schuldig fühle. Ist es nicht zu egoistisch, dieses Risiko einzugehen?

Was wäre, wenn ich wieder einen schweren Rückfall erleide? Wer kann dann zwei Kinder von mir versorgen? Was wäre, wenn ich dann nie wieder so fit werde, wie ich es jetzt bin? Soll ich diese Risiken eingehen oder mich zufrieden geben mit diesem süßen kleinen Kerl, den ich habe? Was soll ich im Falle einer Behinderung des Kindes oder einer Mehrlingsschwangerschaft machen? Werde ich im Falle einer erneuten Schwangerschaft eventuell durch die Erinnerungen an damals aus der Bahn geworfen?

Eigentlich wollte ich nie ein Einzelkind, und ich wünsche mir auch für meinen Sohn noch ein Geschwisterchen. Nach vielen Monaten des Abwägens habe ich mein Herz entscheiden lassen. Wir werden es in einigen Monaten Mutter Natur überlassen. Und sollte ich dann erneut in den Genuss einer Schwangerschaft kommen, habe ich im Vorfeld ein komplexes Netz an Unterstützung gespannt.

Vielleicht wird ja auch alles viel besser als beim ersten Mal. Ich finde, ich hätte es verdient!

Gute Mutter, schlechte Mutter – die doppelte Buchführung

Britta (36)

Im August wurde mein Sohn geboren. Bei der Geburt gab es Komplikationen, und ich entband per Kaiserschnitt. Nach der Entbindung fühlte ich eine unendliche Traurigkeit. Mein Sohn war mir sehr fremd.

Direkt nach der Entbindung, noch in der Frauenklinik, schien die Welt allmählich aus den Fugen zu geraten. Ich fand mich nicht mehr richtig zurecht, verlor einen Großteil meines Sprachwortschatzes und war völlig verwirrt. Mitten im Satz wusste ich nicht mehr, womit ich begonnen hatte, und ich konnte mir absolut nichts mehr merken. Meine Fremdsprachen, in denen ich sonst verhandlungssicher war, waren völlig abhandengekommen.

Als das Stillen nicht klappte, kam mir in der Verwirrung gar nicht der Gedanke, dass mein Sohn Hunger haben musste. Er schrie natürlich wie am Spieß. Für mich bedeutete das, dass mein Kind bei mir unglücklich war und ich eine schlechte Mutter sein musste. Irgendwann war ich so weit, meinen Sohn in der Klinik lassen zu wollen, damit er bei mir nicht so sehr leiden müsse. Eine Krankenschwester merkte zufällig, dass mein Sohn künstliche Nahrung brauchte. Meine Verwirrtheit fiel im Klinikalltag jedoch nicht auf. Bei einer Stillberaterin erfuhr ich später, dass mein Kind nicht trinken konnte, weil es eine Saugverwirrung hatte.

Ganz schlimm war mein Verfolgungswahn. Jeder schien jeden zu manipulieren und hatte hinterhältige Absichten, die er nicht preisgab. Es schien mir, als hätte ich endlich alles durchschaut und müsste mich vor den Leuten schützen.

Ich dachte auch, die Menschen um mich herum könnten mein Kind so manipulieren, dass es sich irgendwann von mir abwenden würde. Mit der Zeit schoss ich mich auf meine Schwiegermutter ein und verdächtigte sie, dass sie meinen Tod wünsche (mich vergiften wolle), um mir meinen Sohn wegzunehmen. Nachts lag ich weinend neben dem Bett meines Sohnes in der Gewissheit, ihn nicht lange bei mir zu haben.

Leider hatte ich auch Pech mit der Hebamme, die mich überhaupt nicht richtig betreute. Im Laufe der Monate besserte sich meine extreme Verwirrtheit ein wenig, was vielleicht durch den Rückgang der Hormone bedingt war.

Eine weitere Wahnvorstellung war die Idee, ich wäre über eine Art geistige Nabelschnur mit meinem Sohn verbunden, und er könne sterben, wenn ich mit meinen Gedanken nicht stets bei ihm wäre. Das schloss jede Form der Erholung aus, und ich war irgendwann völlig überfordert.

Dazu kamen so wirre Gedanken, dass ich dachte, mein Sohn sei in dieser Welt noch nicht »richtig angekommen«. Ich hatte immer Angst, ihn zu vielen Reizen ausgesetzt zu haben, die er noch nicht verarbeiten könnte: Kassiergeräusche an der Supermarktkasse, laut lachende Menschen, vorbeifahrende Autos, Klappern eines Briefkastens. Ich lief völlig verspannt durch die Straßen mit dem ständigen Gedanken, er könne geschädigt werden durch die Geräusche um ihn herum.

Dadurch war ich ständig angespannt und schlief auch nicht mehr richtig. Ich hatte immer Angst, mein Sohn würde wieder schreien, und trug ihn Tag und Nacht auf dem Arm. Als Folge verrutschten mir drei Bandscheiben im Nacken, und ich hatte zusätzlich noch große Schmerzen. Ich durfte meinen Sohn nicht mehr heben, tat es aber trotzdem, weil ich noch nie Hilfe von anderen angenommen hatte.

Erst nach einem Zusammenbruch akzeptierte ich eine Haushaltshilfe, die mich den ganzen Tag lang unterstützte. Sie brachte Struktur in unseren Alltag. Aber anstatt mich auszuruhen, war ich jetzt panisch, die Haushaltshilfe könnte mir mein Kind wegnehmen.

Dadurch begannen die Suizidgedanken, ich hatte den starken Drang, mir die Pulsadern aufzuschneiden. Ich brauchte meine ganze Kraft, mich davon abzuhalten. Wäre mein Sohn nicht gewesen, hätte ich mich selbst in eine Klinik eingewiesen. Aber allein zu gehen war keine Option.

Ich wusste überhaupt nicht, was mit mir los war, und diejenigen, die ich konsultierte, auch nicht. Ein Therapeut meinte »Sie haben aber komische Gedanken!«, ein Arzt sagte mir »Der Stress gehört zum Muttersein dazu«. Das Problem war aber auch, dass ich nach außen hin wohl eine gute Mutter war und eine gute Verbindung zu meinem Kind hatte. Nur fokussierte sich bei mir alles auf die negativen Gedanken und Eindrücke. Ich konnte mich außerdem ziemlich gut zusammenreißen, man sah mir den schlechten Zustand nicht an. Ich bekam sogar Komplimente, weil ich so gut aussah.

Die ersten Tage allein mit meinem Sohn ohne die Haushaltshilfe waren wunderschön. Aber dann kam der Absturz, und ich fiel in ein tiefes Loch. Ich hatte depressive Phasen, in denen ich mich nicht mehr rühren konnte. Wenn mein Sohn dann schrie, konnte ich nicht zu ihm kommen. Ich war wie gelähmt.

Dadurch, dass ich nervlich so am Ende war, wurde ich immer gereizter. Mein Freund bekam das alles ab. Irgendwann richtete sich meine Gereiztheit aber auch gegen meinen Sohn. Ich brüllte ihn manchmal plötzlich an, und einmal kam ich erst wieder zur Besinnung, als ich gerade seinen Kinderwagen durchrüttelte. Da wusste ich, dass ich Hilfe brauchte.

An diesem Punkt begann ich zu recherchieren und fand im Internet schließlich den Verein Schatten & Licht mit den Informationen über postpartale Depressionen und Psychosen. Endlich konnte ich meine Gefühle und mein Verhalten einordnen und versuchte, so schnell wie möglich in einer der Mutter-Kind-Kliniken unterzukommen, die Schatten & Licht empfiehlt. Leider klappte es aufgrund eines Personalwechsels nicht, dass ich gleich in einer Klinik aufgenommen wurde.

Zu diesem Zeitpunkt lebte ich bereits völlig isoliert. Anrufe von Freunden nahm ich nicht mehr an. Das Gefühl, dass alle nur etwas Böses im Schilde führen und ein weiterer Kontakt für mich nicht gut wäre, hatte überhandgenommen. Auf dem Spielplatz fragte eine Frau, ob wir uns nicht mal zum Kaffee treffen wollen. Fortan mied ich diesen Spielplatz und wich der Frau aus. Auch die Leute auf der Straße schienen mir suspekt. Jeder Mann, der mit meinem Kind witzelte, war ein potenzieller Kindesmissbraucher, jede Frau eine Kindesentführerin.

Die Verwirrtheit nahm in unbekanntem Maß wieder zu. Ich konnte Gedanken nicht zu Ende führen, vergaß nach Sekunden wieder, was ich eigentlich tun wollte, und wusste vor allem nach wenigen Minuten nicht mehr, was ich vorher getan hatte. Die Stunden zerfielen in zusammenhanglose Fetzen. Die Versorgung meines Kindes war mir nur noch möglich, weil ich den gesamten Tagesablauf nach der Uhr richtete. Ich wusste, dass wenn der kleine Zeiger auf der Elf steht, er schlafen musste, oder es Essen gab, wenn der Zeiger die Eins erreichte. Lief etwas außerplanmäßig, war ich völlig aufgeschmissen.

Ich war am Ende meiner Kräfte. Jetzt wollte ich mich aus dem Fenster stürzen. Ich konnte das Gefühl, eine schlechte Mutter zu sein, einfach nicht mehr ertragen. Manchmal überkam mich deswegen auch der Wunsch, mein Kind im Kinderwagen stehen zu lassen, einfach wegzugehen und woanders ein neues Leben anzufangen.

Ein Jahr nach der Geburt meines Sohnes wurde ich schließlich auf der Mutter-Kind-Station des PZN Wiesloch aufgenommen. Ich bekam Medikamente, die meinen Zustand schnell besserten. In den Therapiestunden lernte ich, dass mein Sohn Zutrauen zu mir hatte, ich es nur nicht wahrnehmen konnte. Ich lernte, was ich als Mutter alles gut mache und dass mein Kind gut auf mich reagiert. Auch dass ich andere Betroffene kennen lernte, half mir sehr. Wir Mütter hielten zusammen. Meine Fremdsprachen kehrten langsam wieder in mein Gedächtnis zurück.

Erst in der Klinik erfuhr ich, dass ich eine schwere Depression mit psychotischen Symptomen hatte. Ich wurde sechs Wochen lang stationär behandelt. Mein Freund unterstützte mich während dieser schwierigen Zeit ganz toll. Und er hilft mir heute noch. Ich bin weiterhin in psychiatrischer und psychotherapeutischer Behandlung. Ich kann noch nicht arbeiten, aber meinen Alltag kann ich jetzt schon viel besser bewältigen. Und ich beginne, über ein Geschwisterchen für meinen Sohn nachzudenken…

Ein weiter Weg, um Hilfe zu finden

Claudia, 43 Jahre

Ich war schon einige Jahre verheiratet und mein Mann und ich konnten es uns vorstellen, Kinder zu bekommen, waren jedoch nicht darauf fixiert. Nie wurde ich jedoch spontan schwanger, obwohl wir zeitweise keine Verhütung betrieben. Nach einer notfallmäßigen Aufnahme in der Frauenklinik wurde eine Endometriose festgestellt; beide Eileiter waren verschlossen. Danach erfuhr ich, wie unwahrscheinlich es sei, dass in »meinem Bauch jemals ein Kind entstehen würde«. Trotz meines bis dahin nur »latenten« Kinderwunsches war dies ein herber Schlag für meine psychische Befindlichkeit und mein Selbstwertgefühl. Ich sammelte alle nötigen Informationen darüber, wie man eine Schwangerschaft ermöglichen könnte. Nach der Beratung in einem Kinderwunsch-Zentrum entschied ich mich letztlich aus ethischen Gründen gegen eine künstliche Befruchtung. Mein Partner war einverstanden.

So plante ich meine Zukunft ohne Kinder. Ich schloss eine tränenreiche Zeit mit neuen Plänen für eine selbständige berufliche Lebensphase ab. Wir bauten, am Ende der Welt, ein schönes Öko-Haus, mit Praxis direkt am Naturschutzgebiet. Ich bildete mich vertiefend fort. Massagen, Bauchmassagen, Fruchtbarkeitsstimulation über Massagen usw.

Während einer solchen Ausbildung wurde ich schwanger. Noch nichts wissend von dem neuen Leben in meinem Bauch, verbrachte ich die ersten sechs Wochen der Frühschwangerschaft bei bester Laune, wenngleich sehr müde. Ich lag einen ganzen wunderbaren Mai auf dem Sofa, schlief und schlief, genoss die müßigen Tage, anstelle im Garten rumzuwühlen, wie ich es sonst zu tun pflege, und sagte zu meinem Mann: »Wenn ich mich nicht so prima fühlen würde, müsste ich von mir glauben, ich sei krank«. Und plötzlich schlich sich der Gedanke ein: Ups…, bin ich vielleicht schwanger?

Was sich bis dahin ganz gut angehört hat, wandelte sich mit einem Schlag in ein abgrundtiefes inneres Grauen. Der Test war positiv. Ich war geschockt. Mein Mann freute sich, und ich rang um Haltung. Nach einem langen inneren Kampf, den ich in den nächsten Wochen mit mir allein ausmachte und in den ich auch meinen Mann nicht einbezog, entschied ich mich gegen einen Schwangerschaftsabbruch.

Damals wusste ich nicht, dass ich zu einer Risikogruppe von Frauen gehöre, die von psychischen Erkrankungen rund um die Geburt betroffen sein könnte. Meine Mutter litt zeitlebens an Depressionen, meine älteste Schwester seit ihrem 15. Lebensjahr an einer manisch-depressiven Erkrankung. Mein Vater hatte zum Zeitpunkt meiner Geburt nach eigenen Auskünften eine psychotische Phase durchlebt und dem Himmel sei Dank irgendwie wieder herausgefunden.

Im Laufe der weiteren Schwangerschaft reihte sich für mich und meinen Mann eine Belastungssituation an die andere: die finanzielle Situation war desolat, am Arbeitsplatz meines Mannes gab es Probleme. Die gesundheitliche Situation meines Vaters verschlechterte sich, es gab Auseinandersetzungen in der Familie. Inmitten dieses Gewühls von äußeren Umständen spürte ich zusehends, dass ich Hilfe benötigte. Allerdings hatte ich ja kein Geld, in meinem Weltbild also auch keinen Zugang zu einer solchen. Bis dato hatte ich alle Therapien, Selbsterfahrung, Ausbildung, heilpraktische Anwendung selbst gezahlt. Also unternahm ich nichts, um mir selbst zu helfen. Ich stellte mich auf den Standpunkt: »Du schaffst das schon«. Auch wenn Gedanken auftauchten, die feststellten, dass ich mich immer nur um die anderen »kümmerte« und nicht um mich selbst. Aber irgendwie hatte ich bzw. mein Empfinden keinen Wert mehr. Es war mir egal geworden. Traurigkeit erfüllte mich. So sehr ich mich abstrampelte im Außen, nichts war gut genug. Ein mächtiger innerer Richter trat auf den Plan. Ich fühlte mich als Versagerin, war meinem Leben nicht mehr gewachsen. Ich konnte nicht mehr meditieren, war zunehmend unruhig.

Wir suchten eine Beleghebamme, um eine stabile Betreuung unter der Entbindung zu haben, und planten eine Hausgeburt.

Nach außen hin bemühte ich mich, verlor aber das Interesse an Dingen, die mir Freude machten. An Weihnachten quälte ich mich, das Haus zu dekorieren, eine Arbeit, die mich sonst beflügelt hatte. Ein jahrzehntelanges geliebtes Hobby. Ich verurteilte meine Faulheit, schämte mich.

Auf die Geburt hin gesellten sich apokalyptische Fantasien hinzu. Ich fürchtete meine Beine zu verlieren, zerfetzt zu werden. Nachts schwitzte ich drei Schlafanzüge durch, morgens hatte ich nach dem Erwachen Herzrasen. Die Hebamme konnte es mir nicht erklären.

Meine Gedanken kreisten um meine »schlechten Kindheitserfahrungen« und nährten den Erwartungsdruck an mich selbst. Eine solche schlechte Mutter wie die meine wollte ich niemals sein. Was hatte ich nicht alles gelesen, in den Jahren der Ausbildung, was jetzt meinem Perfektionsanspruch Futter gab. Sanfte Hausgeburt, Anti-Kinderwagen-Pro-Tragetuch-Lobgesänge, Abhandlungen zur Bindungstheorie und vor allem Inhalte zur korrekten inneren Haltung einer Bezugsperson zum Baby und welche Schäden es bei den Kindern auslöst, wenn dem nicht so ist. Wenn ich überhaupt noch über mich sprach, drohten Verwandte und Freunde mit Aussagen, das Kind bekommt das alles mit, du darfst so nicht fühlen. Tja, aber wie macht man das? Man steckt da drin, das Kind auch noch dazu, und weiß sich nicht zu helfen. Jeder Tag machte mich schuldiger, jeder Gedanke zur Vernichterin eines gelungenen Kinderlebens. Irgendetwas hatte dazu geführt, dass mir meine Emotionen immer mehr entglitten. Ich hasste mich dafür.

Ende Januar kam es dann einige Tage vor dem errechneten Geburtstermin zu Sturzblutungen mit Verdacht auf vorzeitige Plazentaablösung. Ich kam in die Klinik, Fehlalarm. Ich durfte wieder gehen. So wartete ich dann; meine letzten Ideen von einer Hausgeburt wichen dem Gefühl des Versagens und der Befürchtung mein Kind zu töten, wenn ich zu Hause bliebe.

Am Abend saß ich am Fenster und sprach mit meinem Kind. Ich sagte ihm, du kannst jetzt kommen, irgendwie müssen wir nun da durch. Länger warten wird es nicht ändern; dass du geboren wirst, ist unausweichlich. Vier Stunden später hatte ich Wehen. Weitere vier Stunden später fuhren wir in die Klinik. Gebärmutterhals verstrichen, null cm Muttermund. Ich quälte mich unter den Eröffnungswehen, erbrach, lief über den Gang, obwohl mir dazu zumute war, mich in eine Ecke zu setzen. Sie ließen mich nicht in Frieden, immer weiter sollte ich laufen, obwohl mein Körper Ruhe suchte. Nach neun Stunden flehte ich um eine PDA, bei null cm Muttermund. Nach der Gabe der Medikamente war ich einige Minuten schmerzfrei, dann kollabierte ich vor Erschöpfung in eine Ohnmacht. Man holte mich zurück, nun sollte ich mich ausruhen.

Einige Zeit später bekam ich einen Wehentropf. Dieser blieb vier Stunden in Höchstdosis angehängt und war dann doch, wie bereits von der Hebamme vorausgesagt, völlig erfolglos. Alles wurde abgeschaltet, und ich sollte mir überlegen, wie es weitergehen würde. Da ich keine eigenen Wehen mehr hatte, war die Geburt zum Stillstand gekommen. Man stellte mir zwei Möglichkeiten vor: Heimgehen und warten, bis es wieder losgeht. Oder Kaiserschnitt. Ich bat mir eine Zeit der Ruhe aus, lag hochschwanger erschöpft im Kreißsaal und weinte bitterlich. Ein Kind bekommen – nicht einmal das hatte ich gekonnt. Ich entschloss mich als kraftlose Versagerin, die ja eh nie ein Kind gewollt hatte und deswegen auch keine normale Geburt hinbekam, zu einem für meine Begriffe erniedrigenden Kaiserschnitt. Vor allem deswegen, weil ich mich nicht auch noch der Kindstötung aus Fahrlässigkeit schuldig machen wollte. So bekam ich eine Spinale Anästhesie und einen Kaiserschnitt. Mein Mann begleitete mich in den Kreißsaal. Es ging alles sehr schnell.

Und da lag sie dann auf meiner Schulter und schaute mich an. Ganz still. Und ich fragte mich: Wer bist du? Ich kenn dich nicht? Du bist mir fremd. Ich habe Angst vor dir, weil ich Angst habe, alles falsch zu machen. Und doch hoffte ich, irgendwie würde sich alles zum Guten finden.

Auf dem Familienzimmer angekommen, legte ich die Kleine an. Sie trank. Es schien gut zu laufen. Die beiden, meine Tochter auf meiner Brust, mein Mann neben mir, sanken in den Schlaf. Doch ich fand ihn nicht. Im Zwischenstadium zwischen Wachen und Schlafen, beim Wegsinken, tauchten aus dem Nichts Bilder vor meinem inneren Auge auf: Bilder, in denen ich meine frischgeborene Tochter nackt am Handgelenk hielt und an die Wand schlug. Bilder, in denen ich Juden in einer Gaskammer einschloss und einen Hahn öffnete, um sie zu töten. Ich schreckte hoch, weckte jedoch niemanden. Mann und Kind schliefen, und ich hatte Angst vor dem Schlaf. So lag ich wach und fand keine Ruhe.

Ich sprach mit der Hebamme über Horrorträume. Verschwieg den genauen Inhalt. Einer befreundeten Psychotherapeutin berichtete ich davon. Sie sprach von archaischem Irgendwas. Ich verstand nur Bahnhof und fühlte mich schuldig. Die Ärztin sprach von Hormonen, das würde wieder weg gehen. Es kamen Stillprobleme dazu. Ich hatte eine so pralle Brust, dass ich das Kind nicht anlegen konnte. Unerfahren machte ich es mir zu Auflage, diese Herausforderung ohne Hilfe meistern zu müssen.

Als es mir nicht gelang, rastete ich aus, ging ins Bad, riss an meinen Haaren, schrie mich an, schlug in mein Gesicht. Um diesen Anfall zu stoppen und niemandem aufzufallen, hielt ich meinen Kopf spontan unter kaltes Wasser.

Wir wurden entlassen. Ich lag körperlich desolat im Bett, mein Mann versorgte das Kind. Er hatte vier Wochen frei. Er war von Anfang an die bessere Mutter, konnte schon wickeln, eh ich überhaupt wieder stehen konnte. Ich hatte Hass und Zorn, auf mich, meinen Mann, das Kind. Ich schlief seit der Entbindung nicht eine Minute mehr.

Homöopathie half nicht. Ich bekam Angstzustände, da das Kind nicht genug zunahm. Ich bildete mir ein, ich würde es hungern lassen; vielmehr würde meine innere Ablehnung das Kind so sehr stören, dass es an meiner Brust nicht trinken wolle. Meine Milch war schlecht, zu schlecht für dieses Kind. Ihr Weinen interpretierte ich als berechtigte Kritik an meiner falschen Haltung, an meiner Person. Ich folgerte: Sie schreit mich an, weil ich so schlecht bin! Und umgekehrt. So versuchte ich noch mehr zu leisten. Ich gab alles, ließ das Kind nicht mehr aus den Augen. Ich bewachte ihren Schlaf, falls sie mich bräuchte; ich trug sie herum, obwohl ich fast nicht laufen konnte. Ich ließ mir nicht helfen, damit ich mir nichts vorzuwerfen hatte. Alles tat ich, und wie Kinder nun einmal sind, geschrien hat sie trotzdem noch.

Irgendwann konnte ich dann nicht mehr und wurde total aggressiv. Ich schlug Türen zu, hasste mich selbst. Prügelte im Nebenzimmer den Fußboden. Ich fing an zu glauben: Meine Tochter ist geboren, um mich umzubringen! Ich tue alles, sie ist immer noch unzufrieden. Ich tue noch mehr, was will sie denn noch mehr? Ein katastrophaler Kreislauf. Sie war der schreiende lebendige Beweis meines Versagens!

Nach vier Wochen ging mein Mann wieder arbeiten. Ich erlitt einen ersten gravierenden Zusammenbruch. Ich wollte zurück ins Krankenhaus, da ich mir die Versorgung des Kindes allein nicht zutraute. Die Hebamme sagte mir am Telefon: »Dann müsst ihr das irgendwie anders organisieren, es gibt keine medizinische Indikation. Du bist gesund, das Kind ist ok.« Fehlanzeige mit Hilfe!

Einige Tage später rufen wir nachts einen Notarzt. Ich berichte vom Schlafmangel, von Erbrechen und totaler Erschöpfung. Er gibt mir ein Zäpfchen, und ich schlafe zwei Stunden. Als er mich sieht, sagt er: Man könnte auch an eine postpartale Depression denken, aber so, wie sie auf mich wirken, ist das bei Ihnen nicht der Fall.

Draußen sind es minus fünfzehn Grad. Ca. fünfzig cm Schnee. Ich muss das Kind am Körper tragen, Kinderwagen Fehlanzeige. Der Hund muss raus, ob es mir passt oder nicht. Keine Nachbarn – keine Hilfe. Ich kann kaum stehen. Autofahren geht auch nicht, ich komme ja nicht mal vom Hof. Ich bin total isoliert und allein. Nur das Kind und ich. Freunde haben plötzlich keine Zeit, Verwandte sind hunderte Kilometer entfernt.

Ich fange an, unter dem Verlust von Körpergefühl zu leiden. Ich berichte der Hebamme, dass ich zeitweise den Eindruck habe, meine Arme würden nicht mehr zu mir gehören. Auch sie sagt Sätze wie: »Hm…, da müsste man mal an eine postpartale Depression denken…« Sie denkt über Abstillen als eine Form der Entlastung nach, rät dann aber davon ab, weil die Hormone dann nochmals stark schwanken würden. Nach acht Wochen quittiert sie erleichtert ihren Dienst. Sie ist mich los.

Ich erleide den zweiten Zusammenbruch: Ich sitze im Heizungskeller und will sterben. Ich schreie, weine und trete mit den Füßen gegen den Kessel. Ich sage meinem Mann, er solle das Kind wegbringen. Ich denke, es bringt mich um. Alles dreht sich nur ums Kind. Kein Augenblick meines Lebens gehört mehr mir. Ich bin völlig panisch und hoffnungslos überfordert.

Ich fange mich wieder und suche eine Tagesmutter. Ich denke darüber nach, dass stundenweise Entlastung mit dem Kind mir helfen könnte. Doch das Gegenteil tritt ein. Ist meine Tochter weg, wird es noch schlimmer. Ich laufe auf und ab, kann nicht mehr sitzen.

Ich spreche wegen meiner Geburtsnachsorge noch einmal mit meinem Frauenarzt in Köln. Er ist ein sehr netter, erfahrener alter Mann, eine Art Hausmeister im Arztkittel. Er ist eine wohlwollende Natur, genießt mein Vertrauen. Als ich ihm berichte, wie es mir geht, fragt er mich, warum ich mich erst jetzt an ihn wende. Ich bin erstaunt, dass ein Gynäkologe für meine seelischen Befindlichkeiten Interesse zeigt. Er rät mir zur Therapie und wirft die Frage nach einem möglichen Klinikaufenthalt auf. Ich kontaktiere eine niedergelassene Psychotherapeutin und versuche erste Gespräche. Sie empfiehlt mir einen Psychiater. Ich gehe zum Termin. Die Beratung ist kühl, abweisend, und er will mich medikamentieren. Natürlich nur niedrig, wie er sagt, und völlig ungefährlich. Es ist ein Mann;

seine Frau hätte dann in einem halben Jahr einen Termin für mich zum Gespräch. Bis dahin: Hilfe – Fehlanzeige.

Ich zeige ihm innerlich den Mittelfinger und nehme mir vor: Das schaffe ich auch ohne solche Typen wie dich. Das wollen wir doch mal sehen. Es geht auf und ab. Ich gehe zur Gesprächstherapie, die Kleine manchmal stundenweise zur Tagesmutter. Meine Nachbarn und Freunde wenden sich immer mehr ab. Jeder hat einen anderen Rat, der mir nicht hilft. Ich gerate über meinen elenden Zustand immer mehr mit den nahen Menschen um mich herum in Streit. Sie fordern meine souveräne Art heraus, mit Dingen umzugehen, wie ich es immer tat. Doch ich kann es nicht, enttäusche und versage in ihren Augen immer mehr. Ich schlafe immer noch nicht. Inzwischen seit drei Monaten.

Nach der zwölften Woche erleide ich den dritten Zusammenbruch. Als meine Tochter bei der Tagesmutter ist, erfasst mich eine Panik-Attacke. Es ist so schlimm wie selten zuvor. Ich habe Atemnot, schwitze Kleidung durch, bis sie nass ist. Ich bekomme Herzrasen, bin knallrot.

Im Wohnzimmer hängt eine Babyhängematte an einem Holzbalken von der Decke. Ich sehe zum Haken hinauf und denke: Nimm das Seil und häng dich auf! Dann ist endlich Frieden. Frieden für alle. Für deinen Mann, der eine schlechte Frau und Mutter los ist. Für dein Kind, weil es einen besseren Menschen verdient hat als ein solches Psycho-Wrack. Und für dich, damit du das nicht mehr aushalten musst.

Ich halte einen Augenblick inne. Dann nehme ich den Telefonhörer und rufe meinen Mann an. Ich befehle ihm, nach Hause zu kommen und berichte von den suizidalen Gedanken. Eine halbe Stunde später ist er da. Wir irren umher. Zuerst zur Psychotherapeutin. Dann nach Bonn zum LKH. Dort zur Ambulanz. Ein junger Arzt berät mich. Er empfiehlt mir, medikamentös abzustillen und ein Beruhigungsmittel einzunehmen. Er könnte mich ohne mein Kind in die Geschlossene aufnehmen, da in der Offenen gerade alles überfüllt sei.

Ich weise ihn darauf hin, dass im Haus eine spezielle Ambulanz für Frauen in meiner Lage existiert. Das hatte ich zuvor im Internet auf der Seite von Schatten & Licht e. V. gelesen. Nur weil ich darauf bestand, gab sich der junge Arzt die Mühe, telefonisch in Erfahrung zu bringen, wo das denn sein könnte. Er findet es heraus und macht mir einen Termin in vier Tagen. Seinen ersten Vorschlag lehne ich ab, und wir gehen wieder.

Auf dem Parkplatz überlegen wir, wer mir in meiner Not noch helfen könnte. Mein Mann erinnert ein Krankenhaus in unserer Nähe. Das sind doch die Ökos. Vielleicht kennen die sich aus! Nach kurzem Telefonat mit der Stillambulanz ist klar: Die Angestellte weiß mir zu helfen. Sie spricht beruhigende Sätze: Ich weiß, was Sie haben. Es ist eine Krankheit. Sie werden wieder gesund. Ich spanne jetzt ein Netzwerk auf und finde eine Klinik für Sie. Ist jemand bei Ihnen? Wir legen jetzt auf. Ich rufe in einer Stunde wieder an. Drei Stunden später sitze ich in der Ambulanz eines Krankenhauses.

Man nimmt mich stationär auf. In die Psychosomatik. Ohne meine Tochter. Ich habe Angst. Angst vor allem. Vor den Menschen, vor Medikamenten. Davor, dass man mir mein Kind wegnimmt. Dass ich nie mehr da rauskomme. Eine Ärztin spricht mit mir. Ich äußere meine Fantasien. Meine Ängste, jetzt verrückt zu sein, krank zu werden, ohne Chance auf Heilung. Medikamentenabhängig. Es passiert etwas sehr Erstaunliches. Sie erklärt mir etwas über das Gehirn. Über eine Erkrankung, die eine Fehlsteuerung auslöst. Darüber, dass ich keine manisch-depressive Störung habe und dass ich keine Medikamente bekomme, wenn ich das nicht will.

So verbringe ich etwa vier Wochen ohne Medikamente auf der Station. Ich stille ab. Mein Mann arbeitet Teilzeit. Wir haben das Kind aufgeteilt. Morgens und mittags die Tagesmutter, nachmittags bringt mein Mann das Kind zu mir in die Klinik, abends und nachts ist sie bei ihm. Ich schlafe noch immer nicht richtig. Durch das Abstillen kommt ein massiver Depressionsschub in Gang. Ich leide unter schwerem Gedankenkreisen. Todeswünsche und Panikattacken mit Erbrechen lösen sich ab. Ich erzähle meinem Mann davon, dass ich das Kind nicht wollte. Welten brechen zusammen. Er ist zutiefst betroffen.

In dieser Zeit lerne ich niederpotente Neuroleptika kennen und bin dankbar dafür, einige Stunden schlafen zu können. Irgendwann ist es so schlimm, dass ich unter einer Panikattacke einer Notfallmedikation zustimme. Ich bekomme, ohne es zu wissen, ein Beruhigungsmittel – meinen erklärten Erzfeind. Nachdem ich mich einen Moment lang beruhigt habe, gehe ich in den Garten des Krankenhauses und setze mich auf eine Bank.

Jahrelang meditationserfahren beobachte ich, was mit meinem Denken und Fühlen passiert, und bin beeindruckt: Bildlich gesprochen, empfinde ich meinen Kopf wie die Kuppel einer großen Sternwarte. Langsam öffnet sich das Dach. Im übertragenen Sinne öffnen sich meine normalen Gedankengänge. Ich empfinde plötzlich wieder wie schon lange vergessen. Meine Gedanken sind klar und wohlsortiert. Ruhe kehrt in meinen Kopf ein. Stille macht sich breit. Ein wunderbares Gefühl.

Ich nehme diese frische Klarheit und entscheide mich für eine Medikamententherapie. Ich will nach Hause zu meinem Mann und meinem Kind. Ich will leben und nicht sterben. Ich frage mich, wo ich so lange geblieben war! Wir beginnen eine Behandlung mit einem Antidepressivum. Nach fünf Tagen beobachte ich erste Verbesserungen meiner Gemütslage. Ich betrachte den Brunnen im Hof vor meinem Fenster und entdecke, dass die Sonne scheint. Ein Lächeln huscht über mein Gesicht. Ganz kurz, aber deutlich zu spüren. Es geht bergauf! Vierzehn Tage nach Beginn der medikamentösen Behandlung zieht meine Tochter in die Klinik ein. Der Härtetest beginnt. Tag und Nacht Baby versorgen, plus Therapie, plus Zimmernachbarin, plus fremder Ort.

Weitere vierzehn Tage später gehe ich heim. Das Schlimmste liegt hinter mir. Ich schließe eine ambulante Therapie an. Sie begleitet mich eineinhalb Jahre in immer größer werdenden Abständen. Parallel schleichen wir das Medikament wieder aus.

Über die Entwicklung meiner Tochter freue ich mich jeden Tag. Die Muttergefühle sind mittlerweile sehr intensiv; ich kann mir ein Leben ohne sie nicht mehr vorstellen.

Rückblickend kann ich sagen, dass alle Themen, die mich in der Erkrankung so intensiv begleitet haben, bereits immer Themen in meinem Leben und in meiner Psyche waren. Nur mit dem gravierenden Unterschied, dass man in einer normalen Gemütslage gut dazu in der Lage ist, Irrationales von Realem zu unterscheiden. So wie ich jetzt wieder in der Lage dazu bin.

Panik als Reaktion auf den positiven Schwangerschaftstest. Und die Geschichte eines Frauenpaares

Sibilla, 35 Jahre

Schon als kleines Mädchen träumte ich davon, später einmal zu heiraten und viele Kinder zu bekommen. Als ich jedoch mit Anfang zwanzig merkte, dass ich lesbisch bin, zerplatzten diese Träume wie Seifenblasen.

Drei Jahre, nachdem ich meine jetzige Frau kennengelernt hatte, heirateten wir. Der Kinderwunsch flammte erneut auf, denn ein Leben mit Kindern konnten wir uns beide gut vorstellen. Ein guter Freund half uns, diesen Wunsch zu verwirklichen. Nach 1 ½ Jahren klappte es – sozusagen kurz vor Toresschluss. Als jedoch die Frauenärztin meine Schwangerschaft bestätigte, brachen statt purer Freude blanke Angst und Entsetzen aus.

Ich konnte nachts nicht mehr schlafen, hatte Panikattacken mit Schweißausbrüchen und Herzrasen. Und immer dieselben Gedanken: »Ich will das nicht«, »Ich schaffe das nicht«, »Ich kann keine gute Mutter sein« oder »Wir verhungern«. Tagsüber war ich dann so durch den Wind, dass ich so gerade meinen Job auf die Reihe bekam. Permanent hatte ich ein Grundangstgefühl, mir war im wahrsten Sinne des Wortes übel vor Furcht. Ich fühlte mich als Versagerin, plötzlich auch als schlechte Physiotherapeutin und als schlechter Mensch. Immer öfter dachte ich an Abtreibung, das schien mir die einfachste Lösung zu sein. Meine Frau erledigte die alltäglichen Dinge, und ich saß deprimiert und antriebslos vor dem Fernseher bzw. jammerte ihr die Ohren voll.

In der achten Schwangerschaftswoche entschied ich mich, etwas zu unternehmen, denn so ging es nicht mehr weiter. Ich fuhr jedoch zweigleisig: Zum einen begann ich eine Verhaltenstherapie, andererseits besorgte ich mir einen Termin bei Pro Familia für das nötige Beratungsgespräch, um eine Abtreibung vornehmen lassen zu können. Die Bescheinigung erhielt ich ohne Probleme. Gleichzeitig lernte ich aber durch meine Psychotherapeutin, dass meine Ängste nicht primär mit dem Kind zu tun hatten, sondern mit mir selbst. Die »Rahmenbedingungen«

für die Familiengründung schienen nahezu perfekt: stabile, liebevolle und ausgewogene Beziehung, abgeschlossene Berufsausbildung und seit zehn Jahren eine unbefristete Vollzeitstelle. Auch meine Frau hat ein festes Arbeitsverhältnis bei einer 4-Tage-Woche. Finanziell sieht es also nicht schlecht aus. Dazu kommt ein fester, stabiler Freundeskreis. Aber im Inneren habe ich seit der Jugend starke Minderwertigkeitsgefühle – ob in der Schule, während der Ausbildung, im Beruf und auch im Privatleben. Da sind wieder die leidigen Gedanken wie: »Die anderen sind viel besser als ich«, »Ich kann das bestimmt nicht«, »Keiner mag mich«, »Ich bin hässlich und unattraktiv«, gekoppelt mit Existenzängsten. Diese Gefühle und Ängste waren sicher in einer Schublade verborgen, so dass sie in meiner sicheren und kontrollierten Welt, die ich mir geschaffen hatte, nur selten wahrnehmbar waren. Ich sah sie nie als Problem an. Aber mit der Schwangerschaft sprang diese Schublade mit voller Wucht auf.

Die Drei-Monats-Frist verstrich, ohne dass ich eine Entscheidung gegen das Kind getroffen hatte, es war jedoch auch keine Entscheidung dafür. Meine Frau war übrigens der Ansicht, dass wir das auf jeden Fall gemeinsam schaffen würden, und strikt gegen eine Abtreibung.

Nun ging es erst recht los mit meinen Ängsten, denn ich hatte kein Hintertürchen mehr. Ein einziger Gedanke beherrschte mich: »Ich will nicht!«. Manchmal schlug und massierte ich meinen Bauch in der Hoffnung, dass »Es« von allein abging. »Es« tat mir den Gefallen allerdings nicht. Also beschloss ich, »Es« nach der Geburt zur Adoption freizugeben, ein »neues Hintertürchen«. Diese Gedanken zermürbten mich, ich schlief kaum und wurde auf der Arbeit immer zerstreuter. Auch die Beziehung litt unter der Anspannung.

Zu diesem Zeitpunkt empfahl mir meine Psychotherapeutin, einen Termin bei Frau Prof. Rohde zu machen, damit ich medikamentöse Unterstützung erhielt. Erst zögerte ich, da ich noch nie ein Freund von Medikamenten war. In meiner Not machte ich aber schließlich einen Termin aus. Ich bekam ein angstlösendes und beruhigendes Antidepressivum verschrieben. Ich startete mit einer halben Tablette und steigerte später auf eine ganze. Die Wirkung war verblüffend: Ich nahm die Tablette abends und fühlte mich danach immer recht schnell müde und dämmrig, so dass ich einschlafen und auch durchschlafen konnte. Nach etwa einer Woche ging es mir auch tagsüber besser. Meine ständige Unruhe und Ängstlichkeit ließ nach, und das permanente Übelkeits- und Brechgefühl verschwand fast. Ich konnte Dinge wieder genießen: gemütlich zu Abend essen, entspannt einen Kaffee trinken, einen Film schauen, mich mit Freunden treffen, spazieren gehen, ohne diese ständig kreisenden Gedanken zu haben. Parallel ging ich weiterhin einmal pro Woche zu meiner Verhaltenstherapeutin. Wir ergründeten, warum ausgerechnet jetzt, während der Schwangerschaft, die Schublade aufgegangen war. Wir untersuchten, was sich alles in ihr befand, und versuchten Ordnung zu schaffen.

Körperlich ging es mir während der gesamten Schwangerschaft blendend. Selbst am Tag der Entbindung machten wir noch eine kleine Wanderung in der Eifel, und nachmittags war ich mit dem Fahrrad unterwegs. Zwei Wochen vor der Geburt hatte ich das Antidepressivum abgesetzt und glaubte, dass ich es nach der Geburt nicht mehr brauchen würde. Vor der Geburt hatte ich keine Angst, ich sah sie mehr als spannende Herausforderung und Erfahrung.

Nach einer recht langen Geburt – aber ohne Komplikationen – brachte ich ein gesundes kleines Mädchen zur Welt. Irgendwie war ich zum ersten Mal seit Feststellung der Schwangerschaft wieder stolz auf mich. Am nächsten Tag wollte ich einfach nur nach Hause. Die Klinik mit den vielen (scheinbar perfekten) Müttern und Babys lösten in mir meine altvertrauten Angst-Panik-Minderwertigkeitsgefühle aus.

Die ersten sechs Wochen zu Hause waren die Hölle. Ich erfüllte die körperlichen Bedürfnisse der Kleinen, aber ansonsten versuchte ich zu verdrängen, dass sie da war. Sobald ich die Chance hatte, traf ich mich mit Freunden, pflegte meine Hobbys und wäre am liebsten gar nicht mehr nach Hause zurückgekehrt. Ich wollte sie nicht, lehnte sie ab, und mir fehlte jede emotionale Bindung, obwohl sie mich in ihrer Hilflosigkeit manchmal irgendwie berührte. Und immer dieses Gefühl »Ich schaffe das nicht«. Ich war froh, dass meine Frau sich intensiv um die Kleine kümmerte und eine Bindung zu ihr aufbaute.

Durch das nächtliche Stillen und meine erneuten Angst- und Panikattacken und die damit verbundenen Schlaflosigkeit geriet ich wieder in eine Endlosschleife. Morgens fühlte ich mich gerädert, müde, traurig und ohne jede Energie. Es schien, als sei ich der neuen Situation hilflos ausgeliefert. Mir ging es so schlecht, dass meine Psychotherapeutin mir den

Rat gab, mit der Kleinen in eine psychosomatische Klinik zu gehen. Sie gab mir die Telefonnummer mit dem Hinweis, dass ich jederzeit dort anrufen könne. Mit meiner Frau traf ich die Vereinbarung, sollte es mir nach einem Jahr immer noch so schlecht gehen, würde sie mit der Kleinen wegziehen.

In dieser Situation bekam ich von Frau Prof. Rohde ein Antidepressivum, mit dem ich weiter stillen konnte. Es ging mir zunehmend besser, ich schlief wieder besser und kam morgens gut aus dem Bett. Ich schaffte auch etwas im Haushalt und versorgte die Kleine. Peu à peu entstand in mir das Gefühl »ich schaffe das«.

Als die Elternzeit meiner Frau sich dem Ende näherte, kam wieder die altvertraute Panik auf, und ich sah mich schon mit der Kleinen in der Klinik. Aber überraschenderweise kam ich gut klar – mit mir, mit meiner Tochter, und die Wohnung sah auch weiterhin ordentlich aus. Ich fühlte einen gewissen Stolz in mir aufkeimen.

Jetzt ist unsere Tochter fast sechs Monate alt. Sie erkennt mich und reagiert auf mich, und mittlerweile habe ich eine tiefe Zuneigung zu ihr entwickelt. Ich liebe es, sie zu stillen, mit ihr zu spielen oder sie im Tragetuch durch den Wald zu tragen. Wenn sie mich anstrahlt und glücklich gluckst, geht mir wirklich das Herz auf.

Natürlich kommen zwischendurch mal hin und wieder Unsicherheiten und auch Ängste hoch, aber längst nicht mehr in dem Maße wie früher. Durch die Verhaltenstherapie, zu der ich jetzt alle 3–4 Wochen gehe, erlerne ich eine Art Handwerkszeug, wie ich in bestimmten Situationen handeln und vor allem denken kann. Die Psychotherapie tut mir weiterhin sehr gut, wobei die Umsetzung mal mehr, mal weniger gut klappt. Außerdem lässt mir meine kleine Tochter gar nicht mehr so viel Zeit zum Grübeln und Ängste aufbauen. Sie lehrt mich, im Augenblick, im Hier und Jetzt zu leben und nicht darüber nachzudenken, was in zwei oder sechs Jahren sein könnte.

Jetzt bin ich einfach froh, dass ich mich nicht gegen sie entschieden habe. Sie ist eine Bereicherung für mein Leben und auch für die Beziehung zu meiner Frau. Nun fühle ich mich wohl in meiner neuen Lebenssituation und genieße es, Mutter zu sein – und manchmal, ganz manchmal, blitzt der Gedanke an ein zweites Kind auf…

Nachtrag: Mittlerweile ist unsere kleine Tochter neun Monate alt. Sie reagiert, agiert, lacht, und ich möchte sie aus meinem Leben nicht mehr wegdenken. Ich spüre immer wieder, dass ich stolz bin, stolz auf sie und stolz auf mich. Und dass ich hineingewachsen bin in die Rolle als Mutter, mit dem Gefühl: »Ich bin eine gute Mutter«. Der Alltag mit Kind fällt mir erstaunlich leicht, ich habe Spaß daran, ich bin nicht isoliert, sondern lerne problemlos andere junge Mütter kennen, ich bin ganz anders als meine Mutter, unsere Tochter hat ganz andere und gute Startbedingungen als es bei mir selbst der Fall war. Aufgrund meiner Kindheitsgeschichte und der doch sehr komplizierten Beziehung zu meiner Mutter bin ich froh, dass ich nun in meiner neuen Rolle angekommen bin und unser Familienleben einfach genießen kann.

Und was würde ich, rückblickend, mit dem jetzigen Wissen anders machen?

Das Einzige, was ich ändern würde: Ich würde so schnell wie möglich wieder das Antidepressivum nehmen. Am besten direkt am Tag nach der Geburt, damit die postpartalen Ängste und Paniken und die daraus resultierende Depressionen erst gar keine Chance haben zu entstehen.

Und die Sicht von Mama Ute, 44 Jahre

Alles begann ganz normal, fast schon klassisch: wir lernten uns kennen, verliebten uns ineinander, zogen zwei Jahre später zusammen, und Ende des Jahres heirateten wir.

Kinder waren immer wieder mal Thema. Allerdings war ich meinerseits mit dem Thema im Grunde durch, da ich ein paar Jahre älter bin als meine Frau. Die Kinder meiner Freunde sind mittlerweile alle so zwischen acht und zwölf Jahre alt; vor zehn Jahren hätte ich wohl auch gerne Kinder haben wollen, aber zu der Zeit fehlte mir die Partnerin. So ganz abgeneigt war ich jedoch nicht. Meiner Frau war das Thema Kinder aber sehr wichtig, und je mehr wir darüber sprachen, desto inniger wurde der Wunsch. Nun war die Umsetzung des Kinderwunsches nicht ganz so einfach – wir sind ein Frauenpaar. So machten wir uns im Vorfeld viele, viele Gedanken über das »wie« und mit »wem«. Wir setzten uns einen zeitlichen Rahmen, bis zu welchem Zeitpunkt meine Frau versuchen würde, mittels Samenspende schwanger zu werden. Aufgrund meines Alters war klar, dass sie das Kind austragen würde.

Nach etlichen Versuchen geschah das kleine Wunder, meine Frau wurde schwanger. Die große Freude blieb allerdings aus, stattdessen kamen Zweifel und Unsicherheit auf. Am Anfang glaubte ich, es sei nur eine Frage der Zeit, sie müsste sich auf die neue Situation einstellen, sich an den Gedanken gewöhnen, und dann würde auch die Freude kommen. Stattdessen wurde die Situation immer schlimmer. Schlaflose Nächte, Angst- und Panikattacken und ein immer größer werdender Widerstand gegen das Ungeborene. Dies führte letztlich auch zu großen Spannungen zwischen uns. Zum Teil konnte ich die Ängste nachempfinden, aber für mich war eine Abtreibung undenkbar. Wir hatten uns bewusst für ein Kind entschieden; ich empfand die Tatsache, dass meine Frau auf diesem Wege schwanger geworden war, als ein Wunder und Geschenk und hatte nun das Gefühl, sie würde dieses kleine zarte Leben als »Wegwerfware« betrachten. Dies vereinfachte die Situation nicht wirklich.

Letztlich stand es mir jedoch nicht zu, eine Entscheidung zu treffen, auch wenn ich natürlich in meinem Denken und Reden nach Möglichkeit für das Kind argumentierte. So gingen wir gemeinsam zu einem Beratungstermin bei Pro Familia, um die notwendige Bescheinigung für eine legale Abtreibung zu bekommen. In letzter Konsequenz war meine Frau jedoch nicht in der Lage, dafür einen Termin zu vereinbaren.

Ich hatte nun gehofft, dass mit Verstreichen der Drei-Monats-Frist und der damit gefallenen Entscheidung für das Kind die Spannungen, Selbstzweifel und Ängste nachlassen würden, zumal sich meine Frau glücklicherweise professionelle psychotherapeutische Unterstützung geholt hatte. Durch die begleitende Verhaltenstherapie in Kombination mit medikamentöser Unterstützung durch ein Antidepressivum und Gespräche in der Gynäkologischen Psychosomatik der Unifrauenklinik Bonn trat im Laufe der Zeit eine gewisse Beruhigung ein, und die extremen Panikattacken ließen nach. Trotzdem verlief die Schwangerschaft wie ein Drahtseilakt mit vielen emotionalen Tiefpunkten, die uns beide an die Grenze der Belastbarkeit brachten und zeitweilig auch unsere gemeinsame Zukunft in Frage stellten. Meinerseits war ich immer überzeugt davon, dass wir auf jeden Fall und sehr gut ein Kind großziehen können. Wir haben alle nötigen Voraussetzungen: eine gesunde, stabile Beziehung, viel Liebe, Geduld, Zeit, finanzielle Sicherheit (soweit man das in der heutigen Zeit sagen kann) und Freunde, die uns unterstützen. Trotzdem waren wir oft an dem Punkt, an dem ich damit rechnete, plötzlich mit unserem Kind allein da zu sitzen. In allen Auseinandersetzungen bestand ich allerdings darauf, dass erst etwas passiert, wenn die Adoption meinerseits durch ist. Mich emotional auf unsere Tochter einzulassen, die mir dann – mangels Rechtsanspruchs – weggenommen werden könnte, dieser Gedanke war für mich unerträglich. So hangelten wir uns von Tag zu Tag, 41 lange Schwangerschaftswochen.

Die Geburt selbst war zwar anstrengend, verlief jedoch im Grunde komplikationslos. Mutter und Kind waren wohlauf und gesund, so dass wir bereits am Folgetag wieder nach Hause konnten.

Die ersten Tage und Wochen waren ebenfalls nicht einfach. Während ich mich relativ schnell an unsere neue Lebenssituation gewöhnte und von unserem Töchterchen ganz begeistert war, tat sich meine Frau immer noch recht schwer. Der zunehmende Schlafmangel war da natürlich auch nicht unbedingt förderlich. Glücklicherweise wurden wir nach wie vor gut betreut, sowohl von der Hebamme, die uns immer wieder bestärkte und Mut machte, als auch von der Verhaltenstherapeutin, die besonders die positiven Veränderungen bei meiner Frau hervorhob und verdeutlichte. Weiterhin gut unterstützt durch Gespräche in der Gynäkologischen Psychosomatik und der Umstellung auf ein neues Medikament ging es dann nach und nach besser. Unsere Tochter entwickelte sich und begann zu kommunizieren. Durch die intensive Zeit, die meine Frau und unsere Tochter zusammen verbrachten, und die Sicherheit, die sich im Handling damit einstellte, wuchs langsam, aber sicher eine tiefe liebevolle Beziehung heran. Heute ist unsere Kleine aus unserer Kleinfamilie nicht mehr wegzudenken. Sie bereichert unser Leben ungemein.

11 Weiterführende Informationen

Besonders das Internet bietet heute eine Vielzahl von Informationsmöglichkeiten zu den verschiedensten Aspekten, so auch zu vielen Themen, die in diesem Buch angesprochen wurden. Bereits empfohlene Internet-Adressen listen wir hier nochmals übersichtlich auf.

Auch die Hinweise zu unseren weiteren Ratgebern rund um die Themen Schwangerschaft, Geburt und Wochenbett sowie zum Einfluss des weiblichen Zyklus auf psychisches Befinden finden Sie hier.

Embryotox
Pharmakovigilanz- und Beratungszentrum für Embryonaltoxikologie, Charité Berlin
Ausführliche Informationen zu einzelnen Medikamenten und ihren Auswirkungen in der Schwangerschaft und Stillzeit, zu verschiedenen Krankheitsbildern sowie Kontaktinformationen für eine Beratung, die bevorzugt zusammen mit Ihrer Ärztin erfolgen sollte.
https://www.embryotox.de

Schatten & Licht e. V. – Krise rund um die Geburt
Selbsthilfeorganisation zu peripartalen psychischen Störungen
Dort findet man u. a. den Selbstbeurteilungsfragebogen EPDS (zu depressiven Symptomen nach der Geburt) zum Download, Informationen zu Behandlungseinrichtungen sowie zum Austausch mit anderen Betroffenen.
https://schatten-und-licht.de

Marcé Gesellschaft für peripartale psychische Erkrankungen e. V.
Auf dieser Seite finden Sie Adressen von spezialisierten psychiatrisch-

psychosomatisch-psychotherapeutischen Mutter-Kind-Behandlungsangeboten. Auf der Facebook-Seite wird über interessante Artikel, neue Unterstützungsangebote, Studien und Veranstaltungen informiert.
www.marce-gesellschaft.de

Babylotsen
In vielen Geburtskliniken gibt es mittlerweile Babylotsen, die junge Familien beraten und an Unterstützungsstellen weitervermitteln. Auf der Seite des Qualitätsverbunds findet man die teilnehmenden Kliniken.
https://qualitaetsverbund-babylotse.de/

Psychosoziale Beratung
Schwangerenberatungsstellen und Familienberatungsstellen von kirchlichen, kommunalen und freien Trägern bieten psychosoziale Beratung zu allen Themen rund um Schwangerschaft und Geburt an.

Nationales Netzwerk Frühe Hilfen
Vernetzung von Hilfen des Gesundheitswesens und der Kinder- und Jugendhilfe.
Welche frühen Hilfen in Ihrer Gegend verfügbar sind, finden Sie bei der Suche nach »Frühe Hilfen« im Internet mit dem Zusatz Ihres Wohnortes bzw. Ihrer Region.

BIÖG (früher: BZgA)
Bundesinstitut für Öffentliche Gesundheit (früher: Bundeszentrale für gesundheitliche Aufklärung)
Informationen zu allen Aspekten von Schwangerschaft und Familienplanung.
https://www.familienplanung.de

Bundesverband verwaiste Eltern und trauernde Geschwister in Deutschland e.V.
Begleitende Angebote nach dem Tod eines Kindes durch ein aktives bundesweites Netzwerk
https://www.veid.de/

Psychotherapiesuche
Bundespsychotherapeutenkammer
Informationen zur Psychotherapie allgemein, zu den Therapieverfahren und zur Kostenübernahme.
www.bptk.de

Auswahl bereits erschienener Ratgeber der Autorinnen

Rohde A, Schaefer A, Dorn A, Kittel-Schneider S (2024) Mutter werden mit psychischer Erkrankung. Von Kinderwunsch bis Elternschaft. Stuttgart: Kohlhammer Verlag.
https://shop.kohlhammer.de/mutter-werden-mit-psychischer-erkrankung-43063.html#147=22

Dorn A, Schwenkhagen A, Rohde A (2023) PMDS als Herausforderung. Die Prämenstruelle dysphorische Störung als schwerste Form des PMS. 2. Aufl. Stuttgart: Kohlhammer Verlag
https://shop.kohlhammer.de/pmds-als-herausforderung-44560.html#147=23

Rohde A, Dorn A (2023) Rund um die Geburt: Depressionen, Ängste und mehr. Hilfe und Selbsthilfe bei peripartalen psychischen Problemen. 2. Aufl. Stuttgart: Kohlhammer Verlag. Von A. Rohde, A. Dorn. 2. Auflage. Kohlhammer-Verlag, 2023
https://shop.kohlhammer.de/rund-um-die-geburt-depressionen-angste-und-mehr-41388.html#147=23

Dorn A, Rohde A (2020) Krisen in der Schwangerschaft. Ein Wegweiser für schwangere Frauen und alle, die sie begleiten. Stuttgart: Kohlhammer Verlag.
https://shop.kohlhammer.de/krisen-in-der-schwangerschaft-34206.html#147=19

Danksagung

An dieser Stelle möchten wir uns bei den vielen Frauen bedanken, die als selbst Betroffene mit großer Offenheit über ihre Probleme berichtet haben – immer mit der Zielsetzung, anderen Frauen in ähnlicher Situation zu helfen. Unser Dank gilt ebenfalls den Partnern bzw. der Partnerin, die aus eigener Perspektive die Erlebnisse in der Zeit nach der Geburt ihres Kindes geschildert haben.

Danken möchten wir auch Herrn Prof. Dr. med. Christoph Dorn aus Hamburg, Herrn Prof. Dr. med. Christof Schaefer aus Berlin und Frau Dr. med. Susanne Simen aus Nürnberg, die uns vor dem Hintergrund ihrer jeweiligen Fachkompetenz wichtige Hinweise und Anregungen gegeben haben.